Zu diesem Buch

Von den Frauen, die 1982 die allgemeinen Beratungsstellen auf-
suchten, waren 63 Prozent schwer von Suchtmitteln abhängig.
Alkohol rangiert für Frauen wie für Männer an erster Stelle;
doppelt soviel Frauen wie Männer sind jedoch von Medikamenten abhängig, und Mager- bzw. Eßsucht gibt es eigentlich nur bei
Frauen.

Ärztinnen, Psychologinnen und Pädagoginnen untersuchen
das Phänomen, warum gerade bei Frauen die Abhängigkeit von
Suchtmitteln in den letzten Jahren so sprunghaft angestiegen ist.

Auch Betroffene kommen zu Wort, Abhängige und Ehemalige.

Christa Merfert-Diete, geboren 1953 in Wittingen/Nieder-
sachsen, kommt aus der Jugend- und Erwachsenenbildung.
Seit 1981 arbeitet sie als Sozialpädagogin bei der Deutschen
Hauptstelle gegen die Suchtgefahren e.V. in Hamm.

Roswitha Soltau, geboren 1945 in Berlin, ist als Diplom-
psychologin seit 1976 im Drogenbereich tätig. Sie betreute inhaftierte, drogenabhängige Frauen in Berlin und arbeitet jetzt in der
Drogenberatungsstelle Con-Drobs e.V., Initiative für psychosoziale Beratung und Therapie für Jugendliche und Eltern, in
München.

Beide würden sich über Leserreaktionen sehr freuen und sind
über folgende Adressen zu erreichen:

Christa Merfert-Diete
c/o Deutsche Hauptstelle
gegen die Suchtgefahren e.V.
Westring 2
4700 Hamm 1

Roswitha Soltau
c/o Con-Drobs e.V.
Konradstraße 2
8000 München 40

Christa Merfert-Diete
Roswitha Soltau (Hg.)

Frauen und Sucht

Die alltägliche Verstrickung
in Abhängigkeit

Rowohlt

Umschlaggestaltung Werner Rebhuhn
(Foto: Alfred Tichawsky)
Originalausgabe
Redaktion Beate Menzel

Die Idee zu diesem Buch ist im Arbeitskreis «Frau und Sucht» entstanden, der mit Unterstützung der Deutschen Hauptstelle gegen die Suchtgefahren, Hamm (seit 1981 für zwei Jahre), Grundpositionen dieser Frage erarbeitet hat.

Wir danken dem Vorstand der Deutschen Hauptstelle gegen die Suchtgefahren und dem Informationskreis Drogenprobleme, Berlin, für die finanzielle Starthilfe. Wir danken den Verbänden und Institutionen, in denen die beteiligten Frauen tätig sind, daß sie ihnen die Mitarbeit ermöglicht haben. Vor allem aber danken wir allen, die sich sehr persönlich eingebracht haben. Die Herausgeberinnen stehen hier nur stellvertretend für den Arbeitskreis «Frauen und Sucht» sowie die zahllosen anderen Frauen, die sich für das Thema engagiert haben.

Veröffentlicht im Rowohlt Taschenbuch Verlag GmbH,
Reinbek bei Hamburg, Juni 1984
Copyright © 1984 by Rowohlt Taschenbuch Verlag GmbH,
Reinbek bei Hamburg
Satz aus der Garamond (Linotron 202)
Gesamtherstellung Clausen & Bosse, Leck
Printed in Germany
980-ISBN 3 499 17837 0

Inhalt

Anpassen oder aufbegehren?

Vorbemerkungen der Herausgeberinnen

Bisher wurde der Abhängigkeitsproblematik, dem alltäglichen Suchtmittelkonsum und -mißbrauch von Frauen wenig Beachtung geschenkt, nicht einmal in der traditionellen Suchtkrankenhilfe. Der Blick ist verengt, auf die alltäglichen abhängigen Verhaltensweisen kaum oder gar nicht gerichtet.

Die in den offiziellen Statistiken gezählten «auffällig gewordenen» Süchtigen – zur kleinen Randgruppe Kranker oder Delinquenter erklärt – dienen der Gesellschaft als Alibi dafür, nicht wahrnehmen zu müssen, daß wir alle täglich mit Suchtmitteln leben und unser Alltag von süchtigen Verhaltensweisen bestimmt ist.

Wer sieht schon, daß das immer wiederkehrende Putzen Suchtcharakter haben kann, wenn die Hausfrau ihre einzige Bestätigung über eine saubere Wohnung erhält? Oder daß die Sehnsucht nach Liebe und Befriedigung *aller* Bedürfnisse in der ausschließlichen Bindung an *einen* Menschen einengende und süchtige Abhängigkeit ist? Oder daß Frauen, die, wenn sie eine Führungsposition einnehmen wollen, schlicht mehr arbeiten, besser sein, sich den männlichen Macht- und Konkurrenzstrukturen anpassen müssen, auch arbeitssüchtig werden können?

Mit diesem Buch wollen wir einen Anstoß geben, sich auf die Suchtproblematik bei Frauen einzulassen. Wir wollen die intensivere Auseinandersetzung mit diesem Thema anregen, nicht so sehr wissenschaftlich-theoretisch, sondern praktisch und an den Erfahrungen der Frauen orientiert.

Abhängigkeit (nicht nur die Suchtmittelabhängigkeit) ist alltägliches Erleben und Erfahren von Frauen, ist ihr Alltag. In unserem Leben herrschen «Sucht und Ordnung»! Wir wollen die Diskussion über das alltägliche Dilemma von Frauen anregen, über ihre ständige Über- und Unterforderung und das Spannungsverhältnis zwischen Anpassung und Aufbegehren.

Wir möchten Frauen Mut machen, miteinander zu reden. Nur so wird deutlich, daß keine Frau mit ihrer Scham und ihren individuellen Schuldgefühlen hinsichtlich ihrer «Unzulänglichkeit» allein steht. Gemeinsam mit anderen Frauen kann sie nach Alternativen suchen, sie ausprobieren und andere Verhaltensweisen entwickeln. Wir wünschen uns, daß die Leserinnen – und Leser – sich Gedanken über die tatsächlichen Lebensbedingungen von Frauen machen, insbesondere über die Aspekte, die mit der Suchtmittelabhängigkeit in einem ursächlichen Zusammenhang stehen und unbedingt der Veränderung bedürfen. Von den Mitarbeitern in den Beratungsstellen und Therapieeinrichtungen erhoffen wir uns, daß sie sich stärker als bisher die Alltäglichkeit der weiblichen Abhängigkeit in ihren individuellen und gesellschaftlichen Aspekten ins Bewußtsein rufen und dadurch mehr Sensibilität für die Bedürfnisse der suchtmittelabhängigen Frauen gewinnen.

Das Buch soll auch ein Einstieg sein in die Diskussion: Wie hat eine frauengerechtere Beratung und Behandlung, wie hat frauengerechtes Leben auszusehen? Antworten auf diese Fragen versuchen Frauen aus ihrer unterschiedlichen Betroffenheit heraus zu finden. Wir haben auch Männer zur Mitarbeit angeregt. Daß nur ein Mann kontinuierlich mitgearbeitet hat, verwundert uns nicht: Durch seine Lebenserfahrung als Homosexueller stellt er betroffener und bewußter als andere Männer grundsätzliche Fragen an eine menschlichere Lebensgestaltung.

Um den vielfältigen Ansätzen und Gedanken gerecht zu werden, ist dies ein «Lesebuch» geworden; das heißt auch, daß wir unterschiedlichsten Ausdrucksformen nebeneinander Raum gegeben haben.

Wir würden uns über Leserreaktionen sehr freuen und sind über folgende Adressen zu erreichen:

Christa Merfert-Diete   Roswitha Soltau
c/o Deutsche Hauptstelle   c/o Con-Drobs e. V.
gegen die Suchtgefahren e. V.   Konradstraße 2
Westring 2   8000 München 40
4700 Hamm 1

Die ganz alltägliche Abhängigkeit der Frauen

«Männer haben es doch viel schwerer», wird gesagt. Und: «Frauen können sich doch zu Hause den Tag einteilen.» Und: «So gut möchte ich es auch mal haben.»

Und doch: Frauen greifen zu Hause immer häufiger zur Flasche, gehen kaum ohne Tabletten aus dem Haus. Wie ist das zu erklären in dem von Männern immer wieder beschworenen Paradies des gemütlichen Heims?

Die frauenspezifische Abhängigkeit von Suchtmitteln

Roswitha Soltau

Die alltägliche Abhängigkeit

Abhängigkeit und Sucht sind Phänomene, die nicht nur die Abhängigkeit von den bekannten Suchtmitteln wie Alkohol, Medikamente, Tabak und Drogen meinen, sondern ein generelleres und alltäglicheres Problem darstellt, als wir es üblicherweise sehen. Jede Art von Verhalten kann abhängig und süchtig werden, wenn Menschen unter einengenden und unbefriedigenden Lebensbedingungen versuchen, unter allen Umständen und mit allen Mitteln sofortige Befriedigung zu erlangen. Diese zwanghafte Befriedigung setzt aber einen starken Mangel an vielfältigen Erfüllungs- und Lebensmöglichkeiten voraus, der oft gar nicht bewußt wahrgenommen wird. Und daß das so sein kann, hat wiederum damit zu tun, daß Menschen von Anbeginn ihres Lebens vielfältigste Mittel zur Verfügung stehen, die kurzzeitige, aber keine bleibende Befriedigung schaffen, die Wahrnehmungs- und Erlebnisvielfalt einengen und die persönliche Aktivität und Kreativität verhindern. Nichtbefriedigung und Ausweitung des Mangels sind die Folgen, die die Menschen noch süchtiger nach Befriedigung werden lassen. Ein Teufelskreis.

Es wird noch viel zuwenig gesehen, daß der «normale» Alltag: die alltäglichen Einstellungen und Gefühle – Lebensinhalte und Lebensangebote – die Lebensstrukturen und Lebensmethoden in sich schon Abhängigkeitscharakter haben und ständig abhängige und süchtige Verhaltensweisen produzieren. Nicht erst bei Auffälligkeit, Krankheit und Kriminalität, beginnt das Problem. Die Alltäglichkeit und «Normalität» trägt Abhängigkeit und Sucht schon in sich selbst. Wir leben sie alle graduell unterschiedlich. Dies bleibt oft unbeobachtet und unentdeckt. Süchtig machende Alltäglichkeit läuft unbewußt und automatisch, wird oft unhinterfragt und unwidersprochen akzeptiert und mit der Einstellung «normal» und damit positiv belegt. Stoffe wie Alkohol, Medikamente und andere Drogen – zu üblichen Lebensmitteln geworden – erweitern die alltäglichen süchtigen Lebensweisen nur und verstärken dadurch Abhängigkeit und Sucht.

Mit chemischen Mitteln – dazu gehört auch der Alkohol – das Leben zu führen und zu lenken, ist Alltag geworden. Das wird in seiner gravierenden und negativen Tragweite viel zuwenig wahrgenommen und problematisiert.

In der Bundesrepublik Deutschland und Westberlin gibt es nach offiziellen Aussagen etwa eine halbe Million medikamentenabhängige Menschen. In Wirklichkeit sollen es noch viel mehr sein.[1] Der Anteil der Frauen ist dabei doppelt so hoch wie der der Männer, so daß etwa 330000 Frauen von Medikamenten abhängig sind.[2] Die Anzahl wird aber um ein bedeutendes höher sein, da Medikamentenabhängigkeit lange und sehr oft gar nicht erkannt wird. Alarmierend ist auch, daß 36% der Eltern bereit sind, ihren Kindern bei Schulschwierigkeiten Medikamente zu geben. Nach einer Hamburger Untersuchung nahmen bis zu 20% der Schulanfänger bereits ein- oder mehrmals Psychopharmaka. Eine andere Untersuchung belegt, «daß in der Praxis des Allgemeinmediziners 35%, in der kinderärztlichen Praxis 38% und beim Nervenarzt 30% der Kinder mit Psychopharmaka behandelt wurden».[3]

1981 haben Ärzte 43,6 Millionen Rezepte für Beruhigungs- und Schlafmittel an Frauen ausgestellt («nur» 20,4 Millionen Rezepte an Männer).[4]

70% aller Psychopharmaka werden überhaupt Frauen verschrieben, die dadurch schon als «weibliche Pillen» bezeichnet werden.[5] Etwa 2,5 Millionen alkoholabhängige Menschen gibt es bei uns[6]; bis zu 30% – also 750000 etwa sind Frauen. In den Großstädten soll der Frauenanteil

---

1 Die Sucht auf Rezept, Stern, Nr. 28, vom 7.7.83; Bericht über eine Medikamentenstudie des Sozial- und Arbeitsministeriums in Bonn, Bewertender Arzneimittel-Index, Hypnotika, Sedativa und Psychopharmaka, medpharm Verlag Wiesbaden, 1983

2 Klaus Wanke: Unterschiedliches Suchtverhalten bei Frau und Mann, in: Frau und Sucht, Hoheneck-Verlag, Hamm, 1981

3 Diese Angaben entnahmen wir dem Buch von Reinhardt Voß (Hg.): Pillen für den Störenfried. Absage an eine medikamentöse Behandlungsweise bei Kindern und Jugendlichen. Hoheneck-Verlag, Hamm, und Ernst Reinhardt-Verlag, München/Basel, 1983

4 Die Sucht auf Rezept, Stern, Nr. 28, vom 7.7.83 (s.o.)

5 K. Langbein/H.P. Martin u.a.: Bittere Pillen, Verlag Kiepenheuer & Witsch, Köln, 1983

6 Alkoholismus: Mit der Krankheit leben lernen, in: Der Spiegel, Nr. 38, 19.9.83

noch höher liegen, bis zu 40 %.[7] Die Dunkelziffer von alkoholabhängigen Frauen ist wahrscheinlich ebenfalls beachtlich hoch.

Auch wird davon ausgegangen, daß von den etwa 80 000 Drogenabhängigen bis zu 30 000 Frauen sind, und bei den 600 000 bis 3 Millionen Haschischkonsumenten dürfte der Frauenanteil wieder bei einem Drittel liegen.[8]

Die Zahl der Raucherinnen ist innerhalb von 20 Jahren von 4,7 auf jetzt 7,7 Millionen angestiegen. Rund 42 % der Frauen zwischen 18 und 20 Jahren sind bereits Gewohnheitsraucherinnen.[9]

Den ganz alltäglichen und üblichen Konsum von Alkohol, Medikamenten und Tabak, der hoch ist und «normal» sein soll, lasse ich hier außer acht.

Gesellschaftliche Ursachen für die Suchtentwicklung und ihre Folgen

Von ihrem grundsätzlichen Charakter her läßt sich die Abhängigkeit der Frauen von Medikamenten, Alkohol, Tabak oder Drogen von der des Mannes nicht unterscheiden. Die prinzipiellen Lebensbedingungen unserer Gesellschaft bieten Ursachen dafür, daß Frauen und Männer das Bedürfnis entwickeln, Drogen unterschiedlichster Art zu konsumieren und sich dadurch in die Situation bringen, im Laufe ihres weiteren Lebens von diesen Mitteln abhängig werden zu können.

Die beinahe ausschließliche Orientierung am Gewinn materieller Güter – der Gelderwerb als einziger Sinn der Arbeit – die Durchtechnisierung des Alltags – die Verbürokratisierung und zunehmende Anonymität im Leben – die geringe Zeit für persönliche Erholung und Entfaltung – die Reduzierung von menschlichen Kontakten zu pragmatisch-technischen Beziehungen – die geringen gesellschaftlichen Ein-

7 Doris Butte/Linda Leopold-Lackner: Alkohol und Frauen, zur Behandlung des Alkoholismus, in: Partner, Nr. 4, April 1983

8 drogen-report, Nr. 6, Dez. 1983

9 Untersuchung der Bundeszentrale für gesundheitliche Aufklärung: Spezielle Problembelastungen und Problembewältigungen in der Gruppe der 20- bis 60jährigen Frauen. Zusammenhänge zwischen Merkmalen der sozialen Lage, dem eigenen Gesundheitsverhalten und dem Erziehungs- und Beziehungsverhalten in der Familie (Kooperationsprojekt WHO/BZgA Frauen und Rauchen), Köln, Nov. 1982

flußmöglichkeiten – die soziale Unsicherheit durch steigende Lebenshaltungskosten und den drohenden Verlust von Ausbildungs- und Arbeitsplätzen – die Abwertung und Zerstörung natürlicher Lebensbedingungen – die drohende Kriegsgefahr – der ständig steigende Leistungs- und Lebensdruck; alles das sind charakteristische Merkmale unseres alltäglichen Lebens, die durch die Dynamik und den Suchtcharakter unseres Wirtschaftssystems entstehen: Auf der einen Seite dieses aus der Profitgier heraus nie enden wollende, süchtige Mehr-und-mehr-Produzieren von was auch immer für materiellen Dingen, auf der anderen Seite der Drang nach ständigem Mehr-und-mehr-Konsumieren, der vitale Lebensbedürfnisse unbefriedigt läßt, für die beinahe nur noch Ersatzlösungen angeboten werden. Dies prägt in grundsätzlicher Art und Weise die jeweiligen Lebenszusammenhänge von Frauen und Männern und bestimmt ihre Befindlichkeit zu jedem Zeitpunkt ihres Lebens.

Die subjektiven Folgen sind: Hilf- und Machtlosigkeitsgefühle, Anpassungszwänge, Gefühle der inneren Leere, Angst, gestaute Aggressionen, Resignation, Mißtrauen, zuwenig Freude, emotionale Armut, Passivität, Überforderungen und Anspannungen, mangelndes Selbstbewußtsein und negative Selbstwertgefühle, Kreativlosigkeit und Destruktivität.

Alles das sind psychische Zustände, Gefühle und Verhaltensweisen, die oft nicht bewußt und nur diffus wahrgenommen werden, die Frauen und Männer auch oft nicht bei sich persönlich und bei anderen wahrhaben wollen, die sie abwerten und die sie zu verstecken versuchen, vor denen sie flüchten oder sich durch psychische Panzerungen und Verhaltenstechniken zu schützen versuchen, und sie nutzen das Angebot von chemischen Mitteln – wie Medikamenten, Alkohol, Drogen –, um sich mit deren Hilfe Erleichterung und Befriedigung zu verschaffen.

Das alles trifft erst einmal allgemein für Frauen und Männer zu.

Die grundsätzlichen Einflußfaktoren wirken sich jedoch auf das Leben von Frauen und Männern unterschiedlich aus. Es sind die jeweils spezifischen Lebensbedingungen und Anforderungen, die die Sozialisation und konkrete Lebensrealität beider Geschlechter unterschiedlich bestimmen und deren Persönlichkeiten und Verhaltensweisen ausformen. Das ist auch der Grund dafür, daß Frauen und Männer Lebensgegebenheiten von vornherein anders wahrnehmen, auf sie anders reagieren und dadurch in einer unterschiedlichen Art und Weise Emotionen und Auseinandersetzungsformen im Laufe ihres Lebens entwickeln, die sie mit der sozialen und persönlichen Realität auch unterschiedlich umgehen lassen. Das ist auch der Grund, weshalb Frauen und Männer in unterschiedlichem Ausmaß und in abweichender Art und Weise andere Suchtmittel konsumieren.

Es gibt eine frauenspezifische Abhängigkeit

Die Lebensalltäglichkeit von Frauen trägt die Abhängigkeit schon in sich selbst. Suchtmittel zu konsumieren ist nur sichtbarer Ausdruck davon.

Zwar ist der Abhängigkeitscharakter von Frau und Mann in gröbsten Zügen gleich, jedoch ist die Abhängigkeit von Frauen eine stärkere und zugleich auch andere, weil Frauen sowohl quantitativ als auch qualitativ abhängigeren Lebensbedingungen und Zusammenhängen ausgesetzt sind. Sie stecken in einer tieferen und auswegloseren Gebundenheit als der Mann und haben weniger Entfaltungs- und Kompensationsmöglichkeiten. Frauen sind von vornherein abhängiger und werden auch immer wieder in abhängigere Positionen gedrängt. Das bringt sie einerseits leichter zu Suchtmitteln; andererseits verstärken Suchtmittel wiederum ihre allgemeine Abhängigkeit. Die alltäglichen, sogenannten normalen Bewußtseinsstrukturen und Verhaltensweisen von Frauen sind also in sich schon sozialisierte Abhängigkeitsstrukturen und -verhaltensweisen, die durch die verschiedensten Suchtmittel derart verstärkt und vertieft werden, daß sie sich allmählich zu Suchtstrukturen und süchtigen Verhaltensweisen entwickeln können. Durch das gesellschaftliche und subjektive Lebensgefüge entsteht ein sich zuspitzender Suchtmechanismus, der einen Teufelskreis beschreibt, aus dem Frauen nur noch mit problemadäquater Hilfe herauskommen können.

Ursächlich für dieses Geschehen ist die besondere gesellschaftliche Stellung und Funktion von Frauen. Ihr Leben wird im Rahmen der gesellschaftlichen Arbeitsteilung zwischen Mann und Frau primär durch die Arbeit im privaten Bereich bestimmt. Die Berufstätigkeit der Frau hat im Vergleich zu der des Mannes immer noch einen randständigen und untergeordneten Charakter. Daher ist es in erster Linie Aufgabe von Frauen, für die Reproduktion der Familie, wie Führung des Haushalts und Erziehung der Kinder, zu sorgen. Auf dieses Ziel und diese Lebensbedingungen hin wird die Frau von Beginn ihres Lebens an sozialisiert. Sie wird damit in Lebensverhältnisse gestellt, die sie von vornherein gesellschaftlich benachteiligen, sie in ihren sozialen Handlungsmöglichkeiten einschränken und so stark an die Familien- und Hausarbeit binden, daß sie darüber in eine Abhängigkeit zum Mann und zur Familie gebracht wird. Das vergrößert ihre allgemeine Abhängigkeit nur noch mehr und schafft eine problematischere Lebensgrundlage.

Dies gilt zunächst einmal für alle Frauen unabhängig von ihrer sozialen Lage, wenn auch in unterschiedlichem Maße. In den unteren bis mittleren sozialen Schichten häufen sich die ungünstigen, die Suchtentwicklung fördernden Faktoren, wohingegen die Kompensationsmöglichkeiten von Abhängigkeiten gering sind. Die Perspektivlosigkeit gerade dieser Frauen zwingt oftmals früher und nachhaltiger in den Scheinausweg Sucht, und die Folgen sind unabwendbarer als bei Frauen gehobener Schichten.

Die Frau wird von Kindesbeinen an über die Familie, die Schule und andere außerfamiliäre Instanzen überwiegend in der Weise beeinflußt und geprägt, daß sie ihre ökonomische Existenz und ihr gesamtes soziales und persönliches Dasein nur in der Ehe oder Partnerbeziehung und der Mutterschaft realisiert sieht. Einzig in der Beziehung zum Mann, über den sich die Frau identifiziert, von dessen Existenz und Berufstätigkeit, dessen Status und Sozialbeziehungen sie lebt und abhängig wird, hofft sie, eine sinnvolle und gesicherte Lebensperspektive zu finden. Nur in dieser Form erwartet sie, ihr Verlangen nach persönlicher Anerkennung, nach körperlicher und seelischer Entfaltung und intensivem Erleben realisiert und befriedigt zu bekommen. Das menschliche Grundbedürfnis nach Liebe, Wärme, Geborgenheit und Erfüllung im Zusammenleben mit anderen Menschen ist der Motor dafür, daß Frauen die Ausschließlichkeit und Enge üblicher familiärer Beziehungen eingehen und nur über den Mann und die Kinder sozusagen ein Leben aus zweiter Hand führen. Weil Frauen kaum andere Lebensalternativen haben und erfahren, fällt es ihnen, auch bei gröbsten und lebenswidrigsten Belastungen, schwer, sich aus diesen Zusammenhängen zu lösen und neue Wege zu gehen. Frauen bezahlen das mit der Reduzierung ihrer Persönlichkeit und ihrer Lebensmöglichkeiten.

Auch real spielt sich das Leben der Frau vorrangig im privaten Bereich der Ehe, der Familie und des Haushalts ab, in einem isolierten gesellschaftlichen Lebensbereich also, in dem die Frau über Jahrzehnte hinweg eine einsame und monotone Tätigkeit ausübt, die gesellschaftlich und privat abgewertet und nicht entlohnt wird. Tagaus, tagein verrichtet sie ständig wiederkehrende Dienstleistungen, eine Sisyphusarbeit, deren Produkte kurzlebig und beinahe unsichtbar sind, eine Lebens- und

Arbeitsmethode, die einer Gewinnung von Selbstbewußtsein und Eigenidentität entgegensteht. Auch die Mutterschaft, eine gesellschaftlich wichtige und verantwortungsvolle Funktion, die die Frau sehr oft im Glauben an ihre natürliche Wesensbestimmung unvorbereitet und mit Aufopferung übernimmt, bietet nicht die umfassende emotionale Befriedigung und Selbstverwirklichung, wie es gemeinhin als selbstverständlich angenommen und postuliert wird. Vielmehr verkehrt sich häufig die Existenz von Kindern in einen alles andere ausschließenden Lebensinhalt, von dem die Frau in der isolierten und reizarmen Sphäre des Ehehaushalts und der Monotonie der Partnerbeziehung abhängig wird.

Selbst die Berufstätigkeit, als *eine* Möglichkeit, neben der Haushalts- und Kinderarbeit, gesellschaftlich anerkannter und selbständiger leben zu können, befreit die Frau nicht wesentlich aus dem sie einengenden und abhängig machenden Lebensprozeß. Von vornherein an die Ausübung sogenannter «typischer Frauentätigkeiten» gebunden, nimmt sie auch im Berufsleben überwiegend untergeordnete und benachteiligte Positionen ein, erfährt die Frau geringere Anerkennung, Abqualifizierung und häufig Geringschätzung, wird ihre Arbeit niedriger bezahlt. Dieser Charakter der Arbeit verhindert, daß die Berufstätigkeit der Frau zu einer echten erfüllenden Alternative wird, und festigt dadurch ihre gesellschaftlich definierte Funktion, primär für die reproduktive Familienarbeit bestimmt zu sein. Dementsprechend wird sie immer wieder auf ihre gesellschaftlich abhängigere Ausgangsposition verwiesen, die mit dem Anwachsen von Schwierigkeiten und Perspektivlosigkeit eine zunehmende Abhängigkeitsentwicklung fördert.

Das betrifft auch jüngere Frauen und Mädchen, die in zunehmendem Maße die übliche Lebensweise von Frauen in Frage stellen und häufig versuchen, eigene und neue Wege zu gehen, und doch in den umfassenden Abhängigkeitszusammenhängen gefangen bleiben.

Durch die weiblichkeitsspezifische Sozialisation entwickelt die Frau passivere und emotionalere Verhaltensweisen und weniger aktive Auseinandersetzungsformen. Frauen werden stärker zur Anpassung an andere Menschen und vorgegebene soziale Verhältnisse und Normen erzogen. Frauen versuchen deshalb, ihre Konflikte unauffälliger und in einem sozial anerkannten und legalen Rahmen zu lösen. Es entstehen Eigenschaften, die sie besonders duldsam, fürsorglich, ängstlich, unterwürfig, bescheiden, angepaßt und abhängig sein lassen. So wird die Frau von Beginn ihres Lebens an einseitig auf übliche Liebesvorstellungen in Ehe, Mutterschaft und Familie, auf weibliche Berufsrollen, genormte weibliche Attraktivität und Sexualität hin orientiert. Sie identifiziert sich im Laufe ihrer Persönlichkeitsentwicklung mit der ihr auferlegten weiblichen Geschlechtsrolle. Sie verinnerlicht eine Erwartungshaltung, deren Ursprung sie nicht kennt und die ihr eine Einsicht in die Ursachen ihrer Verhaltensweisen und die sie bedingenden Zusammenhänge erschwert, wenn nicht gar verwehrt. In einer eigenen selbstbestimmten Lebensführung eingeschränkt, ist die Frau in der Abhängigkeit vom Ehemann und der Abgeschlossenheit und Einsamkeit des Haushalts einem fortwährenden Zwangsprozeß ausgesetzt, den sie als solchen oft gar nicht bewußt wahrnimmt. Die sich ständig wiederholende isolierte Hausarbeit, die Monotonie ihrer Umweltbedingungen, der permanente Mangel an geistigen Anregungen und sinnlichen Eindrücken und ständige Abhängigkeits- und Ohnmachtserlebnisse führen zu psychischen und physischen Schwierigkeiten, die weitere soziale und persönliche Probleme nach sich ziehen.

Von ihren eigenen erworbenen Bewußtseinsstrukturen und Verhaltensweisen abhängig geworden, versucht die Frau die Probleme zu personalisieren und individuell zu bewältigen. Die Frau löst häufiger als der Mann ihre Konflikte so, daß sie sie stärker verinnerlicht und *gegen die eigene Person* wendet als gegen andere und weniger auf aktive Veränderung ihrer Lebenssituation ausgerichtet ist. Die Frau wählt insgesamt passivere Konfliktlösungsstrategien, die ihre Schwierigkeiten nicht lösen und nur ihre reduzierte Weiblichkeitsrolle bestätigen. Auch aktivere Abwehrformen, wie Kriminalität und andere individuelle aggressive Verhaltensweisen, verlassen diesen passiven Rahmen nicht. Entsprechend wenden Frauen Enttäuschungen, Hilflosigkeit, Verbitterung und Aggression, körperliche und psychische Erschöpfung, auftretende Schwierigkeiten mehr gegen sich und werten sie als subjektives Versagen, eigene Schwäche und Minderwertigkeit. So sind Unzufriedenheit, Nervosität, Abgespanntsein, Schlaflosigkeit, Niedergeschlagenheit, Resignation und Depression oft die Folgen.

Das was Frauen zu Frauen werden läßt, läßt sie auch zu suchtmittelabhängigen Frauen werden

In dem beschriebenen Zwangskreislauf können sich die gängigen Abhängigkeitsmuster und -verhaltensweisen allmählich zu Zwangshandlungen und -strukturen entwickeln, die die begonnene Abstumpfung und Entpersönlichung nur noch forcieren. Anstelle von bewußteren und aktiven Konfliktlösungsweisen treten passivere Bewältigungsformen – eben auch der Konsum unterschiedlichster Beruhigungs- und Aufputsch-, Schmerz- und Betäubungsstoffe, die als übliche «Lebens- und Gesundheitsmittel» in das Alltagsleben integriert sind, aber einer wirklichen Problemlösung gänzlich im Wege stehen.

Daß Frauen überwiegend Medikamente und Psychopharmaka – also unauffälligere und leisere Mittel – nutzen, ist Ausdruck ihrer abhängigeren und unauffälligeren Art zu leben und so ihrer spezifischen Abhängigkeitsform. Diese Art von Drogen paßt in das Grundmuster «weiblicher», angepaßterer Problemlösungsweisen. Frauen verstricken sich dadurch in noch stärkere und unausweichlichere Abhängigkeit, anstatt sich davon zu befreien.

Auch der Alkoholkonsum von Frauen ist überwiegend anders: Gesamtgesellschaftlich gesehen trinken Frauen weniger Alkohol als Männer; auch individuell sind die Alkoholmengen überwiegend geringer, die die einzelnen Frauen zu sich nehmen. Frauen trinken auch versteckter, weil aggressivere und unkontrolliertere Verhaltensweisen üblicherweise nicht zu den Lebens- und Arbeitsanforderungen an Frauen passen und bei ihnen gesellschaftlich abgewertet und bestraft werden.

Wenn Frauen nichtlegale Drogen wie Heroin oder Haschisch konsumieren, versuchen sie durch die damit verbundene Lebensweise in der Illegalität dem üblichen Frauenleben, wie sie es in ihrem bisherigen Lebenszusammenhang – gerade auch durch die Mütter – erfahren haben, zu entkommen. Es ist ein anderer Versuch, sich gegenüber erfahrenem Leid, Krankheit und persönlichen Schwierigkeiten zur Wehr zu setzen. Häufig haben Frauen, die illegale Drogen gebrauchen, schon seit frühen Lebensjahren schwere persönliche Beeinträchtigungen erlitten, die im Zusammenhang mit ihrer Weiblichkeit stehen. Mißhandlungs- und Gewalterlebnisse, starke Abhängigkeitsprobleme der Eltern, Verlassenheitserfahrungen haben für sie spürbarer und existentieller als bei anderen Frauen übliches Frauenleben in Frage gestellt.

Das Leben in der Drogenillegalität stellt für Frauen eine oppositionelle und damit aktivere Form von Leben dar. Sie wählen eine andere, gesellschaftlich nicht akzeptierte Form von Drogenkonsum, um sich dem «normalen» Leben und üblichen abhängig machenden Lebensweisen – auch dem alltäglichen Medikamenten- und Alkoholkonsum – zu widersetzen.

In der Isoliertheit und Heimlichkeit des weiblichen Lebenszusammenhangs entsteht durch einen stetigen, allmählich ansteigenden und immer maßloser werdenden Gebrauch von Suchtmitteln jener ein-

engende Wahrnehmungs- und Lebensmechanismus, der den schon ein-
geschränkten Gesichtskreis immer mehr einengt und den begonnenen
Depersonalisierungsprozeß beschleunigt fortsetzt. Diese Entwicklung
wird durch jede Form von «Heimlichkeit», jedes Nichtwahrnehmen
und Übergehen des Drogenkonsums gefördert. Das gilt gerade auch
für den Gebrauch von illegalen Drogen, der sich hinter der offiziell
propagierten, akzeptierten und üblichen Mitteleinnahme, hinter Ver-
harmlosung und Verherrlichung von Suchtstoffen in ungeahntem Ausmaß verstecken kann.

Als Folge dieses so nicht mehr aufzuhaltenden Abhängigkeitspro-
zesses werden lebensnotwendige soziale und subjektive Belange immer
weniger wahrgenommen, was für die Frau zu immer problemreicheren
sozialen und persönlichen Schwierigkeiten führt. So entsteht jener Teufelskreislauf der Sucht, aus dem die Frau nur noch mit äußerer Hilfe
herauskommen kann.

Die Befreiung von den Suchtmitteln

Wenn es das Ziel von Frauen ist, sich aus der Abhängigkeit von Medikamenten, Alkohol und illegalen Drogen zu lösen, ist es unumgänglich
zu verstehen, daß ihre Suchtmittelabhängigkeit nicht in erster Linie
eine Abhängigkeit von diesen Stoffen ist, sondern eine Abhängigkeit
von den spezifisch weiblichen Einstellungen, Gefühlen, Verhaltensweisen, menschlichen Beziehungen und Wünschen. Suchtmittelkonsum der Frau ist die wesentliche Verbindung, der Kitt, der alles zusam-
menhält.

Die Befreiung von den Suchtmitteln ist ein Emanzipationsprozeß,
der von der spezifischen Abhängigkeit von Frauen und ihren ganz konkreten Belangen auszugehen hat und in dem es um die Gewinnung von
Unabhängigkeit geht.

Das ist ein allmählicher Lernprozeß für Frauen, sich selbst nicht nur
über das Leben von Männern (und auch Kindern), in Abgrenzung zu
anderen Frauen, zu definieren, sondern ein Stück emotionale, soziale
und ökonomische Unabhängigkeit zu finden und auch familienunab-
hängigere Beziehungen, gerade auch zu anderen Frauen, und damit
verbundene Interessen wachsen zu lassen. Es geht in diesem Unabhän-
gigkeitsprozeß darum, das Prinzip «Für-andere-zu-Leben» zu verändern und konkret zu erfahren, für sich selbst zu leben und sich selbst
durch das eigene Leben zu definieren. Von Bedeutung ist es dabei, daß

Frauen sich selbst wahrnehmen und wichtig und wertvoll empfinden lernen, auch um ihrer selbst willen Trauer und Angst sowie Freude und Glück zu erleben.

Entscheiden sich Frauen für diesen Befreiungsprozeß, bedeutet das zugleich auch, daß sie ihr übliches passives Problemlösungsverhalten und ihre aufopfernde Haltung aufgeben müssen, um ihre Veränderung selbst und aktiv in die Hand nehmen zu können. Dazu gehört auch die Entscheidung, ohne Suchtmittel zu leben.

Jedes Erklärungsmodell bzw. Abhängigkeitsverständnis, das sich nicht um den gesamten Entwicklungszusammenhang bei der Entstehung und der Auflösung der Sucht von Frauen kümmert und nicht darauf konkrete Handlungsalternativen aufbaut, wird selbst zum Bestandteil des beschriebenen Abhängigkeitskreislaufs. Auch ein Krankheitsverständnis, das die Suchtentwicklung nicht aus dem Zusammenhang der besonderen und gesellschaftlichen Abhängigkeit der Frau erklärt und angeht, steht einer befriedigenden Lösung dieses immer sichtbarer werdenden Problems entgegen. Viele Institutionen im psychosozialen und medizinischen Versorgungsbereich sind ständig wiederkehrende Stationen in dem Prozeß der Suchtentwicklung von Frauen. Darum ist es unbedingt notwendig, daß diese Stellen, wollen sie eine hilfreiche Unterstützung für die betroffenen Frauen sein, sich deren umfassende Abhängigkeitsproblematik bewußtmachen und problemadäquatere Behandlungs- und Betreuungsmöglichkeiten anbieten. Dazu gehören auch spezielle Angebote und Einrichtungen, die nur suchtmittelabhängigen Frauen allein zur Verfügung stehen.

«Ich hab einfach keine Lust mehr, mich jeden Tag zu verstellen»

Carolyn B.

Manchmal hab ich Angst. Angst zu sterben, ohne davor «richtig» gelebt zu haben. So ganz frei.

Vor zwei Monaten ungefähr war ich wieder in dieser Verfassung, aber diesmal nicht allein. Meine Freundin Anka wohnte bei mir, weil wir beide allein waren. Mein Vater war mal wieder auf Tournee, er ist Jazzmusiker, und Ankas Mutter war im Urlaub. Uns kotzte alles so richtig an. Ich bin ein Mensch, der sehr gerne rumalbert und unter Leuten meistens der Clown ist. Anka ist ernst und manchmal verschlossen und hat ab und zu Depressionen. Da ich zu der Zeit unglücklich verliebt war, war ich sehr labil. Abends, wenn wir gemeinsam gegessen haben, schmiedeten wir Pläne für die Zukunft. Auf jeden Fall keine Schule machen! In ein anderes Land gehen! Dort jobben! Was hilft mir das Abi, wenn ich von einer Atombombe getötet werde? Das waren unsre ersten Gedanken, aber die Sache mußte noch genauer durchdacht werden. Am nächsten Tag waren wir so weit, daß wir uns gegenseitig die Haare abrasierten. Nun lief Anka mit einer ganzen Glatze und ich mit einer halben durch die Gegend. Die meisten unsrer Freunde waren geschockt. Von unserem Plan, wegzugehen aus Deutschland, erzählten wir keiner Menschenseele. Das Ziel stand nun auch schon fest, nämlich: Rio de Janeiro. Wir klapperten alle Reisebüros nach billigen Flugmöglichkeiten nach Rio ab. Vielleicht wäre ich jetzt schon nicht mehr unter euch Deutschen, wenn nur Anka ihren Reisepaß gefunden hätte. Ihr könnt euch ja denken, was das für ein komisches Gefühl war, nach innerlicher Trennung von jedem Menschen, den ich kannte, doch im Lande bleiben zu müssen. Jetzt sehe ich die ganze Geschichte schon anders. Ich kann nicht einfach abhauen, wenn ich Probleme hab. Eine örtliche Veränderung verändert nicht die Gefühle, die man gerade hat.

Oft erscheint mir mein Leben so sinnlos. In die Schule gehen, Saxophon spielen und tanzen. Was hat das für einen Sinn? Wenn ich wenigstens verliebt wäre. Aber von den ganzen Typen, die immer so cool in den Cafés rumhocken, hab ich schon lang die Schnauze voll. Früher fand ich's toll, den ganzen Tag rumzuhocken, zu rauchen und alles grau in grau zu sehen. In der Zeit ging es mir nicht gut, aber es ging mir auch nicht schlecht. Das find ich am schlimmsten, da fühlte ich mich sooo leer. Ich find es dagegen schöner, wenn ich entweder total glücklich oder todunglücklich bin. Na ja, so bin ich nicht immer.

Wenn ich glücklich bin, und ich kann wahnsinnig glücklich sein, dann machen mir alle Sachen Spaß. Mein Tagesablauf ist meistens ziemlich abwechslungsreich. Wenn ich von der Schule komme, muß ich immer erst ein bißchen relaxen. Dann geh ich entweder ins Ballett oder in die Saxophonstunde. Wenn ich nicht irgendwo zu was Bestimmtem hin muß, treff ich mich mit Freundinnen.

Früher war ich viel mehr mit Jungen zusammen. Aber zur Zeit hab ich keine Jungen als Freunde. Ich bin auch nicht so ein Mädchen wie meine Freundinnen. Wenn ich z. B. unter Jungens bin, sitze ich nicht so cool da, rauche 'ne Zigarette und hör mir die tollen Stories von denen an. Ich sag dann auch meine Meinung und lächle nicht nur brav dazu. Viele Jungen mögen das an mir, aber manche finden das «aufmüpfig». So ein Schmarrn! Bloß weil ich ein Mädchen bin, soll ich nicht das Recht haben, genausoviel zu reden wie die.

Ich komme mir manchmal vor, als ob ich das einzige Mädchen bin, mit dem die Jungen auch diskutieren und nicht nur rumschäkern. Die anderen Mädchen sind nur still, nicken dazu, wenn die Jungens stundenlang von sich und ihren aufgemotzten Erlebnissen erzählen. Hintenrum reden die Jungen über Busen und Figur von den Mädchen, aber auf andere Sachen, wie Intelligenz, was Mädchen sagen und was sie sonst noch interessiert, achten sie gar nicht. Und vor den Mädchen spielen sie den starken Mann, um sie zu erobern. Das fasziniert die meisten Mädchen. Mich hat's auch manchmal fasziniert, aber meistens hab ich schnell durchschaut, wenn ich nichts anderes mit den Jungen als Knutschen anfangen konnte. Beschissen hab ich mich gefühlt, weil da auf die Dauer gar nichts zwischen uns mehr passierte. Ich wünsch mir mal einen Freund, mit dem ich rumknutschen, aber auch reden kann und der mich auch als Mensch richtig lieb hat.

Einen Tag danach:
Mir ist es so ziemlich egal, was die Leute von mir denken; ich hab einfach keine Lust mehr, mich jeden Tag zu verstellen. Wenn ich Lust hab zu singen, tanzen, lachen, weinen, egal wo, dann mach ich's einfach. Nur ein Gefühl, das fällt mir sehr schwer, jemand zu zeigen, nämlich meine Liebe.

Wenn ich jemand liebe und unsicher bin, ob er meine Liebe erwidert,

dann werd ich total cool. Je unsicherer ich bin, desto cooler werde ich.
Dadurch hab ich mir schon so viele Sachen versaut. Ich hätte das alles
am liebsten so wie im Kino, so daß ich mit feuchten Augen die drei
Worte sag, und er mich dann in die Arme nimmt und mir's auch sagt.
Aber nein, ein Mann zeigt doch kein Gefühl!!!

> Wenn ich in deiner Nähe bin ...
> dann bin ich aufgeregt
> weil sich in mir alles dreht
> oft bin ich eiskalt
> und versuch mit Gewalt
> meine Liebe zu dir
> die sooo tief in mir
> die mich durchdringt
> in der ich versink
> die mich zerfrißt
> auch wenn du nicht in meiner Nähe bist
> diese Liebe die wie ein Meer
> in mir rauscht
> in das ich so gern eintauch
> versuch ich einfach wegzublasen
> nur um dich nichts merken zu lassen
> wie einen Luftballon
> der in den Himmel steigt
> während ich auf der Erde bleib
> (für Ratz)

Einige Tage später:
Ich weiß manchmal überhaupt nicht, was ich machen soll. Diese ganzen Menschen, denen ich eigentlich gar nichts zu sagen hab und die sich
für mich auch nur rein oberflächlich interessieren. Dann sitz ich in meinem Zimmer und möchte am liebsten einschlafen und nie mehr aufwa-
chen.
   In der Schule, speziell in meiner Klasse, fühl ich mich nicht wohl.
Lauter Mädchen, die von nichts anderem als Klamotten und Jungen
reden können. Und zu Hause ist es auch nicht immer traumhaft. Ich
lebe mit meinem Vater zusammen. Meine Mutter ist, als ich elf Jahre alt
war, gestorben. Ich dachte, ich hätte das so langsam verkraftet, aber
kaum spricht man mich in Situationen, in denen ich unsicher bin, darauf an, werd ich schon wieder ganz traurig. Meine Mutter starb an

Drogen. Eine Zeitlang wollte ich immer so sein wie sie. Aber nach sehr langen Gesprächen mit Leuten, die mich mögen, sah ich ein, daß das der falsche Weg war.

Ich finde es sehr traurig, wenn Menschen Drogen nehmen, aber irgendwie kann ich sie auch verstehen.

«Aber eigentlich war es
schon immer so …»

Grita H.

Heute ist wieder so ein Tag – Millionen Menschen leben in dieser Stadt – aber ich fühle mich einsam und allein. Ja – ich weiß, ich könnte Freunde anrufen, um mich bei ihnen auszuheulen, doch wem soll ich mich anvertrauen? Freunde, die paar Menschen, die ich mag, möchte ich mit meinem Kummer nicht beunruhigen, ihnen nicht weh tun.

Ich komme am Spiegel vorbei: rotgeweinte Augen, Flecken im Gesicht, die Wimperntusche verschmiert, die Haare hängen strähnig herum – ich komme mir dick, plunschig und ungeliebt vor. Mir fällt auf, vor 14 Tagen hatte ich denselben blauen Pullover, dieselben Jeans an – aber da war ich lustig, fröhlich, selbstsicher und redegewandt. Ich erinnere mich genau an den Tag; ich fühlte mich geliebt und anerkannt. Ich fühlte es nicht nur – ich wußte es! Wie abhängig bin ich von ein paar lieben Gesten, Worten und Tun anderer – oft nur eines einzigen Menschen. Ich war so stark, so sicher – und hätte mir jemand gesagt, wie ich mich heute fühlen würde – ich hätte ihn wohl ausgelacht – in der festen Meinung, daß dieser Zustand immer anhielte. Warum bin ich mit meinen 33 Jahren nur so abhängig von der Zuneigung der Menschen, die ich mag? Aber eigentlich war es schon immer so.

Als Kind habe ich mir mit Bastelgeschenken die Liebe erkaufen wollen. Hatte Angst vor den schimpfenden – somit nicht liebenden – Eltern. Sie waren sehr konservativ und streng mit uns. Meine ältere Schwester wußte von meiner Angst und hielt mich so unter Druck. Sie drohte mir, meine «Untaten» wie z. B. meinen beim Basteln zerschnittenen Pullover oder von mir zerbrochenes Geschirr zu verpetzen – wenn ich nicht für sie den Abwaschdienst oder sonstige Pflichten übernahm.

Ebenso nutzte ein Onkel meine Sehnsucht nach Liebe aus – indem er mich befummelte und küßte – mich dafür vor meinen Eltern in Schutz nahm oder mir Süßigkeiten gab, die ich – weil ich sehr dick war – kaum bekam. Mit meinen 12 Jahren hatte ich Angst, irgend jemandem davon zu erzählen – am wenigsten meinen Eltern. Sie hätten mich verurteilt – so etwas tat «man» nicht; «man» sprach auch nicht über Intimes oder Gefühle. Der Onkel wußte das sehr wohl, fühlte sich sicher und forderte seine «Belohnungen» viele Jahre. Es ekelte mich sehr vor ihm und seinen «Liebkosungen».

Ich wollte fort vom Elternhaus, quälte mich durch Schul- und Lehrzeit. Ich habe dort – wie auch später im Beruf – oft Dinge getan, die ich nicht wollte und nicht vertrat – aber ich habe sie mitgemacht, um dabeizusein, gemocht zu werden. Dann habe ich mich über mich geärgert. Ich konnte nicht ICH sein, so sein wie ICH wollte – weil es Konsequenzen gehabt hätte, die ich fürchtete. Darum wollte ich schnell meine Lehrzeit beenden, weg von zu Hause – endlich frei und unabhängig sein! Aber dann lernte ich meinen Freund kennen, bin gleich vom Elternhaus zu ihm gezogen – von einer Abhängigkeit in die nächste. Nie habe ich allein gelebt, nie tun und lassen können, was *ich* wollte. Heute bereue ich das sehr. Denn nun bin ich Ehefrau, Mutter und NUR-Hausfrau, fühle mich in einer noch größeren Abhängigkeit als während meiner Berufstätigkeit. Ich würde gern etwas ändern, weiß aber nicht wie – denn mein Kind ist noch sehr klein und braucht mich.

Wenn es mir ganz besonders dreckig geht – rauche ich etwa 10 Zigaretten am Tag, habe auch schon mal eine oder zwei Flaschen Wein am Abend getrunken, merkte aber dann, daß ich die Kontrolle über mich verlor und am nächsten Tag sich nichts geändert oder gebessert hatte. Also unterließ ich es. Die Angst – auch noch vom Alkohol abhängig zu werden, war so riesengroß, daß ich doch dann wieder die Kraft dagegen aufbrachte.

Ich habe die Hoffnung und den Willen, daß ich mich eines Tages so stark fühle, ICH selbst zu sein. Manchmal gelingt es mir schon, nur hin und wieder gibt es Rückschläge – wie heute!

Ein schwüler Sommertag

Doris R.

Im Frühjahr 1983, als ich das erste Mal versuchte, mich von Henry zu trennen, schenkte mir Lucian ein Gedicht:

> *der Anfang*
>
> erst als das
> davonrennen
> schlimmer war
> als das
> wovor
> ich davonrannte
>
> konnte ich einmal
> stehenbleiben
>
> ich sah mich um:
> da stand
> ich
> mir
> gegenüber
> (Curt Flemming)

Dieses Gedicht ging mir sehr unter die Haut. Ich konnte es nicht mehr vergessen. War ich nicht schon «stehengeblieben» und habe mich «umgesehen»? ... Damals im August 1981, als ich erkannte, daß ich nicht nur trinke, weil ich zu viele Probleme hatte, mit denen ich nicht alleine fertig wurde, sondern daß der Alkohol selbst schon zum Problem für mich geworden ist??

Bis zu diesem Tag im August habe ich sechs Monate gebraucht. Schließlich bin ich doch damals nur wegen meiner «kaputten» Psyche ins Marx-Projekt in Therapie gegangen! Ich blieb dort dann weitere 6 Monate in Therapie, bis ich gehen mußte. Ich erlebte dieses «Gehenmüssen» so, als ob man mir den Boden unter den Füßen wegzog. Begab mich auf Suche nach neuem Halt und fand ihn in einer Selbsthilfegruppe von Alkoholikern.

Als der Trennungsschmerz überwunden war, konnte ich die Zeit im
Projekt am besten bildhaft beschreiben:

Da bin ich der ägyptische Sagenvogel Phoenix, der sich alle 500 Jahre
selbst verbrennt, um dann wieder mit kräftigen Schwingen aus der
Asche hervorzugehen.

Heute, mit viel Abstand zum Projekt, sehe ich die Zeit dort nicht
mehr ganz so euphorisch. Sicherlich war es ein «Sprungbrett» für mich,
jedoch ist heute mein größter Kritikpunkt an diesem Projekt der, daß
die Frauen dort nach der Therapie immer noch mit den gleichen
frauentypischen Dingern rumlaufen, die sie schließlich in die Sucht getrieben haben.

Ich habe mich den dortigen Machtstrukturen «hervorragend» angepaßt, wozu frau ja schließlich auch erzogen worden ist.

Ab und zu flackerte Widerstand in mir auf, der aber schnell zerstört
wurde. Als Hilfesuchende war es mir lange unmöglich gewesen, daß
dieser Widerstand (zwar nur recht diffus von mir wahrgenommen) gar
nichts mit irgendeinem Fehlverhalten von mir zu tun hatte, sondern
daß es sich dort um die gleichen Unterdrückungsmechanismen wie
«draußen» handelte – nur viel subtiler –, denen ich mich auf eine *ganz
gesunde* Art und Weise zu erwehren versuchte.

Im April 1983 – über ein Jahr nach Therapieabschluß im Marx-Projekt – schreibe ich während des ersten Trennungsversuches von Henry
in mein Tagebuch: «Sind jetzt wieder neue 500 Jahre dran?»

Seit einigen Monaten hatte ich wieder Einzelgespräche in der Alkoholberatungsstelle Neukölln, wo sich auch meine Selbsthilfegruppe
immer trifft. Ich werde in der Gruppe des öfteren mit meinem
Schmerzmittelkonsum konfrontiert. Aber – was soll das? Ich habe
doch mit dem Alkohol auch meine Beruhigungsmittel mit aufgegeben!

Das schlechte Gewissen plagt mich trotzdem, ich kann die Kopfschmerztabletten nicht mehr so unbedacht wie früher nehmen. Ich
überwinde mich und spreche das Thema dann einmal in einem Einzelgespräch an. Ich bekomme die Auflage, ab sofort keine Medikamente
mehr zu nehmen. Eine Woche halte ich durch, dann versuche ich es mit
einem kontrollierten Schmerzmittelverbrauch. Ich führe Buch darüber! Wäre doch lächerlich, wenn ich das nicht schaffen sollte, diese
runden weißen Dinger nur bei «wirklichen» Schmerzen zu nehmen! In
den darauffolgenden Einzelgesprächen schweige ich, was dieses Thema
anbetrifft. Vielleicht habe ich auch sogar gelogen, wenn mich Gert dar-

auf angesprochen haben sollte. Ich kann mich nicht genau erinnern, ob er es getan hatte.

Ich schreibe im Juli 1983 in mein Tagebuch:

Mittwoch kam Henry wieder unverhofft zu mir rum. War mir gar nicht recht, da ich schon so müde war und bald schlafen gehen wollte. Nächsten Morgen wieder ein großer Streit. Wir wollen zusammen Farbe und Tapeten für meine neue Wohnung besorgen (am 1. Juli hatte ich den Mietvertrag unterschrieben!!). Er ging aber verärgert nach Hause, und ich stand wieder einmal alleine da.

Morgens beim Frühstück und vor dem Streit sagte er noch unter anderem, daß ich mit meiner Tablettensucht eigentlich auch eine Gefahr für ihn bin (dasselbe sagte *ich* ihm als Heroinabhängigem nämlich vor einiger Zeit, mit seiner alkoholsüchtigen Mutter, bei der er damals sehr oft war).

Das saß!! Hatte mich tief getroffen!!

Als er nun also gegangen war, durch den Streit der Tag halb herum, ich mit dickem Kopf vom Heulen und riesiger Wut im Bauch, daß er mich so einfach sitzenläßt, schluckte ich wieder eine Tablette nach der anderen. Fuhr dann endlich alleine los und kaufte alles mehr schlecht als recht ein. Alles halb benommen, wie im Traum.

Als ich die Tapetenrollen und schweren Farbeimer hochgebracht hatte in die neue Wohnung, war ich dort todunglücklich und konnte nur heulen.

Zu Hause angelangt, nahm ich wieder Tabletten gegen die nicht aufhörenden, pochenden Kopfschmerzen. Ich telefonierte dann lange mit Ilona.

Am nächsten Vormittag hatte ich mein Einzelgespräch bei Gert. Ich weinte dort nur, während ich alles erzählte, was vorgefallen war. Dabei wird mir noch bewußter, daß es sehr gut von mir war, daß ich trotz allem *alleine* Farben kaufen gegangen bin und ich mich nicht schon wieder von Henry abhängig gemacht hatte.

Als mich dann Gert gefragt hat, was ich dann mit meiner Wut gemacht hätte, und daß er von ihr nichts sieht oder hört, antwortete ich ganz spontan: mit Tabletten runtergeschluckt!

Nun war es raus, was ich schon lange mit mir herumtrug!

Jetzt waren wir beim Thema angelangt, um das ich mich in letzter Zeit bewußt gedrückt habe! Denn ich wußte ganz genau, daß Gert von mir eine endgültige Entscheidung verlangen würde.

Genau das kam auch: entweder weiter in Therapie, oder ich mache so weiter wie bisher – aber ohne Therapie.

Ich erinnere mich an Worte wie: Dein Selbstbetrug funktioniert wohl nicht mehr ... Es geht dir wohl noch nicht schlecht genug ... Die Einzelgespräche gehen hier nur, wenn du unter keinen Drogen oder Medikamenten stehst ...

Die Tränen flossen in Strömen, es dreht sich alles um mich herum, mir ist so schwindelig, und an meinen inneren Augen zogen die Tablettenschachteln vorbei, die ich zu Hause im Küchenschrank liegen hatte.

Ich spürte in mir einen ganz großen Widerstand, von den Tabletten ablassen zu wollen.

Nein! ... Nicht aufhören! ... Sie tun dir doch nichts, diese kleinen, runden weißen Dinger. Auch sie nie wieder mehr nehmen können!? Das schaffe ich nicht!

Noch einen Entzug? Neiiin!!!!

Leer und ausgehöhlt ging ich weg, mit der Auflage, Gert am kommenden Mittwoch anzurufen und ihm meine Entscheidung mitzuteilen:

Für oder gegen Medikamente!

«Du könntest ja am Wochenende entziehen», hörte ich noch lange in meinem Kopf seine Stimme. Als ob er mir aus der Ferne nachruft!

Am gleichen Nachmittag das Treffen meiner Arbeitsgruppe bei Maria.

Wir haben Kuchen gebacken und sind in den Park gegangen, um das schöne Wetter auszunutzen – schönes Wetter??

Diese Ablenkung hat mir sehr gutgetan, und ich fühlte mich sehr wohl.

Abends dann zu Hause wieder Tabletten gegen die nicht aufhörenden Kopfschmerzen genommen.

Am nächsten Morgen stehe ich mit dem Willen auf, nun mit den Schmerztabletten endlich Schluß zu machen. Ich rufe Maria an und teile ihr meinen Entschluß mit, ebenfalls auch Henry.

Das Telefongespräch war ganz gut mit ihm. Habe ihm so alles zu unserem Streit gesagt, was ich sagen wollte. Er legt weinend auf. Das geht mir sehr nah! Wende mich aber wieder meinem Vorhaben zu:

Ich räume meine Medikamente im Küchenschrank in der rechten Schublade auf. Werfe eins nach dem anderen weg ... dann habe ich die neue gekaufte Packung mit *Doppel*spalt in der Hand (bin vor ca. 14 Tagen auf ein stärkeres Mittel umgestiegen!!) ... es fällt mir sehr, sehr schwer, die volle Packung wegzuschmeißen ...

Ich stelle die volle Plastiktüte in den Flur. Irgendwann noch ein Anruf von Henry. Er hat mir einen Brief geschrieben, den er mir vorliest. Ein ganz toller Brief. Worte über seine Selbstzweifel, Worte darüber, wie sehr er mich braucht ...

«Wir brauchen uns im Augenblick mehr denn je, aber wir können uns nicht helfen, im Gegenteil.»

Ich bin sehr glücklich am Telefon über diese Worte. Ich weine, weine aus tiefstem Herzen!

Bis ich dann endlich die Tüte mit den Medikamenten runterbringe zu den Mülltonnen, lange ich doch noch dreimal (!) zu und nehme jeweils zwei Tabletten aus der vollen, unangebrochenen Schachtel.

Aber meine Kopfschmerzen, die ich seit dem Aufstehen wieder habe, gehen auch nach der sechsten Tablette Doppelspalt nicht weg!

Als ob ich mir zu guter Letzt noch einmal beweisen will, daß Medikamente bei mir nichts nützen.

Jedenfalls schaffe ich es, die Tüte gegen 15 Uhr runterzubringen. Setze mich danach gleich zu Herrn und Frau Bolz in den Garten und unterhalte mich mit ihnen, um abgelenkt zu sein.

Ungefähr um 18 Uhr bekomme ich auch noch meine Menstruation! Ich gehe nach oben und lege mich hin.

Es geht mir schlecht. Ich weiß gar nicht mehr, was mir mehr weh tut, mein Kopf oder mein Unterleib. Ich krümme mich vor Schmerzen. Rufe in meiner Not Ilona an.

Dann schlafe ich ein.

Werde durch Henrys Anruf geweckt. Es wird ein langes und nervenaufreibendes Gespräch, an dessen Anfang die Mitteilung stand, daß er sich von mir trennen will, an dessen Ende aber dann doch nicht. Einer seiner Erpressungsversuche, auf die ich auch einsteige. Ich schaffe es nicht, daß das belastende Gespräch früher beendet wird.

Am nächsten Morgen, es ist Sonntag, bin ich vollkommen benommen. Mein Kopf ist unter ständigem Druck, als ob mein Gehirn die Schädeldecke sprengen will!

Es geht mir sauschlecht, ich weine. Habe Angst vor der Zukunft. Rufe Henry an. Schreibe auf einen großen Zettel, den ich mir gut sichtbar anklebe:

> *Ich will ein Leben ohne Tabletten!*
> *Ich will, daß es mir gutgeht!*

Dann fällt mir das Gebet von den AA ein, das ich leicht abgewandelt habe für mich, da ich nicht religiös bin:

> Ich erstrebe die Gelassenheit,
> Dinge hinzunehmen,
> die ich nicht ändern kann,
> den Mut, Dinge zu ändern,
> die ich ändern kann ...

Ich schreibe es gut leserlich auf und hänge es mir über das Bett.

Ilona besucht mich. Wir setzen uns in den Garten, da es in der Wohnung unerträglich schwül ist. Ich habe Angst.

Also, es ist schwül, ich habe meine Tage und entziehe mich von den heißgeliebten Tabletten!

Ein furchtbares Wochenende!

Eine harte Probe für mich; denn ich nehme schon, solange ich denken kann, bei meiner Menstruation Medikamente ein. Starke Schmerzmittel, stärkere als sonst!

Montag habe ich alles überstanden!

Ilona kritisiert mich, daß ich mich bei diesem Entzug alleine in meine Wohnung zurückgezogen habe, anstatt mich unter Leute zu begeben und mich abzulenken.

Wie sollte ich denn?! Brauchte ich doch all meine Sinne dafür, meine Willenskraft zu stärken. Dabei konnte mir *niemand* helfen. Und Ablenkung, die habe ich mir gesucht, auf *meine* Art und zu *meiner* Zeit.

Ich habe am Montag dann etliche Termine, und es ist, als ob das Wochenende ein böser, aber lange vergangener Traum war. Morgens bin ich reichlich nervös, und mir zittern die Hände! Durch die Aufregung der letzten Tage?

Durch die schreckliche Wärme?

Durch den wenigen Schlaf?

Oder etwa vom Entzug der Tabletten!?

Heute, wo ich nun hier in mein Tagebuch alles aufschreibe, sind es genau acht Tage her. Ich bin eindreiviertel Jahr trocken und *acht Tage clean*!

Ich bin heute sehr glücklich, daß ich das am Wochenende alles geschafft habe.

Ein denkwürdiger Tag, der
Samstag, 9. Juli 1983!

Die Angst vor dem, was da so kommen kann, ist nicht mehr so groß. Ich bin recht zuversichtlich. Alles läuft viel besser als gedacht.

Es ist ja gar nicht so schlimm, wie ich es mir vorgestellt habe, so ein Leben ohne Medikamente.

Kopfschmerzen kommen ... aber sie gehen auch – wenn ich mich dann ruhig verhalte und mich entspanne.

Ich glaube, alles wird viel besser werden!

Meine Gesundheit, mein Lebensgefühl, meine Sexualität, mein Umgang mit Henry und mit Menschen überhaupt.

Und vor allen Dingen, der Umgang mit mir selbst!

Ich habe mich betrogen, sehr lange betrogen! Ich war stolz, mit dem Alkohol so stark zu sein, dabei griff ich alternativ zu Schmerzmitteln und glaubte noch, da es keine Beruhigungsmittel mehr waren, ich hätte es geschafft.

Angeschissen!

Ich war noch voll drauf, und mein Verhalten war eben noch das Verhalten einer Süchtigen: egozentrisch, verdrängend, *stumpf* ... ja, stumpf, zwischen mir und der Umwelt eine Glaswand. Eine Wand, die nur *ich* durchbrechen konnte!

Wie konnte mir das passieren?

Na ja – wenn ich so zurückdenke: auf Medikamenten war ich schon drauf, bevor vom Alkohol überhaupt die Rede war.

Ein Jahr lang täglich «Rosimon Neu» (morphinhaltig), um meine Zwangsversetzung innerhalb des Fernmeldeamtes der Deutschen Bundespost zu überstehen. Dann nebenher zwei Jahre jedes Wochenende Trips geschmissen, begleitet von Valium, Adumbran etc. (Ich saß ja bei meinen Eltern an der Quelle, Mutti gingen diese Dinger ja nie aus ...)

Ich bin seit früher Jugend süchtig!

Kein Wunder, daß mir niemand helfen konnte!

Immer habe ich eigentlich schon von meinem Medikamentenkonsum in der jüngsten Vergangenheit erzählt ... aber eben nur erzählt ... diese Tatsache nicht in mich eindringen lassen.

Jetzt erzähle ich anders!

Jetzt fallen mir Schuppen von den Augen!

Ist schon gut so, ich will mir keine Vorwürfe machen!

Eines habe ich nun gelernt: Ohne äußeren Druck klappt es bei mir nicht! Den brauchte ich beim Alkohol und jetzt wieder bei den Tabletten. Es war jedesmal die Drohung, mir meinen einzigen Halt, die Therapie, zu nehmen.

Ja, und nun noch ein paar Worte zu meiner neuen Wohnung, die ich ziemlich schnell gefunden habe.

Mittwoch, 29. Juni 1983, habe ich den Mietvertrag unterschrieben. Mit viel Glück und 7. Sinn habe ich diese Drei-Zimmer-Wohnung in Kreuzberg bekommen!

Jedenfalls brach erst einmal ganz schön Panik bei mir aus, als ich nun den Mietvertrag in den Händen hielt.

Dann plötzlich merkte ich, wie ich auf einmal nur noch das Positive an meiner Wohnung hier sah, die doch bis dato zum Alptraum für mich geworden war.

Ich konnte mich erst gar nicht über diese neue Wohnung freuen. Jetzt denke ich, daß es dort in Kreuzberg ein ganz anderes Leben werden wird.

Ich wohne nicht mehr so beengt, alle Wände werden hell gestrichen sein, auf der Straße dort ist viel Leben und viele junge Leute, man besucht mich dann bestimmt auch öfter; denn wer kam hier schon mal nach Lankwitz rausgefahren!

Ich werde einen neuen Anfang machen, und nun habe ich sogar meine Tabletten hiergelassen!!!»

Jetzt wohne ich schon fast drei Monate in meiner neuen Wohnung. Eine Traumwohnung, die ich jetzt erst zu genießen beginne! In meiner alten Wohnung habe ich nicht nur die Medikamente zurückgelassen, ich habe nun auch noch Henry dort gelassen!

Ein schwerer, zermürbender Weg, bis zu diesem Entschluß, zwischen unausgepackten Umzugskartons, neuer Umgebung und zeitweiliger Traurigkeit über das Zurückgelassene und Gewohnte in Lankwitz.

Abwechselnd unbändige Sehnsucht nach Ruhe und Angst vorm Alleinesein.

Der Kampf gegen den Alkohol wird stärker. Wieder macht mich dieses Gift überall an!

Ich habe plötzlich Angst vor meiner eigenen Courage!

Bekomme alles wieder irgendwie in den Griff. Das Verlangen, mich zu betäuben, geht wieder weg. Intensive Gespräche mit Ilona und Christel, die mir sehr weiterhelfen.

Ich hatte mich vollkommen abhängig gemacht in dieser Beziehung. Um ein bißchen Geborgenheit und ein bißchen Wärme zu bekommen, habe ich bezahlt, teuer bezahlt: Ich habe mich aufgegeben!

Bei einem Versuch, vorübergehend Abstand zu Henry zu bekommen, schrieb ich an ihn: «Ich fühle mich wie eine vertrocknete Blume, die Wasser bekommt und sich somit langsam wieder aufrichten kann...»

Doch er versteht gar nichts, überhaupt nichts! Er sieht in mir nur die totale Egoistin, die Schuldige.

Zum Teil bin ich auch sehr egoistisch, ob nun positiv oder negativ zu bewerten, dieser Teil hat mich in meinem Leben vor der «Klapsmühle» bewahrt, und zum anderen Teil bin ich es *viel* zuwenig.

Es erschien mir wie ein Kampf gegen Windmühlen, dieses Ringen um Verständnis von ihm, dieses Durchdringenwollen seines verkrusteten Männergehirns. Vergeudete Energie, die ich besser für mich und meine Entwicklung einsetzen sollte … Nicht immer wieder mich selber vergessen und all meine Energie auf das Verstehen eines anderen richten!

Ich bin stolz, den Umzugstag, die Menstruationen und die Trennung von meiner ersten festen Beziehung ohne Medikamente geschafft zu haben.

Es tut sich viel bei mir, fast zu viel!

Ich glaube, dieses Mal konnte ich nun wirklich «stehenbleiben», wie es in dem Gedicht heißt, und ich stehe *mir* gegenüber.

Was ich dabei sehe, ist mir teilweise unerträglich, teilweise überrascht es mich angenehm, und teilweise erscheint es mir absolut abenteuerlich.

Überwiegend jedoch macht es mir angst, was ich da sehe.

Es kommt mir im Moment so vor, als ob ich mich auf dem schwersten Weg meines Lebens befinde:
Auf dem Weg zu mir selbst!
Wo dieser Weg hinführt, weiß ich nicht, ich weiß nur ungefähr, wo er langgeht.

Ich lese ein Buch, in dem Virginia Woolf zitiert wird. Ich verschlinge es förmlich, es wühlt mich auf, und ich habe den starken Wunsch, es jemandem vorlesen zu können:

«Ich entdeckte, daß ich einen Kampf beginnen mußte mit einer gewissen Geistererscheinung. Und der Geist war eine Frau, und als ich sie besser kennenlernte, gab ich ihr den Namen der Heldin des Gedichts ‹Der Engel des Hauses›. Sie war schrecklich lieb. Sie war außerordentlich charmant. Sie war im großen und ganzen nicht egoistisch. Sie zeichnete sich in der schwierigen Kunst des Familienlebens aus. Wenn es Huhn gab, nahm sie einen Flügel.

Wenn Zugluft war, setzte sie sich hinein. Kurzum, sie war so beschaffen, daß sie niemals eigene Ideen oder Wünsche hatte, sondern sich lieber auf die Ideen und Wünsche der anderen einstellte. Und vor allem, ich brauche es wohl jetzt kaum zu erwähnen, war sie rein … Und als ich zu schreiben anfing, begegnete ich ihr bei den allerersten Worten. Der Schatten ihrer Flügel auf meinem Papier, ich hörte das

Rascheln der Röcke in meinem Zimmer … Sie schlich sich hinter mich und flüsterte … Sei lieb, sei charmanter, betrüge, gebrauche die List deines Geschlechts. Lasse niemand merken, daß du ein ganz eigenes Gehirn hast. Und vor allem: sei rein.

Und sie versuchte, meinen Stift zu führen. Ich erinnere mich jetzt an die eine Tat, die ich mir noch als Verdienst anrechne … ich drehte mich um und griff nach ihrer Kehle. Ich tat mein Bestes, um sie zu töten. Meine Verteidigung, falls ich jemals dafür belangt werden sollte, ist, daß ich aus Notwehr gehandelt habe. Wenn ich sie nicht getötet hätte, hätte sie mich ermordet.»[1]

Damit dieser «Engel des Hauses» auch mich nicht ermordet, muß ich diesen neuen Weg gehen. Es bleibt mir keine andere Wahl!

Eigentlich trage ich den Willen dazu schon lange in mir, ich war bisher nur nicht imstande, es in die Tat umzusetzen.

Es wird «Rückfälle» auf diesem Weg geben, aber um sie möglichst klein zu halten, brauche ich die Unterstützung anderer Frauen!

Ich lerne langsam, daß es nicht mein ganz persönliches «Ding» ist, was ich mit Männern laufen habe. Es ist ein gesellschaftspolitisches Problem, für das ich nur schon lange sehr sensibel bin!

Es wurde mir irgendwann und irgendwie nur eingeredet, daß es meine ureignen Schwierigkeiten seien!

Es tut sich viel bei mir – ich könnte das, was sich tut, auch kurz und knapp mit «Emanzipation» benennen – der Begriff ist mir aber zu abgenutzt, ich mag ihn nicht, weiß wiederum auch keinen besseren.

Nicht die Emanzipation führt uns Frauen in die Sucht, wie unlängst von männlicher Seite behauptet wurde, sondern der *Mangel an ihr* führt uns dahin!

1 Aus: Virginia Woolf, Professions for Women. In: The Death of the Moth. London 1942

Der Weg in die Sucht

Frauen werden gebraucht.

Sie müssen funktionieren, selbstlos und selbstverständlich: als Tochter, Mutter, Trösterin, Sexualpartner, Krankenschwester, Putzfrau und Köchin. Und das zum Nulltarif.

Wie schaffen sie es?

Drogen im weiblichen Lebenszusammenhang

Marlene Stein-Hilbers

Drogenkonsum unterschiedlichster Art ist Bestandteil des Alltagslebens und des alltäglichen Verhaltens von Frauen.

Der Genuß von Tabakprodukten und Alkohol sowie der Gebrauch von Medikamenten sind in alltägliche Rituale, Gewohnheiten und soziale Umgangsformen eingebettet; unter jüngeren Leuten hat auch der Konsum illegaler Drogen (zumindest von Cannabis-Produkten) den Ruch des Außergewöhnlichen verloren und wird als relativ selbstverständlich und normal vorausgesetzt. Drogenkonsum jeder Art ist somit ein sowohl persönlich als auch aus der engeren sozialen Umgebung vertrautes Phänomen. Darüber hinaus existieren Alltagsvorstellungen darüber, wie andere – nicht persönlich bekannte Personen und Gruppen – psychoaktive Stoffe aller Art konsumieren.

Die Übergänge von «normalem» zu «süchtigem» Gebrauch von Drogen sind fließend. Völlige Abstinenz und Drogenabhängigkeit bilden zwei Pole eines Kontinuums, auf dem sich unterschiedlichste Formen des Gebrauchs psychoaktiver Substanzen beschreiben lassen. Dem widerspricht nicht, daß der exzessive und unkontrollierte Konsum (z. B. von Alkohol oder Medikamenten) auch mit spezifischen Lebenskrisen verbunden sein kann. Wann «Sucht» konstatiert wird, hängt nicht nur von objektivierbaren Merkmalen, sondern auch von sozialen Definitionskriterien ab.

Der Konsum psychoaktiver Substanzen kann subjektiv völlig unterschiedliche Bedeutung haben. Drogen können wegen des damit verbundenen Vergnügens und ihrer anregenden Wirkung konsumiert, als Medium der Selbstdarstellung und Symbol der Gruppenzugehörigkeit genutzt werden, oder auch zur Selbstbetäubung, zum Rückzug aus als konflikthaft empfundenen Situationen.

Ob Drogenkonsum von Frauen als problematisch betrachtet werden muß, hängt zum einen davon ab, ob der Drogengebrauch von vornherein auf einen Mangelzustand und/oder eine Beschädigung hinweist. Zum anderen gibt es Bedingungen im Leben von Frauen, die selbstschädigendes Verhalten und damit auch den süchtigen Gebrauch psychoaktiver Substanzen nahelegen und unterstützen.

Zusammenfassend läßt sich Drogenkonsum und -abhängigkeit von Frauen unter folgenden Aspekten analytisch klären:

a) Neben den enger umschreibbaren physiologisch/psychologischen Drogenwirkungen hat Drogenkonsum auch symbolische Bedeutungen, die verantwortlich dafür sind, ob Frauen spezifische Drogen benutzen und in welchem Maße sie dies tun.

b) Es gibt strukturelle Bedingungen des weiblichen Lebenszusammenhanges, die Mißbrauch und Abhängigkeit von Drogen als Form weiblicher Konfliktbewältigung nahelegen.

Gewohnheiten und symbolische Bedeutung des Drogenkonsums von Frauen

Symbolwert und soziale Toleranz des Konsums spezifischer Drogen sind eng miteinander verknüpft.

Der Gebrauch der suchterzeugenden Droge *Alkohol* ist fest in Rituale, Alltags- und Kommunikationsgewohnheiten westlicher Gesellschaften integriert. Mäßiger Alkoholkonsum wird inzwischen für Frauen und Männer gleichermaßen akzeptiert, und immerhin scheinen etwa ein Viertel der erwachsenen Frauen und Männer auch täglich Alkohol zu konsumieren.[1] Starkes und exzessives Trinken aber ist nach wie vor Bestandteil der Männerkultur und vielfach mit gewalttätigen Formen der Durchsetzung männlicher Herrschaftsansprüche verbunden. Es hat besondere Bedeutung und gilt als ungehörig und verachtenswert, wenn Frauen mehr als nur gelegentlich betrunken sind oder gar bis zum Kontrollverlust trinken.

Genaue Angaben über die Zahl behandlungsbedürftiger Alkoholiker/innen sind schwer zu erhalten. Etwa 1,5 %–2 % der Bevölkerung gelten als alkoholkrank; das Geschlechterverhältnis scheint bei etwa 1:3 zu liegen.[2] Als gesichert wird angenommen, daß der Frauenanteil proportional stärker ansteigt, wobei Alkohol immer häufiger mit Sedativa und Tranquilizern kombiniert wird.

Rauchen scheint zumindest bei Jugendlichen und jüngeren Frauen inzwischen fast ebenso verbreitet zu sein wie bei Männern. Seine ge-

1 Wieser, S.: Das Trinkverhalten der Deutschen. Eine medizinisch-soziologische Untersuchung. Nicolaische Verlagsbuchhandlung, Herford, 1973

2 Wanke, K.: Unterschiedliches Suchtverhalten bei Mann und Frau. In: DHS: Frau und Sucht, 11–27, 1982

schlechtsspezifische Funktion drückt sich stärker in der Wahl der Ziga-
rettenmarke (vgl. die entsprechende Werbung) und der Wahl des Pro-
duktes (Zigarren und Pfeifen als ausschließliche Männer-Produkte) aus
als im Rauchen selber (anders als etwa noch vor 20 Jahren).

Im Vergleich zu Konsumenten legaler Drogen ist die Zahl der Konsumenten *illegaler Drogen* relativ gering und steht in keinem Verhältnis
zur öffentlichen Vermarktung dieser Gruppe.[3]

Es hat besondere Bedeutung, wenn weibliche Jugendliche und
Frauen illegale Drogen konsumieren und stellt fast immer auch eine
Form der Auflehnung gegen die ihnen zugewiesenen weiblichen Muster des Verhaltens dar. Gemäß der für Frauen generell höheren Zu-
gangsschwelle zu illegalem Verhalten[4] bleibt ihr Anteil stark hinter dem
männlicher Konsumenten zurück. Etwa ein Viertel der massiv Opiat-
(Heroin-)abhängigen sind Frauen.

Frauen dominieren eindeutig unter den Konsumenten von *Arznei-
mitteln*. Amerikanische Untersuchungen über Konsumgewohnheiten
der Verbraucher zeigen ohne Ausnahme auf, daß erheblich mehr
Frauen als Männer psychoaktive Medikamente gebrauchen:

«Bei den Psychopharmaka im weiteren Sinn liegt die Relation zwischen Frauen und Männern in den Altersklassen von 30–60 Jahren etwa
bei 3 : 1. Es gibt Hinweise darauf, daß jüngere Frauen unter 30 Jahren
eher zu einem stärkeren Gebrauch von Medikamenten tendieren als
ältere Frauen und daß sie schon sehr frühzeitig mit dem Konsum von
psychoaktiven Medikamenten beginnen. Die Relation zwischen den
15- bis 30jährigen, die psychoaktive Medikamente einnehmen, und den
altersgleichen Männern ist noch viel einseitiger zu Lasten der Frauen
verschoben und kann das Verhältnis 6 : 1 erreichen.»[5]

Ganz pauschal kann man davon ausgehen, daß etwa ein Drittel der
erwachsenen Frauen Psychopharmaka konsumiert, wobei Beruhigungsmittel (z. B. Tavor, Lexatonil, Valium) die Liste der Verschrei-
bungen anführen. «Der Schmerzmittelkonsum liegt allerdings erheblich höher; die Mehrzahl aller erwachsenen Frauen nimmt mehr oder
weniger häufig und mehr oder weniger regelmäßig Schmerzmittel

3 Bossong, H., u. a.: Sucht und Ordnung. Drogenpolitik für Helfer und
Betroffene. extrabuch Verlag, Frankfurt, 1983

4 Stein-Hilbers, M.: Drogenkonsumentinnen. In: Gipser/Stein-Hilbers
(Hg.): Wenn Frauen aus der Rolle fallen. Stuttgart 1980

5 Vogt, I.: Zur Medikalisierung der Lebensprobleme von Frauen. Kriminal-
pädagogische Praxis, 10, 7–15, 1982

ein.»[6] Zu ähnlichen Ergebnissen gelangen auch andere Untersuchungen (vgl. die Ergebnisse des österreichischen Mikrozensus[7], in denen regelmäßiger Medikamentenkonsum bei etwa einem Drittel aller Frauen festgestellt wird; Verhütungsmittel wie die «Pille» werden nicht mitgerechnet).

Der hohe Arzneimittelkonsum von Frauen gilt nicht als besonders auffällig; selbst der massive Medikamenten-Mißbrauch erfährt kein gesteigertes öffentliches Interesse. Unter den manifest Abhängigen in Behandlungseinrichtungen dominieren Frauen im Verhältnis 9 : 1.[8]

Weibliche Problembewältigung durch Krankheit und Sucht

Nahezu alle Formen des legalen exzessiven und unkontrollierten Gebrauchs von Drogen scheinen in ursächlicher Verbindung mit den Empfindungen von Leere, Niedergeschlagenheit, Depressionen, Hoffnungslosigkeit bis hin zu Selbstmordideen zu stehen.

Dies gilt für Alkoholikerinnen, die durchweg in empirischen Untersuchungen als depressiv, selbstunsicher, pessimistisch beschrieben werden.[9] «Sie leiden unter häufigerem Stimmungswechsel, neigen zu Schuldgefühlen und Somatisierung. Sie sind unzufriedener mit ihren Interessen und erwarten weniger von der Zukunft.»[10]

Auch für arzneimittelabhängige Frauen werden diese Merkmale genannt.[11] Möglicherweise gelten sie selbst für Konsumentinnen illegaler Drogen – zumindest für opiat(heroin-)abhängige Frauen – auch wenn

6 Vogt, a. a. O., S. 8

7 Dohnal, I.: Frauen und Medizin. In: Frauen und Gesundheit, 9–27, Salzburg 1982
Moritz, M.: Die Anwendung neuer Bürotechnologien und ihre Auswirkungen auf die Belastung der weiblichen Angestellten. In: Frauen und Gesundheit, 90–105, 1982

8 Helas, I.: Zahlen zum Rauschmittelmißbrauch bei Frauen – Statistische Ergebnisse aus den Suchtberatungsstellen des Diakonischen Werkes. In: DHS: Frau und Sucht, 40–49, 1982

9 Auerbach, P., u. a.: Geschlechtsspezifische Formen der Alkoholismusentwicklung. In: Berger, H., u. a. (Hg.): Frauenalkoholismus. Kohlhammer, Stuttgart, 21–23, 1983

10 Mantek, M.: Frauenalkoholismus. Reinhardt, München 1979

11 Vogt, a. a. O.

ursprünglich andere Einstiegsmotivationen in den Drogenkonsum vorlagen.

«Die 1978 von Infra-Test durchgeführte repräsentative Untersuchung der baden-württembergischen Bevölkerung stellt daher für jene 7,2 % der untersuchten weiblichen Bevölkerung zwischen 12 und 49 Jahren, welche die Studie als suchtgefährdet erkennen ließ, Persönlichkeitsstrukturen fest, die in Bestätigung bisheriger psychiatrischer und psychologischer Untersuchungsergebnisse in überdurchschnittlichem Maße durch Pessimismus, Teilnahmslosigkeit, Depressionen und durch vielfältige körperliche Beschwerden gekennzeichnet waren.»[12]

Welcher Zusammenhang besteht zwischen diesen Merkmalen drogengefährdeter und -abhängiger Frauen und der Entwicklung süchtigen Verhaltens bei Frauen überhaupt?

Zunächst einmal fällt auf, daß die Zustandsbeschreibungen der abhängigen/gefährdeten Frauen lediglich als Verstärkung und Ausdifferenzierung von Merkmalen erscheinen, die tendenziell bei vielen Frauen vorhanden sind.

Seit Jahren belegen unterschiedliche Studien, daß Frauen sich im Vergleich zu Männern als sozial und erotisch gehemmter, ängstlicher und depressiver erleben.[13] Frauen über dreißig betrachten sich vermehrt als unzufrieden, inkompetent und isoliert.[14]

Zum einen ist für diese ermittelten Unterschiede die stärkere Sprachlosigkeit von Männern verantwortlich – die mangelnde Fähigkeit, eigene und fremde Befindlichkeiten zu achten, zu beachten und zu artikulieren. Weiterhin lassen sich diese Ergebnisse auch unter dem Aspekt des am Männlichkeitsideal orientierten Gesundheitsbegriffes analysieren.[15] Dennoch ist unbestreitbar, daß es für Frauen spezifische Bedingungen und Konflikte gibt, die sie mehr als Männer in diese Gefühlslagen zwingen – auf diese ist später noch einzugehen.

In bestimmten Lebensphasen und auch -krisen verdichten sich für viele Frauen die bereits bekannten Gefühle von Ängstlichkeit und

12 Wurzbacher, G.: Suchtentwicklung und Rolle der Frau aus sozialwissenschaftlicher Sicht. In: DHS: Frau und Sucht, 28–39, 1982

13 Schwenkel-Omar, I.: Das «Hausfrauen-Syndrom». In: Gipser/Stein-Hilbers (Hg.): Wenn Frauen aus der Rolle fallen. Weinheim 1980

14 Beckmann, D., Richter, H. E.: Gießen Test (GT). Handbuch. Huber, Bern 1972

15 Brovermann, I. K., u. a.: Sex-Role Stereotypes and Clinical Judgements of Mental Health. J. of Consulting and Clinical Psychology 34, 1–7, 1970

Traurigkeit zu diffusen Zuständen von Leere, Deprimiertheit und dem Gefühl von Sinnlosigkeit. Diese Befindlichkeitsstörungen bilden die Grundlage verschiedenster Versuche, mit ihnen fertig zu werden. Unterschiedliche Bewältigungsformen lassen sich nur theoretisch (scharf) voneinander trennen – in der Praxis sind sie stark miteinander vermischt und treten kaum jemals in Reinform auf.

Zum einen versuchen viele Frauen, ihre Empfindungen von Leere und Deprimiertheit chemisch zu bekämpfen. Der «normale» Konsum von Psychopharmaka und/oder auch Alkohol wäre hier zu nennen – das Bemühen, sich zumindest vorübergehend in chemisch induzierte Zustände des Wohlbefindens zu versetzen. Für viele von ihnen ist nicht mehr wahrnehmbar, daß technische (chemische) «Lösungen» sie nicht auf Dauer vor ihren unangenehmen Empfindungen schützen können, sondern diese wahrscheinlich noch verstärken werden, weil sie adäquate Problembewältigungen und die Erfahrung einer neuen Lebendigkeit (inkl. der Erfahrung von z. B. Erregung, Wärme, Trauer usw.) verhindern.

Zum anderen können Befindlichkeitsstörungen zur Grundlage manifester psychosomatischer Erkrankungen werden. Nahezu alle medizinsoziologischen Untersuchungen betonen die Bedeutung eines positiven Selbstwertgefühls für die Vermeidung von Krankheit.

Ängstlichkeit und Unsicherheit sowie die Unfähigkeit, aggressive Wünsche zu äußern oder in adäquate Handlungen umzusetzen, werden als ursächlich für die Krankheitsentstehung betrachtet (vgl. Schwenkel-Omar, a. a. O.). Die Mädchen und Frauen anerzogenen Verhaltens- und Bewußtseinsstrukturen und ihre geringeren Chancen zur Entwicklung eines positiven Selbstwertgefühls prädisponieren sie also geradezu für die Entstehung psychosomatischer Beschwerden.

Tatsächlich leidet ein großer Teil – ja sogar die Mehrzahl aller Frauen – unter solchen psychosomatischen Beschwerden. Sie sind inzwischen vielfach unter dem Begriff des (Haus-)Frauen-Syndroms beschrieben worden (vgl. Schwenkel-Omar, a. a. O., Vogt, a. a. O. [16]): Benommenheit, Schwindelgefühle, Kopfschmerzen und Migräne, Rückenschmerzen, Nervosität, Unruhe, Gereiztheit, depressive Verstimmungen, Angstgefühle, Schlafstörungen, Ermüdbarkeit, besondere Mattigkeit, Abgespanntheit. Fast die Hälfte der 25jährigen Frauen leidet unter diesen Symptomen. «Bei den 60jährigen sind fast alle von mindestens

16 Vogt, I.: Frauen als Objekt der Medizin: Das Frauensyndrom. Leviathan 11, 161–199, 1983

einer dieser Beschwerden betroffen» (Dohnal, a. a. O.). «Das Frauensyndrom als spezifischer Ausdruck von Schmerzzuständen ist, statistisch betrachtet, charakteristisch für Frauen schlechthin» (Vogt, a. a. O.) und gilt auch im Alltagsverständnis als «normal» für Frauen.

Die psychosomatischen Beschwerden der Frauen sind als spezifisch weibliche Form der Konfliktbewältigung durch Krankheit zu interpretieren.[17] Krankheit und Krankheitsempfinden läßt sich im psychosomatischen Kontext beschreiben als Zustand, in dem Widersprüche und Anforderungen als überbelastend empfunden werden.

Die Krankenrolle entlastet zumindest zeit- und teilweise von diesem Konflikt und ist gleichzeitig eine Form des Protests.

Die Entwicklung psychosomatischer Krankheitsbilder und die Versuche, mit ihnen fertig zu werden, stehen ebenfalls in enger Verbindung mit dem hohen Medikamentenkonsum von Frauen überhaupt und damit auch mit der hohen Zahl arzneimittelabhängiger Frauen. Unter den von Vogt (1983) befragten Frauen gaben 38 % an, Psychopharmaka zu konsumieren; lediglich ein Fünftel aller Frauen gebrauchte keine Psychopharmaka und/oder Schmerzmittel. Zum Teil erwerben die betroffenen Frauen diese Medikamente selber – in besonderem Maße sind aber an der Entwicklung von Medikamentenabhängigkeit auch Ärzte und die pharmazeutische Industrie beteiligt (vgl. Vogt 1983, siehe auch S. 13).

Der intensive und unkontrollierte Gebrauch von Alkohol (oder anderer psychoaktiver Substanzen) kann ebenfalls als Form der Bewältigung von Befindlichkeitsstörungen, Lebenskrisen und/oder Krankheiten betrachtet werden. Mit der Bewältigungsform «Krankheit» gemeinsam ist ihm der Verlust an aktiver, nach außen und gegen andere gerichteter Konfliktbewältigung. Die Drogen selber werden zum Mittel der Vermeidung und Betäubung von als belastend empfundenen Lebens- und Arbeitsbedingungen. Beide Bewältigungsformen – Krankheit und Drogenkonsum/-abhängigkeit stehen in enger Verbindung zueinander, wie sich sowohl in ihrer Genese als auch in ihren jeweiligen Erscheinungsformen zeigt. Sie erscheinen als «gescheiterte Lösungsversuche in ausweglos gewordenen Lebenssituationen. Sie sind lediglich extreme und überspitzte Formen alltäglicher, für Frauen üblicher Verhaltensweisen.[18]

17 Gipser, D., Stein-Hilbers, M. (Hg.): Wenn Frauen aus der Rolle fallen. Beltz, Weinheim, 1982

18 Brökling, E.: Passive Problemlösungsstrategien von Frauen. Kriminalpädagog. Praxis, 10, 16–19, 1982

Neben den hier genannten Bewältigungsformen gibt es andere, die sich mit gleicher Berechtigung nennen und analysieren ließen: übersteigertes Essen oder auch die Verweigerung von Nahrung (Magersucht), massiver Fernsehkonsum, nahezu zwanghaftes Reinigen der Wohnung u. ä. Sie gelten nur zum Teil als auffällig oder gar als behandlungsbedürftig, sind aber (wahrscheinlich) ebenso als Versuche zu bewerten, mit den für Frauen vorgesehenen Lebens- und Arbeitszusammenhängen zurechtzukommen.

Strukturelle Bedingungen der Abhängigkeitsentwicklung im weiblichen Lebenszusammenhang

Zur Erläuterung der strukturellen Bedingungen von Drogenabhängigkeit genügt es nicht, darauf zu verweisen, daß in unserer Gesellschaft soziale Zugangschancen, Teilhabe an Bildung, Erwerbsarbeit, befriedigender Freizeitgestaltung, Macht und Herrschaft ganz wesentlich an das Geschlecht gebunden sind. Vielmehr ist genauer aufzuschlüsseln, warum die Verhaltensweisen von Frauen eher selbstschädigend als gegen andere gerichtet sind.

Als zentrale Kategorie zur Analyse dieses Tatbestandes bietet sich der Begriff *Abhängigkeit* an. Die Erfahrung von Abhängigkeit durchzieht die Normal-Biographie von Frauen wie ein roter Faden:

Von der Kindheit bis ins hohe Alter werden Mädchen und Frauen in Abhängigkeit gehalten und nicht darauf vorbereitet, ihre Konflikte aktiv auszutragen und direkte Kontrolle über ihre eigenen Lebensumstände zu erhalten.

Im Laufe eines Frauenlebens wechseln die Personen / Institutionen, von denen Abhängigkeit besteht (Eltern, Mann, Kinder) und die Mittel, mit denen sie erzwungen wird (Sozialisation, Ausbildung, Beruf, Ehe, soziale und ökonomische Abhängigkeiten, direkte und indirekte Gewaltanwendung). Immer aber ist die Absicherung der weiblichen Abhängigkeit funktional auf die Absicherung der *geschlechtsspezifischen Arbeitsteilung* bezogen; Mädchen und Frauen werden auf die für sie vorgesehene Arbeit vorbereitet und verpflichtet.

Zentrale Aufgabe aller Frauen ist die Familien- und Hausarbeit, die materielle und psychische Reproduktion der Familie. Sie wird generell nicht als Arbeit begriffen, sondern «aus Liebe» verrichtet und vollzieht sich im Rahmen der durch Abhängigkeits- und Herrschaftsverhältnisse bestimmten Institution «Ehe».

Darüber hinaus leisten Frauen Erwerbsarbeit – zum Teil an regulären sozialversicherungspflichtigen Vollzeit- und Teilzeitarbeitsplätzen, viel häufiger aber in sog. ungeschützten Beschäftigungsverhältnissen (Putzstellen, Heimarbeit, Werkverträge, freie Mitarbeit u. ä.). Die geschlechtsspezifische Arbeitsteilung durchzieht auch den Arbeitsmarkt selber, mit den bekannten Folgen der Lohndiskriminierung von Frauen, der Arbeit am unteren Ende der beruflichen und betrieblichen Hierarchie u. a. m. Das öffentliche Leben (z. B. politische, kulturelle, kirchliche Institutionen) wird ohnehin von Männern bestimmt.

In ihren unterschiedlichen Lebens- und Arbeitsbereichen können sich Frauen nur in einer Weise einrichten, die für sie *immer* mit Widersprüchlichkeiten und Konflikten verbunden ist. Egal welche Lebensform und Arbeitsorganisation sie wählen: Ihre Ambivalenzen heben sich niemals auf und sind nie beendet:

o Als unverheiratete Frauen sind sie – wegen fehlender Kinderbetreuung und zu niedrigen Verdiensten – nicht in der Lage, eigenständig mit Kindern zu leben.
o Als verheiratete Frau wird ihre Arbeitskraft in materieller und psychischer Hinsicht ausgebeutet.
o Ohne Kinder gilt sie nicht als «wahre Frau».
o Mit Kindern soll sie nicht erwerbstätig sein oder höchstens teilweise.
o Ohne Erwerbstätigkeit verschwindet sie in der Versenkung der Privatheit.
o Ohne Mann gilt sie als «sitzengeblieben».
o Mit Mann und Kindern muß sie erkennen, daß sie der Illusion der lebenslangen Liebe aufgesessen ist.

Diese Auflistung ließe sich beliebig fortsetzen.

Drogen können dort eingesetzt werden, wo das Aushalten dieser Widersprüchlichkeiten und offene Konfliktverarbeitung den Frauen nicht möglich erscheinen.

Darüber hinaus sind sie auch Mittel, um Leistungsanforderungen gewachsen zu sein. Tatsächlich scheinen gerade Psychopharmaka und Schmerzmittel vielfach unter diesem Aspekt konsumiert und verschrieben zu werden, wobei kaum Unterschiede zwischen Erwerbstätigen und Frauen, die nur Hausarbeit verrichten, festzustellen sind (Vogt 1983, S. 169).

Völlig unabhängig davon, ob Frauen erwerbstätig sind oder nicht, wird ihnen als Bestandteil der privaten Reproduktionsarbeit die Auf-

Der Weg aus der Sucht ...

... ist dornenreich, und mit gutem Willen allein ist die totale Abstinenz meist nicht durchzuhalten. Eine Therapie kann dem Betroffenen helfen, sich selbst und seine Probleme besser zu verstehen, und ihm Wege aufzeigen in ein Leben mit mehr Zufriedenheit. Stabilisierend wirkt da auch, wenn finanzielle Sicherheit gegeben ist.

gabe der Herstellung eines familialen Klimas zugeschrieben, das Liebe, Vertrauen, Schutz und Geborgenheit für alle Familienmitglieder sichert. Die Familie = die Frau soll gewährleisten, was in der öffentlichen Außenwelt mit ihren Leistungs-, Konkurrenz- und Gewalterfahrungen nicht mehr erfahrbar ist. Es liegt auf der Hand, daß Frauen mit dieser emotionalen Überfrachtung der Institution Familie eine unerfüllbare Aufgabe zugewiesen wird, die zu Versagungsängsten und Schuldgefühlen führt.

Es verwundert deshalb nicht, wenn z. B. Alkoholikerinnen und arzneimittelabhängige Frauen sich vor allem als Versagerinnen in Familie und Partnerschaft erleben. Obwohl etwa Alkoholikerinnen häufig massive Unterdrückung und Gewaltanwendung durch ihre männlichen Partner erfahren (Mantek, a. a. O.), scheinen sie selbst diese Tatsachen noch als eigene Schuld zu bewerten.

Frauen greifen in jenen Lebensphasen zu Drogen, in denen ihre – an männlichen Maßstäben gemessene – Attraktivität verlorengeht, sie sich mit der Notwendigkeit, Haus-, Erziehungs- und Erwerbsarbeit zu vereinbaren, überlastet fühlen, sie ihre Sicherheit im Umgang mit anderen immer mehr verlieren usw.

Kommen dann noch spezielle Belastungssituationen hinzu – wie etwa Verlust / Trennung von einem Partner, Auszug der Kinder u. ä. –, wird die empfundene und tatsächlich vorhandene Vereinsamung oftmals mit Hilfe von Drogen überdeckt; Drogen erhalten ihre Funktion als Schlafgeber, Muntermacher, Spannungslöser.

Vor dem Hintergrund dieser für Frauen strukturell bedingten Widersprüchlichkeiten und Konfliktlagen sind ihre spezifisch weiblichen Formen der Konfliktbewältigung zu betrachten.

Frauen sind weder daran gewöhnt, noch erlaubt es ihnen ihre soziale und ökonomische Situation, sich aufzulehnen und ihre Situation aktiv und kämpferisch zu verändern. Die ihnen lebenslang antrainierten Verhaltens- und Bewußtseinsstrukturen in Verbindung mit sozioökonomischen Restriktionen zwingen sie vielmehr in eher passive Bewältigungsstrategien, von denen Krankheit und Drogenabhängigkeit an dieser Stelle genannt wurden. Die «Selbsttherapie» durch Drogenkonsum und -mißbrauch entspricht der bei Frauen vorfindbaren Tendenz zu selbstschädigendem Verhalten und zur Inkaufnahme vermehrter Abhängigkeit, die ihnen ohnehin schon vertraut ist.

«Es war wieder eine Flucht»

Franziska G.

Meiner Meinung nach begann meine Alkoholabhängigkeit schon mit 16 Jahren. Folgendes Erlebnis war eine Art Schlüsselerlebnis: Da ich in diesem Alter anfing, tanzen zu gehen, und unter großer Unsicherheit litt, benahm ich mich dementsprechend. Bis zu diesem Zeitpunkt hatte ich noch keine Bekanntschaft mit Alkohol gemacht. An jenem Abend hatte ich meine Cola ausgetrunken und kam durstig an den Tisch zurück. Ein Freund bot mir sein Bier an, ich trank das halbe Glas in einem Zug leer. Die Wirkung war umwerfend, etwas später spürte ich eine Wärme und Sicherheit, plötzlich löste sich meine Zunge, ich konnte witzig sein, sicherer tanzen und fühlte mich wohl und auch zufrieden – einfach dazugehörig.

Die nächsten zwei Jahre trank ich zwar regelmäßig bei irgendwelchen Anlässen, konnte aber noch aufhören, wenn ich merkte, es wurde zuviel, denn betrunken werden wollte ich nicht.

Mit 18 verlobte ich mich, ein Jahr später verunglückte mein Freund tödlich. In dieser Nacht betrank ich mich das erste Mal bewußt, ich wollte nicht nachdenken müssen. Weil ich mich zu sehr in die Trauer hineinsteigerte (-trank), wollte ich irgendwo neu anfangen und zog von Bayern nach Bonn – es war wie eine Flucht.

In Bonn lernte ich meinen ersten Ehemann kennen, heiratete mit 21, weil ich schwanger war. Heute ist mir klar, daß diese Ehe nicht gutgehen konnte, denn mein Mann hatte seine erste Frau durch eine Krankheit verloren und lebte in der Vergangenheit, und auch ich dachte noch oft an meinen Verlobten. Manchmal schlug mein Mann ohne irgendeine Vorwarnung auf mich ein; auch mit Würgemalen mußte ich in ärztliche Behandlung – später wurde bei meinem Mann eine Krankheit seelischer Art festgestellt. Ich wurde immer depressiver. Um diese Stimmungen zu unterdrücken, trank ich manchmal abends, da passierte es auch, daß ich den Alkohol als Schlafmittel benutzte. Es hielt sich aber in Grenzen.

Als meine Tochter eineinviertel Jahr alt war, trennte ich mich von meinem Mann und zog nach Bayern zurück. Vier Wochen vor ihrem zweiten Geburtstag wurde meine Tochter von einem Verwandten geschlagen und starb an Gehirnblutung.

Wieder kam diese Phase des Abends-trinken-*Müssen*, um schlafen zu können. Ich zog von Bayern nach Stuttgart – wieder eine Flucht vor der Wirklichkeit. Die Trinkerei zog sich mit langen und kurzen Unterbrechungen durch mein Leben.

Nach ein paar Jahren zog ich wieder nach Bayern, lernte meinen jetzigen Mann kennen, bekam zwei Kinder. Es gab mehr Tiefen als Höhen in dieser Ehe. Wenn ich nicht mehr ein noch aus wußte, trank ich, um ja nicht wieder dieser Grübelei ausgesetzt zu sein, aber Wärme, Geborgenheit oder Liebe konnte mir auch der Alkohol nicht geben – es war wieder eine Flucht. Je mieser meine Ehe wurde, desto mehr trank ich.

Vor ein paar Wochen *mußte* ich wie unter einem Zwang drei Tage hintereinander trinken. Das schockte mich dermaßen, daß ich mich entschloß, eine Entziehungskur zu machen, denn mir war klar, daß ich nun endgültig abhängig war, daß ich trinken *mußte*. Der Alkohol beherrschte mich. Trotzdem konnte ich mich anfangs nicht damit abfinden, den Alkoholismus als Krankheit zu bezeichnen.

Inzwischen ist mir klargeworden: Der Alkohol ist ein Gegner – derart massiv und stark –, dem ich nicht gewachsen bin; ich habe aufgegeben, mit ihm zu kämpfen. Mir ist klar, trinke ich das erste Glas, wird die Sucht wieder ausgelöst – dieses krankhafte Verlangen nach Alkohol. Ich hoffe, so lange wie möglich «trocken» zu bleiben – und werde alles für meine «Trockenheit» tun.

«Ich will leben lernen»

Marjaleena Lembke-Heiskanen

Ich bin 1945 in einer kleinen Stadt in Finnland geboren. Habe dort die Schule besucht und mein Abitur gemacht.

Meine Mutter nahm sich das Leben, und ich habe mir viele Vorwürfe gemacht. Wir hatten uns gestritten an dem Morgen, als es passierte. Ich fühlte mich schuldig. Aber ich gab auch unserem Vater die Schuld – um so mehr, als er kurze Zeit danach eine Stiefmutter ins Haus brachte.

Ich verstand mich nicht mit ihr. Ich bin von zu Hause weggezogen und nachher auch aus der Stadt. Ich habe in Helsinki ein Studium angefangen, interessierte mich aber hauptsächlich fürs Schreiben.

1966 habe ich eine Arbeitsstelle in der Bundesrepublik Deutschland angenommen. Während der Zeit habe ich den Mann kennengelernt, mit dem ich bis heute zusammen lebe. Wir haben 1967 geheiratet, 1968 ist unser Sohn geboren.

In Deutschland habe ich zweimal ein Studium angefangen. Einmal an der Pädagogischen Hochschule, danach an einer Kunstakademie. Trotz meines Interesses für das zweite Studium hatte ich keine Kraft mehr, das Studium mit Examen abzuschließen.

Nachdem ich aufgehört habe zu trinken, ist das Schreiben wieder ein wichtiger Teil meines Lebens geworden.

Aus den Tagebüchern einer Alkoholikerin

März 1961
laß mich lieben
um alle enttäuschungen hinnehmen zu können
ohne haß
laß sie zur weisheit werden
daß die verbitterung dem verständnis weicht
laß mich das glück vergessen das nicht zu erreichen ist
gib mir frieden
laß mich lieben

2. 9. 1963
Letztes Schuljahr – hoffentlich. Bekannte Gesichter – Freunde? Sie

kommen mir fremd vor – nach den Ferien. Alle denken an das Abitur, an eigene Leistung. Jeder will nur für sich wissen – für die eigene Note. Ich bin müde. Lieber Gott, gib mir Kraft, wenigstens für dieses Jahr, wegen meiner Eltern.

März 1964
Sie hat sich das Leben genommen. Meine Mutter. Unsere. Ich konnte sie nicht mehr sehen. Sie war nicht wiederzuerkennen. Der Zug hatte sie mitgeschleppt. Es war unser Zug, der jeden Tag vorbeifährt. Ich war nicht zu Hause. Es war meine Schuld. Unsere. Mein Vater war schuld. Sie selbst. Sie selbst hatte uns verlassen.

In drei Tagen fangen die Abiturarbeiten an.

Sommer 1964

Die Dunkelheit des Waldes

In einem niedergeschlagenen Wald
wohnt ein kranker Gott.
In einem dunklen Wald sind die Blumen so blaß
und die Vögel scheu.
Warum ist der Wind so voll von warnendem Flüstern
und der Weg von finsteren Ahnungen schwarz?
Im Schatten ruht ein kranker Gott
böse Träume verzaubernd –

Edit Södergran

15.11.1965
Sentimentale Briefe nach Hause geschrieben. Ich habe kein Zuhause mehr. Ich bin voller Liebe und Sehnsucht. Wen soll ich lieben? Ich möchte ein Junge sein. Ein Indianer. Ein Adler.

18.11.1965
Wir erklären die Schwierigkeiten von anderen im Handumdrehen. Unsere eigenen, indem wir den Kopf umdrehen.

Ich möchte mutig sein, lieben können, mich geben können, anbieten dürfen – mein ganzes Gefühl. Soll ich warten, daß irgend jemand mich erobert und mir nur die Aufgabe bleibt, mich nehmen zu lassen?

22.11.1965
ich will leben
ich will leben
ich will leben

8.1.1966
Ich möchte nicht in dieser Stadt bleiben. Unterentwickelter Ehrgeiz und überentwickelte Unsicherheit als Waffe. Was kann schon aus mir werden? Im besten Fall lerne ich über meine Zersplitterung zu schreiben – sympathisch verständlich. Oder ich lerne es nicht. Und werde eine Säuferin. Bin immer außerhalb meiner selbst und weit entfernt von den anderen.

9.1.1966
Ich werde in einer Trinkerheilanstalt enden.

10.1.1966
Ich habe Angst vor den Starken – weil ich mir schwach vorkomme. Und ich habe Angst vor den Schwachen – weil ich sie eventuell ausnutze.

9.2.1966
Sind wir nicht alle unschuldig – unzurechnungsfähig. Was können wir schon selbst entscheiden? Wir können unsere Eltern nicht wählen, nicht unsere Umgebung. Wir können nicht unsere Erfahrungen aussuchen, nicht das, was wir daraus schließen. Wir reagieren auf die Erfahrungen auf unsere Weise. Wir können nicht unsere Träume aussuchen, nicht unsere Gefühle, nicht unsere Gefühllosigkeit, nicht unseren Glauben, nicht unser Mißtrauen.
   Ich will nicht in dieser Unfähigkeit untergehen!
   Ich will für irgend etwas dasein, auch wenn ich nicht fähig bin, gegen etwas zu sein.

18.2.1966
Das Land wimmelt von Fremden, kenne ich denn keinen? Guten Morgen, liebe Flasche!

27.3.1966
Habe großes Mitleid mit anderen, so daß ich mich selbst nicht zu bemitleiden brauche.
   Wir sagen vom Leben das, was wir bekommen haben. Wenig. Ich

laufe durch die Straßen. Luft macht mir Platz. Nur vor der Straßenbahn muß ich mich in acht nehmen. Verliebt bin ich. Wenn er wüßte. Wie!

Ich brauche die Liebe. Die Liebe braucht mich. Um zu existieren. Er braucht mich. Ich brauche ihn. Ich schreibe wahnsinnige Gedichte. Ganz leise. Kleine. Über die Einsamkeit. Die ich kaum kenne. Aber auch liebe.

31.3.1966
Es wird Zeit, Sachen nüchtern zu betrachten. Ich mag mich nicht, nicht das Lachen, nicht das Weinen. Es ist nichts Echtes dabei. Ich werde diese Stadt, dieses Land und vor allem diese Menschen, die sich nicht lieben lassen, einfach verlassen. Das habt ihr davon!

9.4.1966
Wir sind angekommen. Die Deutschen sprechen viel, fanatisch und unnötig lange Sätze. Ich verstehe sie nicht. Hier gibt es massig zu essen und in jeder Ecke Bier.

17.4.1966
Im Traum geweint, die Wirklichkeit ist fast noch schlimmer. Bloß keine Tränen. Arbeit abscheulich. Und überall Hektik. Arbeitsstelle heißt Park-Café. Sehr vornehm. Auf der einen Seite. Eine Tasche gekauft. Um Flaschen kaufen zu können.

23.4.1966
Ich habe mir nichts zu sagen.

5.10.1966
Ich kann nichts schreiben, mein Körper, Kopf und Seele hätte vieles zu sagen. Du Rotbärtiger, wie sollen wir das geregelt bekommen, diese Liebe in Bahnen lenken. In was für welche? Ich liebe dich, aber nicht die Regeln. Hast du dir ein Bild von mir gemacht?

10.10.1966
du hältst mich fest
ich lerne es wieder
tief zu atmen
ich höre deinem schweigen zu
ohne mich zu bewegen
du bist mir nahe.

8.12.1966
Zurück nach Finnland. Ich werde zurückkommen. Weil ich dich liebe. Weil du mich liebst?

17.7.1967
Keine Zeit zum Schreiben. Ich arbeite in einem Krankenhaus.

Meine Liebe zu dir ist, daß ich nicht hart werde, nicht unbarmherzig, sondern allen alles weiterschenke, was du mir gibst.

1.8.1967
Ich kann nicht mehr lesen. Ich bin zu lebendig. Ich schaue mein Bild an. Suche nach Gründen, daß du wiederkommst. Immer wieder kommst.

2.8.1967
Der Mensch ist nicht der Schmied seines eigenen Glücks, oder ich bin kein Schmied. Vielleicht kein Mensch.

1967–1978
oft hat man mir das glück gebracht
oft hat man es mitgenommen
ich habe nicht gefragt
wer und woher und wohin

ich habe die flasche genommen
deren schatten zu groß ist für unsere räume
von dir weiß gestrichen
mit meinen dunklen bildern bedeckt

kein weiter weg
zwischen zwei lebenden
ein paar schritte
die reichweite der worte

7.2.1979
Hat meine Mutter wirklich den Tod selbst gesucht? Habe mich selten bewußt gefragt, was sie für ein Mensch war. Aber ich träume viel von ihr. Wenn ich wach werde, bin ich niedergeschlagen und weiß nicht, wo ich bin. Es kommt vor, daß das Gegenwärtige verschwindet – ich bin ganz weit weg in der Vergangenheit.

Letzte Zeit ist schlimm gewesen – für unsere Beziehung und für mein Trinken. In welcher Reihenfolge.

9. 2. 1979
H:s Geburtstag. «Nachdem sie, einer durch den anderen, plötzlich so viel Unbekanntes von sich selbst erfuhren, werden sie zögern und sich fragen, ob sie noch zusammenpassen.»

Botho Strauß

14. 2. 1979
Ich bekomme jetzt Geld für das Zeug, muß es mir aber selbst besorgen. Was manchmal fast unmöglich ist. Ich werde noch kriechen lernen. Die Schande zu vertuschen und den Durst zu löschen ist nicht mehr möglich. Kann denn eine Krankheit eine Schande sein? Kann denn Liebe Schande sein? Oder Lieblosigkeit?

16. 2. 1979
Mein Gehirn ist ein Tonband, Kamera und Projektor gleichzeitig, ein Bild folgt dem anderen unweigerlich, sobald ich die Augen zumache. Ich weiß, daß ich in meinem Bett liege.

Kurze Zeit darauf bin ich nicht mehr sicher, so wahr und grauenhaft sind die Wahrnehmungen von dem nicht Wahrnehmbaren. Eine Nacht war ich auf einer Wüste. Auf einem bläulichen Sand saßen Männer, Frauen und Kinder. Sie zeigten ihre Genitalien – gleichgültig-abwesend. In dreckigen Fetzen von Kleidern starrten sie mich pausenlos an. Einige Männer gruben sich in den Sand und ließen nur ihre langen Schwänze heraushängen. Keine Häuser, kein Himmel, keine Sonne.

Und dann eine Straße – eine Reihe von Narren, die sich ironisch höflich vor mir verbeugten – Leichen, die mir aus dem Nichts entgegenkamen. Makaber, angstauslösend trostlos, zynisch.

Und ich lag neben dir. Du konntest mir nicht helfen. Ich lag da wie eine, die gezwungen wird, einen Film zu Ende zu sehen. Und ich habe den angesehen – wie schon so oft. Und auch den nächsten.

Ein Alptraum aus der Kindheit. Eine andere Version.

Ich laufe einen langen Pfad entlang in einem dunklen Kiefernwald und fühle mich verfolgt und beobachtet von allen Seiten. Überall sind Wege – breite – schmale – Kreuzungen. Hinter mir höre ich Schritte, in panischer Angst sehe ich mich um und laufe noch schneller – ein Mann mit Gewehr – bloß nicht stolpern. Aber so schnell ich auch laufe – er erreicht mich doch.

Seltsam – er geht an mir vorbei, wie wenn ich gar nicht existieren würde.

Ich schaue verzweifelt nach einem Haus – treffe einen alten Mann. Freundlich zeigt er mir den Weg zu einem Haus. Ich sehe Licht in dem Haus und laufe darauf zu. Aber als ich dort ankomme, geht das Licht aus, und ich stehe wieder im Dunkeln – ich laufe weiter, es geht immer bergab, und während ich laufe, singt jemand meinen Namen und einen Text – «laufe still, laufe leise, zu deiner Liebe, zu deiner Wahrheit, zu deinem Glück». Es wiederholt und wiederholt sich, indem ich laufe. Immer weiterlaufe. Ich finde Häuser, Dörfer, Lichter, aber keinen Menschen, und jedesmal, wenn ich mich einem beleuchteten Haus nähere, geht das Licht aus.

Mir ist, als ob Stunden voller Angst vergangen wären, als ich ein einfaches Haus, fast nur eine Scheune, erreiche. Es sieht so aus, als ob man auf mich gewartet hätte. Eine Greisin, angeblich meine Großmutter – begrüßt mich und fragt, wie es meiner Mutter ginge. Der Großvater wäre zum Holzhacken, ich könnte bis zum Kaffee bleiben. Aber ich verabschiede mich, ich traue ihr nicht. In Begleitung von einem Unbekannten erreiche ich ein anderes Haus – in dem wohnt mein Vater. Ich treffe ihn nicht. Nur viele junge Menschen – betrunken. Es scheint ein Sommerfest zu sein. Nehme mir ein Pferd und will fortreiten. Ich falle.

25.2.1979
Der Kopf ist wund – von den Versuchen, die Mauer des Schweigens zu durchbrechen. Wir müßten uns trennen, aber wie? Ich müßte mich von der Flasche trennen. Oder vom Leben. Was wird aus unserem Kind, das keines mehr ist?

5.3.1979
Schon ein Blick auf eine Bierflasche genügt, um mich einzuschläfern.

20.9.1979
Fünf Nächte in diesem Krankenhaus. Wir sind unter uns Trinkerinnen, Abhängige, Abgerutschte.

Kaum Entzugserscheinungen, dafür Kreislaufschwäche und Unklarheit darüber, wo ich mich befinde. In einer Irrenanstalt – beim Militär – auf einem Kaffeeklatsch oder in einem Kindergarten.

Eine hat sich Rattengift aufs Butterbrot geschmiert – gestreut. Sie verbrachte ein Dreivierteljahr im Krankenhaus. Haare, Augenbrauen,

Wimpern fielen ihr aus – aber sie lebt – mit prachtvollem Haar und mit einer starken Brille, weil sie halbblind wurde. Sie lacht. Unschuldig und freudig wie ein kleines Kind, dem ein Streich gelungen ist.

25.9.1979
Ich bin neugierig und lerne dabei Menschen und Schicksale kennen. Aber ich finde mich selbst nicht. Nicht hier. Bin ruhiger geworden. Es gibt nur ein Gesprächsthema – Alkohol und Medikamente, also Drogen. Habe jahrelang gerade dieses Thema vermieden. Aber es interessiert mich brennend, es ist im Augenblick das einzige, was mich interessiert.

7.10.1979
Sonntag, der zu Hause so gefürchtete Tag, wird hier zu einem Erlebnis, wenn man Besuch bekommt. H. ist wieder sehr früh gekommen. War erst sehr gehemmt und konnte nicht nach unserem Sohn fragen. Langen Spaziergang gemacht, habe ihm von diesem Haus erzählt.

Er über seine Unsicherheit und fehlende oder verlorene Identität. Plötzlich ist es sehr leicht, mit ihm zu reden. Keine trennende Verletzbarkeit. Er ist nicht gereizt. Seine Zärtlichkeit fast wie vor Jahren. Vor wie vielen?

10.10.1979
Trotz zunehmender Aktivität, noch keinen Plan für das Weitere. Weigere mich, mich als Alkoholkranke zu bezeichnen. Daraufhin soll ich in der Gruppe den Satz sagen. Mitten im Raum stehend. «Ich werde mich nie als Alkoholkranke bezeichnen.» Ich habe es nicht getan, schon wegen des Wortes «nie»!

13.10.1979
H. kam überraschend. Langen Spaziergang gemacht in dem herbstlichen Wald. Auf dem feuchten Boden kurz eins gewesen. Sehne mich danach, neben ihm liegen zu können, möchte ihn streicheln, küssen, fühlen, glücklich machen, in mich nehmen, glücklich sein, alles vergessen, nichts vergessen, mich erinnern, festhalten, loslassen, lachen. Schön lieben zu können.

14.10.1979
Kann mich nicht an die Träume erinnern. Habe das Gefühl, wichtige Informationen bleiben verborgen.

24. 10. 1979
Noch drei Tage. Ich kann das Wort Alkohol nicht mehr hören. Gehirnwäsche nicht gelungen. Wenn ich den Alkohol loswerden will, muß ich es alleine schaffen. Mit dem Kopf?

27. 10. 1979
Zu Hause.

19. 8. 1980
Eine lange Pause. Fünf Rückfälle. Wie man so etwas nennt. Heute der dritte Tag des letzten Reinfalls. Der befürchtete dritte.

Unsere Maus ist in die Falle gegangen. Sie sah sehr klein aus, wie sie da lag. Ich schaffe es nicht. Ich will nicht. Ich müßte erst lernen zu wollen.

27. 12. 1980
Dem totalen Zusammenbruch nahe. Mich versteht keiner mehr. Ich am allerwenigsten. H. hatte ein glückliches Lächeln, als er nach Hause kam. Habe es ihm mit ein paar Worten entzogen. Das Lächeln.

5. 1. 1981
Es kam, wie es kommen mußte. Mit allen Zutaten. Vordelir, Schlaflosigkeit, Verwirrung, bis zum beginnenden Wahnsinn.

Ich bin dankbar, daß ich wieder klar denken kann.

28. 3. 1981
Die Suche nach einem Menschen ist immer mit der Angst verbunden, daß, wenn man ihn gefunden hat, es auch möglich ist, ihn wieder zu verlieren. Oder sich selbst zu verlieren.

3. 6. 1981
Mir fehlen schon wieder die Schuhe im Traum – oder sie sind durchlöchert. Oder ohne Schuhbänder, nicht zum Festbinden.

Ich lasse ein Baby alleine an der Haltestelle. Ich habe ein schlechtes Gewissen unserem Sohn gegenüber. Jetzt endlich – nach Jahren – plagt es mich. Wenn ich nicht mehr trinke.

1. 7. 1981
Wir werden einen alten Bauernhof mieten.

3.1.1982
Die Träume deuten darauf hin, daß ich wieder auf der Kippe stehe.
Letzte Nacht wollte ich und versuchte meine beiden Männer irrezu-
führen, um in Ruhe etwas trinken zu können.

Kann diese Sucht überhaupt so stark sein – oder ist es was anderes –
das Bedürfnis, sich loszureißen, von allen, von allem – von denjeni-
gen, die ich liebe? Oder ist es nur Angst. Und solche Träume, Warnungen. Dieses Gefühl des Durchdrehens, des Andersseins, der Einsamkeit.

2.3.1982
Schneeglöckchen blühen und etwas Grünes von den Krokussen und
Narzissen ist auch schon zu sehen. Freue mich auf die Blumenpracht,
die schon zu erahnen ist.

6.10.1982
Ich schreibe – Kindergeschichten!

2.12.1982
Allmählich fühle ich mich hier zu Hause. Trotzdem, manchmal ist
mir, wie wenn ich ein Doppelleben führen würde. Meine Gedanken
sind weit weg von dem, was ich tue.

1.2.1983
Ich werde es nie lernen, in dieser Sprache zu schreiben. Letzte Nacht
nach H. gesucht. Immer entgleitet er mir im Traum. Aber er ist da.

3.4.1983
Die Narzissen blühen. Es werden immer mehr. In ein paar Jahren gibt
es hier eine kükengelbe Frühjahrswiese. Meine Liebe vermehrt sich
wie ein Kefirpilz. Sie wächst aus mir raus.

2.5.1983
Hinter meiner tapferen Fassade verbirgt sich wieder soviel Verzweiflung, die nur die fühlen kann, die etwas Neues anstrebt und noch
nicht einmal weiß, was sie damit anfangen soll.

Ich zweifle an meiner Glaubwürdigkeit als Mensch, als Frau und als
Mutter.

6. 5. 1983
Der Druck läßt nach – gerade in dem Augenblick, wenn man es nicht
mehr ertragen kann.

27. 12. 1983
wir haben oft
wir gesagt
und gemeint
ich und du
ob es möglich ist
nötig ist
das wort neu zu begreifen
erweitern
vielleicht unsere einstellung
das ganze leben
das unsere

Die dienende Mehrheit

Die Frauen als Dienerinnen der Nation, als Reservistinnen des Arbeitsmarktes, verfügbar und manipulierbar?

Die Frauen aber auch als heimliche Macht, als Opfer den Mann beherrschend, durch ihn und von ihm lebend?

Gesundheit und Krankheit – «Schubladen» für Frauen?

Ute Schönherr

Krankheit – was ist das eigentlich?

Die Begriffsverwirrung ist groß.

Gesundsein oder Kranksein sind erst einmal im wesentlichen individuelle Beschreibungen des Befindens; eine gefühlte, erlebte Abweichung von meinem Normalzustand: Ich fühle mich krank.

Für viele, die den Menschen als naturwissenschaftliches Objekt, als funktionierenden Organismus betrachten, ist Gesundheit schlicht die Abwesenheit von krankhaften, den Funktionsablauf beeinträchtigenden Symptomen.

Die Weltgesundheitsorganisation definiert Gesundheit idealtypisch: als einen Zustand des vollkommenen körperlichen, seelischen, geistigen und sozialen Wohlbefindens. Auch wenn dies wohl eher ein programmatisches Ziel der WHO ist, wird doch in dieser Definition anerkannt, daß der Mensch eine Einheit von Körper, Seele und Geist ist und nur in Beziehung zu seinem jeweiligen sozialen Umfeld zu sehen ist. Jede Störung in diesem Beziehungsmuster, Mißempfindungen in einem der Bereiche sind demnach Krankheit.

In unserer Leistungsgesellschaft hängt der Begriff «Krankheit» aufs engste mit dem Grad der Einschränkung der Arbeitsfähigkeit bzw. mit der ärztlichen Attestierung einer Arbeitsunfähigkeit zusammen. Die Lohnfortzahlung im Krankheitsfalle galt bei ihrer Einführung als sozialpolitische Revolution, sie hat Krankheit gesellschaftlich erst akzeptabel gemacht. In Zeiten wirtschaftlicher Rezession und wachsender Arbeitslosigkeit sinkt der «Krankenstand» in den Betrieben meist drastisch: Die Erklärung, daß es sich dann wohl vorher in der Mehrzahl um Krankfeierer, um Simulanten gehandelt habe, scheint mir doch sehr oberflächlich. Dies ist doch eher ein Zeichen dafür, daß Krankheit ein Luxus sein kann, der nicht immer gestattet ist.

Was bedeutet Krankheit im Leben von Frauen?

Die Gleichsetzung von Krankheit und Arbeitsunfähigkeit hat nicht nur bedenkliche Konsequenzen für die Früherkennung von Krankheiten und das Gesundheitsbewußtsein, wenn der Kampf um Arbeit härter wird, sie gibt auch einen ersten Hinweis auf die Rolle von «Krankheit» im Leben von Frauen.

Die Frauen, die gesellschaftliche Aufgaben durch Hausarbeit und Kindererziehung erfüllen, können sich nicht «krank schreiben» lassen, können sich nicht einfach ein paar Tage ins Bett legen, wenn sie sich krank fühlen. Die Bedürfnisse von Kindern und Ehemann richten sich weder nach Arbeitszeiten noch nach dem Gesundheitszustand, der «Arbeitsfähigkeit» der Frau und Mutter.

Gleiches gilt auch für die unter Doppel- und Dreifachbelastung stehende berufstätige Mutter; sie wird sich – wenn überhaupt – nur mit schlechtem Gewissen krank schreiben lassen, da sie weiß, daß sie die eventuell verordnete Bettruhe nicht einhalten kann. Da ist niemand, der in der Zeit ihres Krankseins ihre Pflichten übernimmt, sie «vertritt» wie im Beruf oder sie gar pflegt oder verwöhnt.

Frauen/Mütter haben dadurch keine Chance, gesellschaftlich akzeptiert krank zu sein. Die Funktion, die Krankheit im positiven Sinne haben kann, zu sich selbst zu kommen, sich – bewußt oder unbewußt – dem täglichen Druck für einige Zeit zu entziehen, ist für sie nicht erlebbar. Sie sind gezwungen, Krankheit im direkten Umgang gegen Mann und Kinder durchzusetzen; sie lernen auch, sie einzusetzen, um Forderungen von vornherein abzublocken.

Traditionell wird Frauen die Rolle der Hüterin der Gesundheit der Familie zugeschrieben, sie beobachtet ihre Kinder auf Krankheitssymptome, begleitet sie zum Arzt und ins Krankenhaus, pflegt die Kranken – auch in der weiteren Verwandtschaft. In ihrer Funktion als Hausfrau sorgt sie auch ganz praktisch für gesunde Lebensverhältnisse, für Ernährung, warme Kleidung, Sauberkeit etc. Auch aus biologischen Gründen wird von ihr eine besondere Nähe zum Körper und seinen Funktionen erwartet, unterliegt sie doch sichtbaren, den Körper verändernden hormonellen Einflüssen ihr Leben lang (Menstruation, Schwangerschaft, Stillen, Klimakterium). Es wird leicht übersehen, daß durch diese stereotypen Zuschreibungen ihr Verhältnis zur eigenen Körperlichkeit besonders störanfällig wird. Die körperliche Befindlichkeit der Frau ist nicht allein ihrer eigenen Einschätzung, ob sie sich wohl fühlt oder nicht, überlassen, sondern ihre Funktionsfähigkeit, ihr

Wert als Frau wird möglicherweise umfassend in Frage gestellt. Wenn sie krank ist, vernachlässigt sie den Haushalt, kümmert sich nicht liebevoll um die Kinder, ist keine anziehende Geliebte ... Kein Wunder, daß Frauen in bestimmten lebensgeschichtlichen Situationen besonders gefährdet sind, psychisch oder suchtkrank zu werden, wie in der Pubertät, nach dem ersten oder voraussichtlich letzten Kind, in der Menopause. Sie muß dann nicht nur einschneidende körperliche Veränderungen bewältigen, sondern auch noch die eigenen Wünsche und Vorstellungen, die sie mit ihrem Körper verbindet, mit den hohen gesellschaftlichen Erwartungen in Einklang bringen oder sie dagegen verteidigen.

Noch einige Tatsachen, die den Umgang von Frauen mit Krankheit sowie den Umgang mit kranken Frauen beleuchten können:

o der Krankenstand von berufstätigen pflichtversicherten Frauen ist niedriger als der der Männer;

o seit jeher stellen Frauen einen Anteil von etwa zwei Dritteln der Medikamente mißbrauchenden bzw. von ihnen abhängigen Menschen;

o der Anteil von Frauen sowohl in den psychiatrischen Kriseninterventionsstationen als auch in den geronto-psychiatrischen Stationen liegt deutlich höher als der Anteil der Männer.

Ich muß daraus schließen, daß Frauen lange Zeit versuchen, Krankheitssymptome durch Selbstmedikation zu bekämpfen, zu «übergehen». Wenn sie zum Arzt gehen, werden sie dort nur allzu bereitwillig mit rezeptpflichtigen Medikamenten versorgt, ohne daß nach den Ursachen ihrer Beschwerden geforscht wird oder diese ernst genommen würden. Ein erschreckendes Symptom für das besondere «Gewaltverhältnis» zwischen Arzt und Patientin ist für mich die Tatsache, daß mißhandelte Frauen mit Psychopharmaka «ruhiggestellt» werden. Ich kann dies nur als Fortsetzung von körperlicher Gewalt und Vergewaltigung mit dem subtileren Mittel der chemischen Manipulation und Anpassung an unerträgliche Verhältnisse bezeichnen.

Das Datenmaterial aus dem psychiatrischen Bereich ist zwar dünn, aber es läßt doch die Aussage zu, daß Frauen dann irgendwann nicht mehr können und in einer nicht mehr zu bewältigenden Krise wiederum zu Medikamenten greifen. Erfahrungsgemäß gehört die Einnahme von Medikamenten zu den relativ «erfolgloseren» Selbstmordmethoden, so daß eine medizinisch-psychiatrische Intervention noch möglich wird. Auch hier zeigt das Beispiel der mißhandelten Frauen, daß sie nach einem Selbstmordversuch in die unverändert gewalttätige häusliche Situation entlassen werden.

Der höhere Anteil psychiatrischer Krankheitsbilder bei alten Frauen hat sicherlich auch etwas mit ihrer höheren Lebenserwartung zu tun. Daß sie «psychiatrisiert» werden, d. h., stationär behandlungsbedürftig – zumeist bis ans Lebensende –, ist auch darauf zurückzuführen, daß sie zu Hause nicht die notwendige Pflege und Betreuung erhalten. Inwieweit «geistige Verwirrtheit» im Alter in Zusammenhang mit lebensgeschichtlichen Erlebnissen und Erfahrungen von Frauen steht, d. h. möglicherweise ein ganz «normaler» Rückzug aus für sie unbegreiflichen Zuständen ist, ist meines Wissens geschlechtsspezifisch noch nicht untersucht worden.

Für das Leben suchtmittelabhängiger Frauen hat Krankheit und ihre Funktion in der Familie meist schon frühzeitig eine prägende Bedeutung gehabt. Sie berichten auffallend häufig, daß sie eine «ewig kranke» bzw. kränkelnde Mutter hatten, mit der keine Auseinandersetzung, aber auch keine Identifikation möglich war. Zwischen Mutter und Tochter entstand eine Beziehung, die gekennzeichnet war von Ablehnung und schlechtem Gewissen, von Überforderung und Mitleid, begleitet von Medikamentenmißbrauch der Mutter und Alkoholkonsum und Gewaltausbrüchen des Vaters. Die frühe Übernahme von mütterlichen Ersatzfunktionen z. B. in der Geschwisterbetreuung ließ kaum Raum für eine klare und positive Identitätsfindung als Frau.

Krankheit – Schicksal oder Schuld?

Doch noch einmal zurück zum Krankheitsbegriff.

Daß Krankheit heute ebensowenig wie beispielsweise Trauer oder Angst als ein Signal, eine körperliche oder seelische Reaktion auf äußere Unordnung, ein schlimmes Erlebnis auf ein Rollenverhalten, das mir nicht gemäß ist, verstanden werden kann, liegt aus meiner Sicht an den Normen unserer Gesellschaft.

Krankheit und Schmerzen passen nicht in das Bild des vor Gesundheit strotzenden, jugendlichen, sportlich-dynamischen, leistungsfähigen und -bereiten Menschen unserer Zeit. Dieses uns vorgegaukelte Bild haben wir alle – graduell unterschiedlich – in uns aufgenommen. An Frauen wird zusätzlich die Forderung nach sexueller Attraktivität, nach Schönheit – veränderlicher Mode unterworfen – gestellt.

Um konkurrenzfähig zu bleiben, darf es deshalb Krankheit, ein Eingeständnis von Schwäche, von körperlichem Unvermögen, von Altern und Sterblichkeit, nicht geben. Krankheit ist damit nicht mehr (wie Gesundheit so selbstverständlich) etwas zu mir Gehöriges; sie muß weggemacht, behandelt, therapiert, geheilt werden. Nicht umsonst assoziieren die meisten Menschen mit dem Wort Krankheit «Arzt», «Krankenhaus», «Medikamente», d. h., es sind andere – egal mit welchen Mitteln – dafür zuständig, mich von Krankheit zu befreien.

Die Medizin bemächtigt sich des Patienten (= des «Erduldenden»), wenn er sich ihr ausliefert, meist mit einer Übermacht und einer Geschwindigkeit, die gar keine Zeit läßt zum Nachdenken, zum Feststellen, ob das «Krankheitssymptom» nicht körperlicher Ausdruck von etwas ist, das in mir, mit mir geschieht.

An dieser gesellschaftlich definierten Unzuständigkeit für die eigene Krankheit setzt auch die Kritik am Begriff der «Suchtkrankheit» an. Diese Kritik wird – sowohl von den Süchtigen selbst als auch von denen, die mit ihnen arbeiten – immer dann laut, wenn es z. B. um die Argumentation für sozialtherapeutische Modelle gegenüber konventionellen medizinisch-psychiatrischen Einrichtungen geht oder um Überlegungen zu neuen Finanzierungsformen für Beratung, Therapie und Nachsorge. Die Diskussion in den eigenen Reihen über die Frage «Ist Sucht Krankheit?» kann jedoch leicht zu dem werden, was eine Freundin von mir einen zweischneidigen Bumerang nennt.

Schließlich galt es in den 60er Jahren als sozialpolitischer Erfolg, daß das Bundessozialgericht Alkoholismus als Krankheit anerkannte. Dies war die Voraussetzung dafür, daß Süchtige nicht mehr schlicht als willen- und haltlose, asoziale und amoralische Subjekte disqualifiziert wurden, daß Abhängigkeit nicht einfach als Charakterfehler bewertet wurde.

In einer Zeit mit dem Schlagwort «Kostendämpfung im Gesundheitswesen» beginnt die Diskussion über den Krankheitswert von Sucht erneut – aber unter ganz anderen Aspekten – an Aktualität zu gewinnen. Unter dem Stichwort Selbstbeteiligung bei Selbstverschuldung wird Ausschau gehalten nach Patienten, deren Behandlung hohe Kosten verursacht, die aber selbst durch ihr Verhalten zu ihrer Erkrankung beigetragen haben. Dabei werden vorerst vor allem die genannt, die Nikotin und Alkohol mißbrauchen. Die vielfältigen, durch eine unvernünftige Lebensweise mitverursachten Krankheitsbilder, z. B. Herz-Kreislauferkrankungen, Verschleißerscheinungen, Diabetes etc., werden bei diesen Überlegungen außer acht gelassen.

Dadurch wird suggeriert, daß der allein verursachende Faktor für eine Abhängigkeit der Griff zur Droge ist, den der einzelne ja hätte unterlassen können. Besonders in der arbeitsgerichtlichen und Disziplinarrechtsprechung treibt diese Auffassung wieder (oder immer noch?) wilde Blüten. So wird etwa die Selbstverschuldung ihrer «Trunksucht» bei einer höheren Beamtin daran festgemacht, daß sie aufgrund ihres Bildungsstandes und ihrer allgemeinen Lebenserfahrung bereits zum Zeitpunkt ihres «normalen» regelmäßigen Alkoholkonsums hätte wissen müssen, daß sich daraus eine Alkoholabhängigkeit entwickeln könnte.[1]

Da kann es wohl nicht mehr lange dauern, bis diese Interpretation von Selbstverschuldung auch auf andere Formen psychischer Krisen und Reaktionsweisen übertragen wird. Einen ersten Hinweis habe ich in einem BSG-Urteil[2] gefunden, das den Bezug der Hinterbliebenenrente nach einem Selbstmord davon abhängig macht, daß dieser Suizid «krankheitsbedingt» war, d. h., auf Grund unerträglicher Folgen eines Unfalls oder einer Berufskrankheit erfolgte. (Wie dies der oder die Hinterbliebene im Einzelfall nachweisen soll, bleibt mir unklar.)

Wesentlich an dieser Trendbeschreibung ist, daß das Krankheitskonzept aller nicht rein somatischen Erkrankungen ins Wanken kommt und daß der Eigenanteil an der Erkrankung tatsächlich wieder als moralische Schuld, als individuell zu verantwortendes Fehlverhalten gewertet wird.

Dieser Rückschritt erschüttert mich um so mehr, als ich psychologische/psychoanalytische Grundbegriffe wie «Somatisierung» und «Symptomverschiebung», die Psychosomatik überhaupt, für inzwischen unumstritten gehalten habe, die – auf unterschiedlicher theoretischer Basis – davon ausgehen, daß *alle* Krankheiten eine psychische Komponente haben (können). Dabei ist es für mich erst in zweiter Linie von Belang, ob diese Komponente darin begründet liegt, daß jemand einen psychischen Konflikt in Form einer körperlichen Erkrankung unbewußt ausagiert oder auf Grund seelischer Spannungen besonders anfällig für Infektionskrankheiten ist, emotional für bestimmte Familienkrankheiten disponiert ist oder als «workaholic» einen Herzinfarkt bekommt ...

Solange wir Körper und Seele noch als Einheit, als Ganzheit betrachten, darf eine gegenseitige Beeinflussung, eine Wechselwirkung nicht einfach geleugnet werden.

1 Aktenzeichen: OVG Münster V 10/80
2 Aktenzeichen: 5 a RKnU 3/82

Aus der psychologischen Forschung ist ebenfalls bekannt, daß es Eindimensionalität bei menschlichem Verhalten, bei psychischen Reaktionen nicht gibt. Jedes aus der Norm fallende Fehlverhalten, jede psychische Störung ist Ergebnis einer Entwicklung, das Sichtbarwerden eines Prozesses, in dem das Individuum nur *ein* Faktor ist. Die Bedeutung dieses Faktors gewichtet sich noch unterschiedlich danach, in welche Lebensphase der Beginn einer solchen Entwicklung fällt, inwieweit das Individuum in der Lage war, selbstverantwortlich Entscheidungen zu treffen, steuernd in den eigenen Prozeß einzugreifen. Insoweit muß eine Schuldzuweisung an das Individuum allein immer zu kurz greifen.

Ist Sucht denn nun Krankheit?

Hier schließt sich jedoch der Kreis zur oben erwähnten Kritik am Begriff der Suchtkrankheit. Jeder multikausale Erklärungsmechanismus für Krankheit und Sucht (= Suchtkrankheit) hat nämlich die Kehrseite, daß der süchtige Mensch sich eventuell völlig entschuldigt fühlt, für sich selbst nicht verantwortlich, entscheidungsunfähig gegen die Sucht wird und im Sinne des angesprochenen gesellschaftlichen Krankheitsverständnisses auch «unzuständig» ist.

Mit einer solchen Auffassung wird die Motivation zu einer fordernden, mühsamen Therapie, die Fähigkeit zur Befreiung aus der Abhängigkeit, zur Bewältigung von Konflikten unmöglich. Notwendig ist deshalb immer die gleichzeitige Betrachtung der individuellen *und* gesellschaftlichen Möglichkeiten zur Problemlösung, aber auch der Prozeßhaftigkeit des Suchtgeschehens an sich, um Sucht zwischen Gesundheit und Krankheit einordnen zu können. Aus pragmatischen Gründen dürfen wir jedoch den Krankheitsbegriff nicht völlig über Bord werfen, auch wenn die Frage «Ist Sucht Krankheit?» immer wieder neu gestellt und inhaltlich diskutiert werden muß. Süchtige haben nur dann – wie jeder andere Kranke – einen Anspruch auf Hilfe und Behandlung, wenn sie in ein «Schächtelchen» unseres sozialen Sicherungssystems einzupassen sind. Sie müssen krank oder erwerbsunfähig im Sinne der Reichsversicherungsordnung oder behindert oder von Behinderung bedroht im Sinne des Bundessozialhilfegesetzes sein.

Es nützt also wenig, gegen diese schematisierenden Bezeichnungen Sturm zu laufen, solange die Finanzierung therapeutischer Maßnahmen von solchen – ärztlich attestierten – Zuordnungen abhängig ist.

Die diskriminierende und die Rehabilitation häufig behindernde Etikettierung teilen die Süchtigen mit allen psychisch Kranken und mit vielen «chronisch» Kranken. Eine Änderung ist nicht in Sicht.

Der einzige Ausweg aus dieser subtilen Form der Ausgrenzung scheint mir – dann allerdings unter weitgehendem Verzicht auf staatliche Finanzhilfen oder Leistungen der Versichertengemeinschaften – die Selbsthilfe zu sein, also therapeutische Gemeinschaften, die zum frühestmöglichen Zeitpunkt den einzelnen ihre Autonomie, ihre Entscheidungsfreiheit auch für oder gegen süchtiges Verhalten wiedergeben.

Ich glaube, wir können den Krankheitsbegriff nicht in Frage stellen, ohne uns zu fragen, warum wir uns für Süchtige zuständig fühlen, warum wir ihnen ihre Verantwortlichkeit abzunehmen suchen, ohne uns zu fragen, ob wir ihnen unseren subjektiven Gesundheitsbegriff nicht aufzwingen.

«Sucht ist Krankheit, weil sie die Freiheitsgrade des betroffenen Menschen entscheidend und fortschreitend einengt.» Und «Freiheitsverzicht und Freiheitsverlust sind zwei entscheidende Momente, die jede süchtige Entwicklung begleiten.» [3]

Ich habe diese beiden Sätze in ‹Rausch und Realität› gefunden, und, obwohl sie dort aus «medizinischer Sicht» geschrieben sind, illustrieren sie am deutlichsten, was mich bei süchtigen Frauen so bedrückt: gefangen und gehalten in vielfältigen Abhängigkeiten, gehen sie einen Fluchtweg, der sie noch abhängiger und unfreier macht.

Jede sinnvolle Therapie für abhängige Frauen muß deshalb eine emanzipatorische im besten Sinne dieses Wortes sein: eine Befreiung aus Abhängigkeiten, die Ermöglichung von autonomer Selbstfindung, die Selbstbestimmung ihres Körpers und ihrer Gesundheit.

3 Rausch und Realität – Drogen im Kulturvergleich, Reinbek bei Hamburg 1982 (rororo 34006), S. 1427

Die minderwertige Mehrheit –
Frauen zwischen Beruf und Familie

Edith Schieferstein

Der Anteil der Frauen an der Gesamtbevölkerung beträgt 52,4 %.

In der Diskussion über die komplizierten und vielschichtigen Ursachen der Suchtentwicklung kann die gesellschaftliche Komponente nicht ausgeklammert werden. Die Vorgeschichte von Suchtkranken weist in vielen Fällen auf problematische Befunde in der persönlichen Entwicklung hin: außereheliche Geburt, Scheidung der Eltern oder der Tod eines Elternteils in entscheidenden Phasen der seelischen Entwicklung. Andererseits werden solche Katastrophen in der Lebensgeschichte durchaus nicht von allen Individuen mit Suchtkrankheit beantwortet. Vielmehr ist davon auszugehen, daß Verhältnisse in der weiteren Umgebung, d. h. in der Gesellschaft, ebenso als Auslöser in Frage kommen.

In diesem Zusammenhang ist die kritische Betrachtung der Rollenverteilung sowohl des Mannes als der Frau, sowohl des Vorgesetzten als des Untergebenen nicht zu umgehen. Die Stellung der Frau in der Gesellschaft wird von jeher kontrovers diskutiert und ist Gegenstand zahlreicher Institutionen, Kongresse und Veröffentlichungen. Die Ergebnisse sind in der Regel erschreckend.

So wurde 1980 auf der Weltfrauenkonferenz der UN in Kopenhagen festgestellt[1], daß Frauen und Mädchen die Hälfte der Erdbevölkerung ausmachen, zwei Drittel aller Arbeitsstunden leisten, jedoch nur ein Zehntel des Geldeinkommens erhalten und vermutlich weniger als 2 % des Weltvermögens besitzen. Elfriede Bode, die 1982 mit einer UNESCO-Arbeitsgruppe von Frauen aus aller Welt eine gerechtere Beteiligung von Frauen in Politik, Bildung und Wissenschaft durchzusetzen versuchte, sieht die Hauptursache für die Diskriminierung der Frauen in der festgefahrenen Arbeitsteilung Produktion und Verwaltung – Haus- und Familienarbeit. Erst durch die Beseitigung dieser Teilung würden Gesetze greifen.[2]

---

1 Bode, Elfriede: Frauen aus aller Welt kämpfen gegen den Männlichkeitswahn, in: Volksblatt, Berlin, v. 28. 10. 82
2 Ebd.

Aber schon bestehende oder auch nur entstehende Gesetze stoßen auf Widerstand, beispielsweise das beabsichtigte «Anti-Diskriminierungsgesetz». Gegen das letztere äußerte erst kürzlich Walter Schmitt-Glaeser verfassungsrechtliche Bedenken: «Anspruch auf Gleichbehandlung haben nicht nur die Frauen, sondern auch Männer. Quotierungen dürfen daher nicht zu einer umgekehrten Diskriminierung führen. Auch noch so überzeugende Argumente gesellschaftspolitischer Provenienz können nicht darüber hinwegtäuschen, daß Quotenregelungen zugunsten von Frauen eine Durchbrechung des verfassungsrechtlichen Gleichbehandlungsgebotes sind.»[3]

Solche Befürchtungen muten befremdend an angesichts der Realität. Sowohl im öffentlichen Dienst als auch in der privaten Wirtschaft werden Frauen in ihrer überwältigenden Mehrheit in minder qualifizierten Tätigkeiten beschäftigt. Eine in Hamburg durchgeführte Untersuchung zur beruflichen Situation von Frauen im öffentlichen Dienst ergab,[4] daß diese den überwiegenden Anteil in den unteren Gruppen stellen, sie sind dort überrepräsentiert. Zum höheren Dienst hin nimmt der Anteil der Frauen deutlich ab. Interessanterweise waren 71,8 % der Männer verheiratet (Frauen: 52,1 %), 57,6 % der Männer hatten Kinder (Frauen: 19,8 %). *Hier wird deutlich, daß der Konflikt «Familie oder Beruf» sich nur für Frauen stellt.* Denn laut Befragungsresultaten bedeutete die berufliche Bestätigung Frauen sogar mehr als Männern! Nach Meinung der während dieser Studie befragten Entscheidungsträger (61 mit Personalauslese, -beurteilung und -beförderung Befaßte) ist Chancengleichheit lediglich während der Ausbildung und nur für Frauen *ohne Kinder* gegeben. Ursachen für Benachteiligungen seien Berufsunterbrechung und Teilzeitarbeit aus familiären Gründen. Demgegenüber hatten 46,2 % der Männer Wehr- oder Zivildienst ohne Nachteile in der Karriere absolviert.

Auch bei der Deutschen Bundespost ist die Lage der Frau eher fatal. Nach Strukturdaten der DBP nehmen 43,16 % der weiblichen Beschäftigten Teilzeitarbeit wahr. Der Anteil der Frauen an Teilzeitbeschäftigten insgesamt beträgt 95,4 %. Beschäftigungsfelder sind Briefsortier-, Paketumschlags- und Reinigungsdienst. Die meisten Frauen sind älter

3 Schmitt-Glaeser, W.: Die Sorge des Staates um die Gleichberechtigung der Frau, in: Die öffentliche Verwaltung 1982, Heft 10

4 Seel, Heidemarie: Die Gleichberechtigung von Mann und Frau, BWVPr 3/1981, Verwaltungspraxis (Stuttgart)

als 40 Jahre und verrichten aus familiären Gründen Teilzeitarbeit. Viele haben eine Berufsausbildung, finden aber im erlernten Beruf keine Teilzeitbeschäftigung.

o Frauen sind in erster Linie in den unteren «Etagen» des Großunternehmens Deutsche Bundespost beschäftigt und dies teilweise trotz qualifizierter Schul- und Berufsausbildung.

o In Führungspositionen sind sie kaum vertreten. Entsprechend sind ihre Entscheidungsmöglichkeiten einzuschätzen.

o Die Fortkommensmöglichkeiten sind eingeschränkt. Monotone und einseitige Arbeit ist auch im Bereich der Deutschen Bundespost ein Merkmal für Frauenbeschäftigung.[5]

Noch trüber sind die Chancen für Selbstbestätigung und ökonomische Selbständigkeit für das Heer der Heimarbeiterinnen. Von rund 150000 Heimarbeitern in der BRD sind 93% Frauen. Die Stundenlöhne bewegen sich zwischen 4,25 DM (Korbflechten und 9,82 DM Holzschnitzen).[6]

Sogar privilegierte Frauen haben beruflich gegenüber ihren männlichen Kollegen das Nachsehen. So weist die Ärztestatistik der BRD 1979 aus, daß unter den nicht berufstätigen Ärzten unter 60 Jahren Ärztinnen zehnmal so stark vertreten sind wie Ärzte.[7] Im westlichen Ausland sieht es ebenfalls düster aus. Während in Frankreich 1985 jeder dritte Arzt eine Frau sein wird, bevölkert eine einzige Frau die 130 Mitglieder zählende Academie de médicin, und der eigens für die Rolle der Frau in der französischen Medizin eingesetzte Conseil national de l'ordre de médicin hat kein einziges weibliches Mitglied.[8] In den USA setzte Edward Kennedy 1980 besondere Stipendien für medizinische Karrieren für Frauen durch. Reagan hat sie annulliert. In ganz Amerika unterrichten 57 weibliche Professoren an medizinischen Fakultäten.[9]

5 Zobeley, Christel: Die Arbeitsplatzsituation der Frauen bei der Post, Deutsche Post Nr. 17–18/1982

6 Petzoldt, Wulf: Heimarbeit ist nicht immer eine Chance, Südwest Magazin 1981/V

7 Deneke, J. F., und Wolfdieter Thust: Ärztlich nicht berufstätige Ärztinnen und Ärzte, Deutsches Ärzteblatt 48/1980

8 Hermann, J.: Die Frau in der französischen Medizin, Ärzteblatt Baden-Württemberg 10/82

9 Ebd.

Nicht nur Führungspositionen, sondern ganze Berufsfelder sind für Frauen tabu. 1980 stellte das Bonner Familienministerium fest,[10] daß 75 % aller Berufe Männerdomänen sind, nur 15 % der ca. 450 anerkannten Ausbildungsberufe sind ausgesprochene Frauenberufe. 1978 hatten knapp eine Million Jungen eine Lehrstelle gegenüber gut einer halben Million Mädchen.

Im gleichen Jahr startete die Industrie- und Handelskammer Esslingen einen Versuch, Mädchen in 16 «männlichen» Berufen auszubilden, z. B. als Modelltischlerin, Elektromechanikerin oder Dreherin. 15 von 76 Mädchen (20 %) haben die Lehre vorzeitig abgebrochen. Nach Ansicht der IHK macht es das traditionelle Rollenverständnis von Mann und Frau den Mädchen oft außerordentlich schwer, sich in ihren Familien, im Freundeskreis, aber auch am Arbeitsplatz voll anerkannt zu fühlen.[11]

Die zementierte Rollenverteilung führt auch dazu, daß in der Familie die Berufstätigkeit des Mannes bzw. Vaters die größere Berücksichtigung findet. Der Alltag wird seinen Arbeitsbedingungen angepaßt, der Wohnort je nach seiner Karriere gewechselt. Die Ehefrau bzw. Mutter trägt die Familienarbeit in den meisten Familien allein oder mindestens überwiegend. Sofern sie ihren Beruf überhaupt noch oder wieder ausüben kann, bleibt sie auf der Leiter des Aufstiegs stehen. Eine Untersuchung über die betriebliche Weiterbildung und den beruflichen Aufstieg von Frauen in der Bundesrepublik – in einem Kaufhauskonzern, einem Unternehmen der Computer-Industrie, einer Großbank und einem staatlichen Dienstleistungsunternehmen – ergab einen mageren Anteil von Frauen in Führungspositionen. Ursache wiederum: familiale Rolle der Frau mit beruflichen und regionalen «Motilitätsdefiziten», Berufsunterbrechungen aus familiären Gründen, größere familiäre Verpflichtungen usw.[12]

Meist bleibt als einzige Möglichkeit Teilzeitarbeit, in vielen Bereichen in Lückenbüßerfunktionen den Interessen des Arbeitgebers angepaßt: dem Einkaufsboom in Supermärkten, dem Briefumschlag bei der Post. Letztere benötigt die Frauen von 5 bis 9 Uhr und von

10 Bundesfamilienministerium: Frauen '80, zitiert in der Südwest Presse, Ulm/Tübingen, v. 10.2.81

11 Südwest Presse, Ulm/Tübingen, v. 18.2.81

12 Hegelheimer, Barbara: Betriebliche Weiterbildung und beruflicher Aufstieg von Frauen in der Bundesrepublik Deutschland, BWP 2/82, Berufsbildung in Wissenschaft und Praxis, Berlin (West)

17 bis 22 Uhr, d. h. auf Kosten von Nachtschlaf oder Familienleben am Abend. Gemeinsames Merkmal vieler solcher Jobs ist die Monotonie.

Es nimmt nicht wunder, daß solche geringe berufliche Befriedigung sich schließlich in gesundheitlichen Schäden niederschlägt. Viele Betroffene «somatisieren» ihre Frustration, d. h., Unzufriedenheit wird in körperlichen Symptomen ausgedrückt. Doubrawa untersuchte an 143 jungen Frauen (vorwiegend aus kaufmännischen und verwaltenden Berufen) die Zusammenhänge zwischen Belastungen im Beruf und psychosomatischen Störungen. Es handelte sich um Kurpatientinnen, von denen 75 % an funktionellen Beschwerden litten. Gut 50 % waren mit ihrer beruflichen Situation mehr oder weniger unzufrieden. Als Gründe dafür wurden genannt: Eintönigkeit und Monotonie, geringe Selbständigkeit, fehlende Entfaltung eigener Fähigkeiten, schlechtes Verhältnis zu Vorgesetzten, einseitige körperliche Beanspruchungen und fehlende Aufstiegsmöglichkeiten.[13]

Angesichts solcher Perspektiven im Beruf könnte die Selbstverwirklichung als Ehefrau und Mutter die bessere Alternative sein. Allein auch die erweist sich bei näherem Hinsehen als fragwürdig. Die Auflösung der Großfamilie, die Bildung der isolierten Kleinfamilie, Schlafsilos am Rande der Großstädte, familienfeindliche Wohnungen, fehlende Spiel- und Entfaltungsmöglichkeiten für die Kinder und weitere Kennzeichen des «modernen Lebens» machen den Alltag der Frauen mehr oder weniger zur Hölle.

Eine der Folgen sind steigende Scheidungsraten, wobei meist die Frauen das Eheleben satt haben. Nach dem Bericht des Statistischen Bundesamtes in Wiesbaden wurden allein 1979 79 490 Ehen geschieden; in 58 % der Fälle ging das Scheidungsbegehren von der Frau aus.[14] Sind Kinder da, können Frauen nach der Scheidung wenig Gutes erwarten. Bereits die Wohnungssuche gestaltet sich höchst dornenreich. Als kürzlich in einer süddeutschen Zeitung ein Inserat mit dem Text «Zwei Zimmer, Einliegerwohnung, zu vermieten. Mutter mit Kind bevorzugt» erschien, wollten 95 Frauen die Wohnung mieten. Die Bewerberinnen hatten zuvor bittere Erfahrungen gemacht bei der Wohnungssuche. «Haben Sie ein Kind? Hund und Katze sind halb so schlimm.» «Sie müßten mir halt zu Diensten sein», hatte ein Vermieter

13 Doubrawa, Rainer: Belastungen im Beruf und psychosomatische Störungen bei jungen Frauen, Zeitschrift für Arbeitswissenschaft 1977/1
14 Südwest Presse, Ulm/Tübingen, vom 22.1.81

erklärt. «Unverheiratet mit Kind: Ach so eine sind Sie!»[15] Andererseits empört sich die Gesellschaft über die Reform des § 218, die eine legale Abtreibung bei sozialer Notlage möglich machte.

Letztlich sind Kritik und Polemik immer gegen die betroffenen Frauen gerichtet. Interessanterweise kommen die Angriffe meist von Männern. Männer haben beruflich die Positionen, die Frauen infolge ihrer Stellung in der Familie verwehrt sind. Es sind die gleichen Positionen, von denen aus eine Vielzahl von Untergebenen (oft Frauen) «geführt» werden. Männer sind es, von denen Frauen auch in der Familie abhängig sind. Ausnahmen sind selten. Und die werden bedauert. Bei einer Befragung von Ehepaaren, bei denen die Frau mehr verdiente als der Mann, lautete eine typische Antwort: «Es ist auf die Dauer einfach unerträglich, wenn man als Mann weniger verdient als die eigene Frau. Man hat nicht mehr den Mut, irgendeine Entscheidung in der Familie zu treffen. Man überläßt alles der tüchtigeren und klügeren Frau. Das ist bitter für den Mann!»[16]

Die Abhängigkeit ist nicht nur eine ökonomische. Rollenideologien pressen die Frauen seit Jahrhunderten in das Kostüm eines «Weibchens» mit Eigenschaften, die von denen eines (sexuellen) Verbrauchsgutes nicht weit entfernt sind. Titelfotos der meisten Illustrierten, Werbespots im Fernsehen und Litfaßsäulen wetteifern in der großformatigen Darstellung weiblicher Anatomie, mehr und mehr bedient sich auch die Pharmaindustrie in ärztlichen Fachzeitschriften dieser Methode und wirbt mit durchsichtigen Nachthemden und nackten Frauenpos für Schlafmittel und Salben. Etwas dezenter, jedoch in der Richtung gleich, formulierte Helmut Kohl als Bundeskanzler 1982: «... trotz aller Emanzipation sind unsere Frauen wunderbar weiblich geblieben.» Dies, nachdem er sich «in den Büros oder auf der Straße umgeschaut» hatte.[17]

Entspricht die Frau nicht mehr den üblichen sexuellen Erwartungen, treten oft verheerende Folgen auf. So wird jede zehnte krebskranke Frau von ihrem Partner verstoßen.[18]

15 Südwest Presse, Ulm/Tübingen, v. 10.7.81

16 Weissenborn, Vera: Südwest Presse, Ulm/Tübingen, v. 28.10.81

17 Lob des Kanzlers auf die deutschen Frauen, Stuttgarter Zeitung v. 2.11.82

18 Südwest Presse, Ulm/Tübingen, v. 27.3.79 (Bericht über die Eröffnung des ersten europäischen Ausbildungszentrums zur psychosozialen Nachbetreuung Krebskranker in Heidelberg)

Auch Gesetze werden von Männern gemacht, denn in den Parlamenten stellen Frauen eine klägliche Minorität.

Es soll nicht verkannt werden, daß die Lebensbedingungen für alle Menschen sich in den letzten Jahrhunderten zunehmend verschärft haben und sich weiter verschärfen. Sicher ist ferner, daß auch der Mann in seiner Rolle gefangen ist. Es wäre gut und hilfreich, wenn sich mehr Männer zusammenfänden und sich anschickten, sich aus ihren Klischees zu emanzipieren. Vermutlich werden erst Mann und Frau gemeinsam die Befreiung von Rollenzwängen erreichen.

Gegenwärtig jedoch sind solche Hoffnungen reine Utopie. Und solange es Geschlechterrollen gibt, spielt die Mehrheit der Frauen erwiesenermaßen den schlechteren Part auf der Bühne des gesellschaftlichen Lebens. Ansätze des Widerstands werden meist mit Aggressionen beantwortet, die feministische Bewegung im großen und ganzen diffamiert. Richard Huber – Gynäkologie-Professor! – widmet diesem Thema einen ganzen Aufsatz, eine wahrhaft beachtliche Anstrengung, denn «eigentlich tut man dem Rummel um den ‹Feminismus› zuviel Ehre an, wenn man sich ernsthaft mit ihm auseinanderzusetzen versucht». Der Feminismus ist für ihn einer jener «Versuche, wie man die Familie an der Wurzel zerstören und wie man das nicht mehr zeitgemäße Familienwesen Mensch am ehesten zu einer reibungslos funktionierenden nützlichen und austauschbaren Termite oder Ameise umformen könnte»[19].

Unter den heutigen gesellschaftlichen Bedingungen wird es nicht ausbleiben, daß immer wieder Frauen von einer Abhängigkeit in die andere treiben und ihren ungelösten Problemen mit Hilfe von Alkohol oder Medikamenten zu entfliehen versuchen. Am Ende der Sackgasse Sucht finden sie in der Regel keine gezielte Hilfe. Sowohl Wissenschaftler als auch Institutionen der Beratung, Behandlung und Nachsorge dieses Fachgebietes sind ganz überwiegend männlich. Als die Deutsche Hauptstelle gegen die Suchtgefahren (DHS) 1980 ihre wissenschaftlich-praktische Fachkonferenz unter das Thema «Frau und Sucht» stellte, referierten fast nur Männer. In ihren Vorträgen fehlten durchweg Analysen der Rollenproblematik.

R. Finke hatte herausgefunden, daß Frauen signifikant häufiger als Männer psychische Spannungen als Trinkmotivation angeben. Nach seiner Meinung allerdings ist dieser Befund nicht auf die spezifische

19 Verweiblichung als Schicksal? Herderbücherei, Initiative 23, Band 9523 (1978)

Rollenverteilung zurückzuführen. Vielmehr unterstellt er Frauen «eine größere Unfähigkeit, psychische Spannungen ohne Alkohol zu ertragen, eine geringere Frustrationstoleranz»[20].

W. Keup gar bescheinigt den Frauen «List, Verschwiegenheit und die Fähigkeit, *die Umwelt zu manipulieren*». In seinen psychologisch hochinteressanten, wissenschaftlich allerdings wenig ergiebigen Ausführungen macht er sich rührende Gedanken um die Hausfrau und Familienmutter, die nicht mehr am Dorfbrunnen Wasser holen darf und «durch Technisierung, Wegwerfwindeln, Fertiggerichte, kraftsparende Haushaltsgeräte usw.» Probleme mit der «unausgefüllten Freizeit» hat. Nach seiner Meinung ist die «‹Emanzipation› von den Leiden an einer nicht mehr gewollten ‹Rolle›, die doch eigentlich *biologisch verankert* ist, geradezu kinderfeindlich und in aller Regel familienfeindlich». Mit einem weiteren Seitenhieb wird auch noch der Medikamentenabusus der Weiblichkeit angelastet, denn er beginne «nicht selten auf Empfehlung anderer Frauen»[21]. Es bleibt offen, ob der Verfasser damit Frauen diffamieren oder seine Berufskollegen schützen will, die den Frauen die Medikamente verschreiben.

Fest steht, daß die besondere Situation der Frauen in der Suchtforschung und -therapie bislang nicht hinreichend berücksichtigt wurde. Solange eine kritische Auseinandersetzung mit Rollenklischees und deren Folgeerscheinungen nicht stattfindet, werden alle, die sich mit Sucht beschäftigen, an Symptomen herumkurieren.

20 Frau und Sucht, Hoheneck-Verlag, Hamm (1981)
21 Ebd.

Leben aus zweiter Hand – weibliche Existenz durch männliche Abhängigkeit

Carmen Walcker-Mayer

Seit einigen Jahren aktiv in der Frauenbewegung, entwickle ich Fragestellungen bezüglich des Wesens der Unterdrückung der Frauen, ebenso wie der Frauenbefreiung.

Mit anderen Frauen habe ich erkennen gelernt, wie der Kapitalismus in alle Bereiche unseres Lebens eindringt und sie zu kontrollieren versucht und somit einen Kampf erfordert, nicht nur in der Fabrik, sondern auch in den Schulen, zu Hause und im Bett.

In unserer patriarchalischen Gesellschaft, die geformt ist von einer kapitalistisch-ökonomischen Organisation, erleben wir Frauen Unterdrückung anders als Männer, gewissermaßen personifiziert durch den Mann. Frauen stellen die industrielle Reservearmee dar, dienen auch den Männern als Kompensation ihres eigenen Ausgebeutetseins (z.B. durch Verfügung über weibliche Sexualität).

Eine zentrale Frage bei der Aufrechterhaltung der Unterdrückung der Frau ist die Rolle der Ideologie. Obwohl viele Frauen ihre Rolle als gesellschaftlich Unterlegene in Abhängigkeiten, durch Unterdrückungsmechanismen, Diskriminierung u.a. ständig erleben und sich dieses Erleben in eigenen Minderwertigkeitsgefühlen, Hemmungen, Schuldgefühlen zeigt, ist der Widerstand gegen diese Unterdrückung nur schwer zu organisieren. Als Sozialarbeiterin in einer Alkoholberatungsstelle sehe ich nun, wie Frauen das System ihrer eigenen Unterdrückung verfestigen. Der Zusammenhang zwischen der gesellschaftlichen Rolle der Frau und deren Widerspiegelung in ihrem Bewußtsein wird hier offensichtlich.

Spezifische Formen der (Selbst-)Unterdrückung der Frau sollen hier im folgenden an Beispielen von Frauen mit alkoholabhängigen Partnern aufgezeigt werden. Frauen wenden sich an mich wegen der Alkoholproblematik des Partners. Sie finden ihre Beziehung nicht mehr in Ordnung, die Vorstellung vom «starken Mann», vom «Märchenprinzen» stimmt zumindest in ihrer Beziehung nicht mehr.

«... ich habe darüber nachgedacht, was ich mir unter einer normalen Beziehung vorstelle. Ich stelle mir vor, daß ich mich auf meinen Partner verlassen kann. Wenn ich mich, weil er getrunken hat, nicht auf ihn verlassen kann, dann kann ich mich unheimlich darüber ärgern. Ich ärgere mich so, daß ich denke, das hältst du nicht mehr aus. Er ist auch sehr vergeßlich. Sein Verhalten, daß er sich für nichts interessiert und alles vergißt, finde ich nicht normal.

Ich finde, er verhält sich kindisch. Ich fühle mich blöd dabei.

Wissen Sie, es ist manchmal schwierig zu sagen, aber manchmal denke ich mir so: der Doofe!

Ich hätte ihn nicht geheiratet, wenn ich gewußt hätte, daß er sich praktisch so wie ein Kind mitunter benimmt ...»

Sie übernehmen Aufgaben, die nicht dem üblichen Frauenklischee entsprechen, der Partner, der Kranke ist schwach, er befindet sich in der abhängigen Position.

«... ich habe das Gefühl, daß alles an mir hängenbleibt. Ich habe das Gefühl, daß ich ihm sehr viel abnehmen muß. Ich fühle mich für ihn verantwortlich, weil ich ihm wenig zutraue ... er beweist es mir auch täglich, früher war es eher umgekehrt, er hat mehr Verantwortung für mich übernehmen wollen ... Ich muß auch die ganzen Finanz- und Banksachen erledigen, er blickt überhaupt nicht durch ...»

Sie ist stark, er ist schwach.

«... in Situationen, wo ich so was geschafft habe, fühle ich mich richtig stark. Ich möchte mich aber manchmal gern öfters schwach geben können, weil ich mich auch so fühle, aber es geht nicht. Weil, dann bricht alles zusammen ... wenn mein Mann schwach ist, und wenn ich auch noch schwach wäre. Früher habe ich mich in gewissen Punkten öfters schwach gezeigt und gefühlt, und da war eben er der Stärkere. Und jetzt ist es öfters umgekehrt, daß ich die Stärkere bin.»

Hier scheint die Rolle der Frau als Unterdrückte aufgehoben, das Verhältnis Mann / Frau kehrt sich offenbar um. Die Frau ist die Überlegenere ...

«... ich mache ihm Vorschriften, ich sage zu ihm, geh jetzt schlafen, bloß damit ich meine Ruhe habe ... manchmal komme ich mir vor wie so eine Oma oder, ja, wie seine Mutter, und er ist das Kind. Ich kann ihn nicht allein stehen lassen, weil ich denke, er ist wie ein Kind und kann auf sich selbst nicht aufpassen ...»

... und entspricht trotzdem noch dem gesellschaftlichen Rollenbild der Frau – sie tut es ja für die Familie, für den Mann. Die Fürsorge der Frau für ihren Partner dient hier als Mittel der Verschleierung.

Einerseits wird verschleiert, daß Alkoholismus hauptsächlich gesellschaftliche Ursachen hat, andererseits, daß die Behandlung bzw.

Bekämpfung deshalb verstärkter gesellschaftlicher Anstrengungen bedarf. Der Frau wird nicht nur die Rolle der Hausfrau und Mutter, sondern auch die einer Ärztin, Therapeutin etc. abverlangt. Argumente für Kürzungen im Sozialbereich finden hier ihre Rechtfertigung. Die Handlung der Frau eines alkoholabhängigen Partners ist somit sogar «extremer» Ausdruck des ideologischen Selbstverständnisses der gesellschaftlichen Unterdrückung der Frau.

Daß die Frau in der Beziehung zu ihrem Partner – also auf individueller Ebene – die Überlegenere ist, heißt auch, daß sie, provokativ gesagt, Rache nimmt an ihrem Mann.

«... manchmal habe ich auch meine Überlegenheit, die ich gegenüber meinem Mann empfinde, ausgenutzt, z. B., als er mal betrunken war und nicht mehr die Toilette gefunden hat, da habe ich ihn so richtig reingeschubst ...»

Rache für ihr eigenes tagtägliches Geopfertwerden, für ihre eigene Unterdrückung.

Sie nimmt sich die Rache versteckt, ihre eigenen Stärken werden so zum Bumerang und dadurch zementiert sie ihre Stellung in der Gesellschaft.

Meine Arbeit verstehe ich nun darin, diesen «Circulus vitiosus» aufzubrechen. Es gilt, den Zusammenhang von Selbstunterdrückung und Repression von außen aufzudecken. Die Kraft der Frauen ist vergeudet, solange sie sie für ihren alkoholabhängigen Partner verbrauchen. Die Kraft produktiv nutzen, d. h., das Auflehnungspotential von Frauen freisetzen und für die Veränderung ihrer Lebensumstände verfügbar machen, muß das Ziel der Arbeit sein.

Wie kann dies nun konkret aussehen?

«... ich habe mich, glaube ich, in der Zeit, jetzt unabhängig von seinem Trinken, so verändert, daß ich eben, ich bin selbständiger geworden, viel selbständiger ... vorher war er meine einzige Bezugsperson, dann habe ich angefangen zu arbeiten, das hat mir gefallen, und das gibt einem ja auch Selbstbewußtsein ... ihm hat es besser gefallen, als ich nur für ihn da war ... manchmal denke ich, daß, wenn ich was mache, was ich will, daß ich egoistisch bin ... ... ich bekomme dann ein schlechtes Gewissen, und dann versuche ich ihm zu helfen.»

Die Arbeit setzt an der Lebenssituation und dem entsprechenden Bewußtsein der Frauen an. Sie leben einen Widerspruch. Sie empfinden ihre Stärke und gleichzeitig die Eingrenzung ihrer Möglichkeiten durch die Erwartungen, die an sie gerichtet sind.

In dieser Situation sind sie allein, sie sind auf den Partner angewiesen: «... ich möchte von ihm die Bestätigung haben, daß das, was ich mache, richtig ist, ich möchte von meinem Mann Antworten auf meine Fragen haben, ich möchte vielleicht eine Bestätigung, vielleicht für das, was ich schon denke...

... ich traue mich nicht, die Antwort laut auszusprechen, es würde mich sicherer machen, wenn jemand sagen würde, was ich machen soll...»

«... wenn ich aus der Rolle, die Verantwortung zu haben, ausbrechen will und nur etwas für mich machen will, dann bekomme ich ein schlechtes Gewissen.

Die alte Situation gibt mir Sicherheit, ich kann da so schlecht raus, Sicherheit, weil ich sie kenne. Wenn mir der sichere Rahmen fehlt, fühle ich mich allein...»

Die Frauen sind also verunsichert, bekommen ein schlechtes Gewissen, wenn sie ihre Interessen vertreten wollen. Sie stellen sich selbst in Frage. Die Werte jedoch, die Träger solcher Situationen, bleiben unangetastet. Hier muß die Auseinandersetzung (den Therapiebegriff möchte ich in diesem Zusammenhang nicht benützen, weil Therapie Krankheit impliziert) beginnen.

Auseinandersetzung mit den Werten und Normierungen, die unser Frauenleben ausmachen, heißt, das individuelle Leben der Frau in den gesamten Kontext der individuellen und gesellschaftlichen Wirklichkeit von Frauen zu setzen. Ideologie-Diskussionen müssen geführt, gewohnte Einstellungen müssen in Frage gestellt werden. Gleichzeitig muß versucht werden, Alternativen zur Festlegung auf Arbeit in der Familie und ausschließlicher Ausrichtung auf Mann und Kinder zu finden.

Diese Auseinandersetzung kann am besten in einer Gruppe, in einer Frauengruppe geschehen. Hier besteht die Möglichkeit, die Isolation der einzelnen Frauen zu durchbrechen. Identifikationsmöglichkeiten, durch Austausch von Erfahrungen, vermindern das Gefühl von persönlichem Versagen und Schuld an der eigenen «unvollkommenen» Persönlichkeit. Die Gruppe bietet Sicherheit, denn Entwicklung ist ein Prozeß ständiger Verunsicherung.

In diesem Prozeß stecke ich. In diesem Prozeß stecken andere Frauen. Wir unterstützen uns gegenseitig.

«Ich bin immer für ihn da»

Helga R.

Wohl alle Menschen sind von irgendwelchen Dingen abhängig. Abhängig von einem Suchtmittel zu sein, egal ob es Medikamente, Alkohol oder andere Drogen sind, ist jedoch eine Abhängigkeit, die sich nicht nur auf den Abhängigen selbst, sondern auch auf sein gesamtes Umfeld, besonders jedoch seine Familie und seinen Partner überträgt.

Ich bin Partnerin eines Alkoholikers und will versuchen, diese Abhängigkeit aus meiner Sicht zu beschreiben.

Ich heiratete recht jung. Mein Mann war sechs Jahre älter als ich. Er war der einzige Sohn aus einem recht guten und wie man so sagt «intakten» Elternhaus. Wir waren beide berufstätig und führten eine gute Ehe. Ich kann mich nicht erinnern, daß wir in unseren ersten Ehejahren irgendwelche Alkoholprobleme hatten. Mein Mann ging eigentlich nie in eine Wirtschaft oder zu irgendwelchen Trinkgelagen. Ich kann mich auch nicht erinnern, ihn irgendwann einmal betrunken gesehen zu haben. Natürlich wurde in unserem Bekanntenkreis Alkohol getrunken. Es wurde gefeiert, zu Hause, im Betrieb oder im Bekanntenkreis. Aber eigentlich waren diese Feiern nie ausschweifend, und auch ist mir nie aufgefallen, daß mein Mann mehr getrunken hat als die anderen.

Nach sechseinhalbjähriger Ehe wurde unsere Tochter geboren, und unser Glück war eigentlich perfekt. Mein Mann war in einer gesicherten Position, und es ging uns gut. Wir hatten keine wirtschaftlichen und privaten Probleme, jedenfalls erkannten wir sie nicht.

Irgendwann – unsere Tochter mag so ungefähr fünf Jahre alt gewesen sein – packte meinen Mann der berufliche Ehrgeiz. Er besuchte Fortbildungs- und Schulungskurse und verschrieb sich voll und ganz der damals beginnenden und im Aufbau befindlichen Computer-Technik. Er war sehr ehrgeizig in seiner Arbeit und kam meist spät nach Hause. Bald war er eine wertvolle und begehrte Arbeitskraft, überall beliebt und angesehen. Seinen Dienst versah er tadellos und einwandfrei. Er war die Zuverlässigkeit in Person.

Wenn er spätabends heimkam, brauchte er dann immer noch zwei bis drei Bierchen und unzählige Zigaretten, um sich, wie er sagte, abzureagieren. Am Wochenende und an Feiertagen war der Vater immer öfter müde und zerschlagen und mußte sich von den Strapazen der Woche erholen.

Die ersten Eheschwierigkeiten entstanden. Aber zu diesem Zeitpunkt dachte noch niemand an Alkohol. Jeder, der meinen Mann kannte, sah sein Trinkverhalten als ganz normal an. Auch mir fiel zu diesem Zeitpunkt noch nichts auf. Er war eben überarbeitet und gestreßt, und ich akzeptierte dies immer wieder.

Dann folgten die ersten Krankmeldungen und Arbeitsunfälle. Magen- und Kreislaufleiden stellten sich ein, die aber auch jetzt noch immer auf die nervenaufreibende Tätigkeit geschoben wurden.

Es hat noch eine ganze Weile gedauert, bis ich eines Tages merkte, daß mein Mann auch heimlich trank. Überall fand ich leere Flaschen: im Keller, in der Garage, im Wohnzimmer, eben an den unmöglichsten Stellen. Ich machte ihm Vorhaltungen und nahm ihm Versprechen ab und wußte nicht, daß er diese Versprechungen überhaupt nicht mehr halten konnte. Ich war verärgert, tief gekränkt und hatte mir auch schon vorgenommen, aus dieser Ehe auszusteigen. Nach außen hin jedoch spielte ich die heile Welt und besorgte Ehefrau. Mein Tun und Handeln, mein Auftreten nach außen hin waren zu diesem Zeitpunkt längst vom Befinden meines Mannes abhängig.

Ging es ihm gut, so habe ich auch aufgeatmet, war fröhlich und guter Dinge, immer mit dem Gedanken im Hintergrund «wie lange?».

Ging es ihm schlecht, habe ich für ihn gesorgt, ihn gepflegt, ihn entschuldigt, für ihn gelogen, bei der Familie und im Bekanntenkreis die intakte Familie demonstriert, die wir schon lange nicht mehr waren. Was mich in dieser Zeit am meisten belastete, war, daß ich *mich* persönlich schuldig und verantwortlich fühlte für alles, was passierte. Ja, sogar die Gründe bei *mir* gesucht hatte, wenn es wieder einmal soweit gekommen war.

Solange er seine Trinkphasen hatte, stand alles still. Ich fühlte mich in dieser Zeit eigentlich genauso erbärmlich wie er. Alle Arbeit blieb liegen, nur das Nötigste wurde gemacht. Ich hatte keinerlei Interesse mehr an irgendwelchen persönlichen Dingen und Hobbies. Ich vernachlässigte mich selbst und unser Kind und den Haushalt und ging aus meinen vier Wänden kaum noch heraus. Auch gesundheitlich ging es mir in dieser Zeit immer schlechter. Ich war eigentlich ständig krank. Wenn er mich aber wirklich brauchte, so war ich immer zur Stelle und funktionierte auch.

In dieser völlig verfahrenen Situation suchte ich Hilfe bei Beratungsstellen, bei den AA und beim Guttempler-Orden. Begriffe wie «alkoholkrank», «süchtig» und «abhängig vom Alkohol» hörte ich hier zum erstenmal. Mein Mann war zu dieser Zeit noch nicht dazu zu bewegen, irgendwo hinzugehen. Er wehrte sich gegen die Behauptung, alkoholkrank zu sein. Sein Alkoholkonsum sei völlig normal, und er könne auch jederzeit aufhören (was ihm auch zeitweise bis zu einem Vierteljahr gelang).

Ich besuchte also alleine Gruppen und informierte mich in vielen Gesprächen über die Krankheit Alkoholismus. Es hat mir geholfen, und ich sah meinen Mann in einem völlig anderen Licht, nämlich nicht mehr als willensschwach und böse, sondern als kranken Menschen, ohne Krankheitseinsicht natürlich. In diesen Wochen und Monaten wurde mir aber auch meine Abhängigkeit und Ohnmächtigkeit gegenüber seiner Sucht bewußt. Ich begann langsam mich aus dieser Abhängigkeit zu lösen, indem ich ihn für gewisse Dinge alleine verantwortlich machte.

Mir zur Hilfe kam eine amtsärztliche Untersuchung seiner Dienststelle, wobei man seine Alkoholabhängigkeit erkannte und ihm auch zu einer Therapie riet.

Nach der Kur, d. h. eigentlich schon während dieser, schlossen wir uns einer Gruppe des Deutschen Guttempler-Ordens an. Wir lernten alkoholfrei zu leben. Führen heute einen völlig alkoholfreien Haushalt, haben beide gelernt, unsere Probleme zu besprechen und in der Gruppe und auch in der Öffentlichkeit über das Problem Alkohol zu diskutieren.

Erst nach der Therapie meines Mannes wurde mir so nach und nach richtig klar, wie sehr eigentlich auch ich und die gesamte Familie von der Alkoholabhängigkeit meines Mannes betroffen waren.

Unser gemeinsames Leben mußten wir wieder ganz neu aufbauen. Wir mußten wieder lernen, uns gegenseitig zu akzeptieren, gegenseitiges Vertrauen mußte wieder wachsen. Vor allem mußte ich meine Einstellung «was wäre er ohne mich» aufgeben und eine Haltung einnehmen, die mir eigentlich im Laufe der Jahre ganz verlorengegangen war, nämlich: «Es ist ja seine Sache, die wird er auch ohne dich schaffen, vielleicht sogar noch besser.».

Für uns ist heute wichtig geworden, was wir uns eigentlich früher nie bewußtgemacht hatten, daß jeder eine eigenständige Persönlichkeit in unserer Partnerschaft ist und vom anderen auch so akzeptiert wird.

Hätten wir diese Gleichberechtigung in unserer Partnerschaft schon immer so bewußt praktiziert wie heute, wäre eine Abhängigkeit wahrscheinlich überhaupt nicht möglich gewesen. Auf jeden Fall hätte mein

Partner die Abhängigkeit zum Alkohol nie so lange verheimlichen oder verniedlichen können, und vieles wäre uns vielleicht erspart geblieben. So bleibt uns jetzt nur noch, anderen diese Abhängigkeiten bewußt zu machen.

Immer wieder hören wir von mitbetroffenen Partnern beim Beratungsgespräch beim Gruppenabend, daß sie ja nicht abhängig seien, sondern lediglich ihr Partner. Dieser trinke doch und sei alkoholabhängig. Auch ich habe damals so gedacht und habe nicht gemerkt, wie auch ich mit in die Abhängigkeit geraten bin.

Die Frage, wie mein Leben ohne meinen Mann aussehen würde, habe ich mir eigentlich in all den Jahren nie gestellt. Sie ist auch für mich nur sehr schwer zu beantworten.

Ohne ihn und die Alkoholabhängigkeit würde ich sicher mein Leben nicht so bewußt leben wie heute.

Ohne ihn würde ich sicher in den Tag hineinleben, wie die meisten Frauen in meinem Alter – Beruf, Familie, Haushalt und vielleicht ein kleines Hobby.

Vielleicht gehörte auch ich zu dem Heer unzufriedener Frauen.

Ohne ihn und die erlebte Abhängigkeit würde mein ganzes Leben und damit auch die Partnerschaft sicher nicht so zufrieden und ruhig verlaufen, wie ich dies z. Z. empfinde.

Ohne ihn hätte ich gewiß viel Schweres nicht erlebt, aber ich hätte auch sicher nicht gelernt, Verständnis für andere aufzubringen und ihre Schwächen zu tolerieren.

Ohne ihn wäre es mir sicher nicht in den Sinn gekommen, die mir zuteil gewordene Hilfe an andere Hilfesuchende weiterzugeben und Aufklärungsarbeit über die Gefahren des Alkoholismus zu leisten.

Männer-Macht

«Zeig doch mal, daß du ein richtiger Mann bist», «Du mußt ihr schon beweisen, wer die Hosen anhat, du Schlappschwanz» und: «Wenn sich eine beschimpfen und verprügeln läßt, wird sie schon wissen, warum».

Starke Sprüche. Wie sehen die aus, die sie gebrauchen?

Und die, die sie ablehnen: sind das denn überhaupt noch richtige Männer?

Gewalt an Mädchen und Frauen

Anne Kurth

Mädchen und Frauen, die «harte Drogen» nehmen, Heroin etc., gibt es seit Beginn der «neuen Drogenwelle» Anfang der siebziger Jahre. Ihr Anteil an der Gesamtzahl Drogenabhängiger lag lange konstant bei 30 %, das sind etwa 26 000 weibliche Drogenabhängige in der Bundesrepublik und West-Berlin. In den letzten Jahren steigt ihr Anteil stärker an als der der männlichen Abhängigen.

Dennoch hat sich lange Zeit niemand so recht um die spezifische Lebenssituation, die Erfahrungen und Probleme drogenabhängiger Frauen gekümmert. Für die Praktiker in der Drogenarbeit verschwanden die Belange der Frauen hinter dem allgemeinen Etikett der Suchtmittelabhängigkeit, die Theoretiker orientierten sich in ihren Versuchen, Suchtentstehung zu erklären, allein an *männlicher* Realität.

Weibliche Lebensrealität, vor allem die der später drogenabhängig gewordenen Mädchen und Frauen, unterscheidet sich jedoch grundlegend von der sozialen Realität, in der (drogenabhängige) Männer aufwachsen. Die Erfahrungswelten, die Perspektiven der Wahrnehmung, die Bedeutungen, die Personen und Situationen zukommen, sind immer schon andere, dementsprechend auch die Selbst- und Fremdbilder, die Sehnsüchte, Hoffnungen und Erwartungen. Und die Kränkungen, Verletzungen und Enttäuschungen, die (drogenabhängige) Mädchen und Frauen erfahren, haben einen anderen Ursprung und eine andere Tragweite als die oberflächlich vergleichbaren Erfahrungen, die von (drogenabhängigen) Männern gemacht werden.

Mädchen und Frauen, die von harten Drogen abhängig werden, versuchen damit zumeist Erfahrungen auszulöschen, «wegzudrücken», die ihnen die Möglichkeit der Bedürfnisbefriedigung, der physischen und psychischen Integrität und der Selbstachtung genommen haben. Sie suchen über den Drogenkonsum einen Weg zur Unabhängigkeit – von belastenden Gefühlen und Personen – und verstricken sich mehr und mehr in – spezifisch weibliche – Abhängigkeiten.

Die Lebensrealität vieler weiblicher Drogenabhängiger wird von zwei grundlegenden Erfahrungen bestimmt: von der *Gewalterfahrung* und der *Ohnmacht*, auf diese zu reagieren.

Das Erleben von (männlicher) Gewalt, Entwertung und Funktionalisierung kennzeichnen dabei nicht nur das Sozialisationsmilieu – Familie, Pflegeeltern, Heim etc. –, sondern Gewalterfahrungen und Ohnmachtsgefühle bestimmen auch die weiblichen Lebensverhältnisse auf der sog. «Drogenszene» und in verdeckter Form auch das Leben in gemischtgeschlechtlichen therapeutischen Einrichtungen.

Drogenabhängige Mädchen und Frauen haben während ihrer Kindheit meist extreme Gewalt – Prügel, sexuellen Mißbrauch und Vergewaltigungen – von ihren Vätern, Stiefvätern, Freunden der Mutter etc. erlitten. Frauen, die von männlichen Angriffen verschont geblieben sind, berichten fast ausnahmslos von distanzierten, abweisenden und ablehnenden Vätern.

Die Gewalttätigkeit und die Mißachtungen erweisen sich dann als besonders gravierend für die Entwicklung der Mädchen, wenn die durch diese Erfahrungen entstandenen Gefühle – wie Wut, Trauer, Haß etc. – nicht wahrgenommen, gezeigt und ausgelebt werden dürfen.

Die Mütter vervollständigen auf ihre Weise den traumatisierenden Gewaltzusammenhang. Da sie häufig selbst Opfer der männlichen (Ehe-)Gewalt sind und auf Grund vielfältiger ökonomischer und psychischer Abhängigkeiten sich keinen eigenen Handlungsspielraum zutrauen, verhalten sie sich nur im äußersten Notfall solidarisch mit den Töchtern und wehren die männliche Gewalt ab. Eher jedoch versuchen sie die Gewaltstrukturen – mit Zuhilfenahme von Drogen, Alkohol und Tabletten – zu ignorieren, um die Ehe oder Beziehung nicht zu gefährden. Mit der Folge, daß auch die Töchter nicht lernen, den eigenen Empfindungen zu trauen und sich aktiv gegen Demütigungen und Erniedrigung zur Wehr zu setzen.

Diese das Gefühlsleben, die Wahrnehmungen und Deutungen der Umwelt strukturierende Gewalt läßt in den Mädchen das Bild entstehen, daß Frauen – Mütter und Töchter – geschlagen und sexuell mißbraucht werden *dürfen*. Ja, daß sie selbst dafür *verantwortlich* sind, sogar schuldig sind. Wenn Gewalt alltäglich wird, und Ehefrauen und Mütter diese Gewalt über sich ergehen lassen, kann es auch für die Töchter keinen Grund geben, an der Berechtigung der zugeteilten Gewalt zu zweifeln. Auf diese Weise wird frühzeitig das Verdrängen von Gefühlen, das passive Erleiden eingeübt.

Dieses Abspalten der elementaren Gefühlswelt, diese Selbsttäuschung über das eigene Empfinden kennzeichnet später das Umgehen mit den Gefühlen in der Sucht.

Diese Grunderfahrungen mögen dazu beitragen, daß Frauen, die drogenabhängig geworden sind und sich den herrschenden Spielregeln auf der männlich bestimten Drogenszene – die Dealer sind ebenso Männer wie die Zuhälter und die Freier – unterwerfen müssen, mit einer Selbstverständlichkeit davon ausgehen, daß sie jederzeit Opfer männlicher Gewaltausübung werden können. So, als wäre diese Bedrohung der Preis oder das Berufsrisiko der Drogenabhängigkeit ähnlich der Krankheitsgefahr oder der Bedrohung durch den Tod.

Niemand gibt ihnen zu verstehen – auch die professionellen Berater und Therapeuten nicht –, daß sie auch als drogenabhängige Frauen ein Recht auf körperliche Unversehrtheit, auf Schutz vor männlichen Angriffen haben.

Die Gewalterfahrungen für Frauen auf der «Scene» sind alltäglich und variantenreich:

Da sind die drogenabhängigen Freunde, die ihre drogenabhängigen Freundinnen auf den Strich schicken, das Geld abkassieren und über Liebesschwüre, Prügel und Verführung zu neuer Drogeneinnahme ihre Einnahmequellen bei der Stange halten.

Da gibt es die unzähligen Gelegenheits- und Stammfreier, die ein Interesse daran haben, daß die Frauen drogenabhängig bleiben, weil diese sich unter Drogeneinfluß seltener sexuellen Zumutungen widersetzen und sich billiger verkaufen müssen. Versuche der Frauen, diese Verhältnisse abzubrechen, werden nicht selten mit Gewaltanwendung und erneuter Verführung zu Drogen beantwortet. Schließlich gibt es die zahlreichen Vergewaltigungen an drogenabhängigen Frauen, die häufig in dem Wissen begangen werden, daß diese Frauen auf Grund ihrer illegalen Drogenabhängigkeit keine Anzeige erstatten können, ohne selbst von der Polizei aufgegriffen zu werden.

So stellte sich während unserer Forschungsarbeit heraus, daß von 30 interviewten Frauen über zwei Drittel sexuellen Mißbrauch oder Vergewaltigungen erlebt hatten.

Drogenabhängige Mädchen und Frauen schweigen folglich über die erlittene Gewalt und Demütigung. Sie schweigen und verdrängen, nicht anders, als sie es in ihrer Kindheit gelernt haben. Die auftauchenden Gefühle des Schmerzes, des Ekels und der Wut werden mit Heroin weggedrückt.

In der therapeutischen Gemeinschaft gibt es dieses Verdrängungsmittel nicht mehr. Hier können, sollen all diese tief ins Unbewußte verbannten Gefühle neu erlebt und bearbeitet werden – in therapeutischen Gemeinschaften, in denen überwiegend männliche Abhängige leben. Abhängige Frauen sind in der Regel völlig vereinzelt – ihr Anteil beträgt oft nur etwa 10% –, und hier sollen sie, gegen ein übermächtiges Angebot an männlichen Interessen, männlichen Erfahrungen und Problemen, männlichen Kommunikationsstrukturen ihre durch männliche Gewalt erlittene Demütigung und Erniedrigung preisgeben und ausleben?

Das ginge nur dann, wenn die Frauen sicher sein könnten, daß ihr Schmerz ernst genommen wird, ihre Wut berechtigt ist und weibliche Therapeutinnen auf ihrer Seite stehen, sie schützen vor neuen Übergriffen und Abhängigkeitsmustern, die ihnen angeboten werden (Geliebte, Mutter, Schwester).

Hier scheinen allerdings gemischtgeschlechtliche Therapieeinrichtungen zu versagen und, auf ihre Weise, die Gewalt an Frauen fortzusetzen. Den drogenabhängigen Frauen wird fast immer das Recht auf Männerhaß, auf das Ausagieren der Wut und Ohnmacht abgesprochen. Die spezifische, durch Väter, abhängige Drogenfreunde, Dealer und Freunde erlittene Gewalt soll verdrängt bleiben, indem diese Erfahrungen verharmlost werden und Verständnis für die Männer gefordert wird. Die männlichen Abhängigen sollen von den Frauen als Opfer ihrer ebenfalls negativen Erfahrungen etc. verstanden werden, ungeachtet der fortdauernden Objektivierung der Frauen in den Einrichtungen. So sind es keine Einzelfälle, wenn Frauen in den Therapieeinrichtungen als Nutten beschimpft werden, von männlichen Abhängigen und Therapeuten als Sexualpartnerinnen «auserkoren» werden und sich generell gegen frauenfeindliche Bilder und Sprüche wehren müssen. Den drogenabhängigen Frauen kann so schwerlich zu einer anderen Selbst- und Fremdwahrnehmung, zu einer Verarbeitung der Enttäuschungen und zu dem Aufbau einer unabhängigen, selbstbewußten Frauenidentität verholfen werden.

Bevor sie andere – Männer – als Opfer sehen, müssen sie sich selbst als Opfer erleben dürfen. Und erst dann kann auch die Frage nach ihrer Mittäterschaft bzw. Verantwortung gestellt werden.

«Komm, Mäuschen, laß uns mal über deine Probleme reden …»

Einige zynische Gedanken und Bemerkungen
zu Männertherapien für drogenabhängige Frauen

Ulrike Kreyssig

Nach über zweijähriger Arbeit mit Fixerinnen innerhalb und außerhalb vom Knast, Gesprächen mit ihnen und Frauen, die eine Therapie «hinter» sich gebracht haben, Diskussionen und Informationsaustausch mit Frauen aus Drogenberatungsstellen und therapeutischen Einrichtungen könnte ich sowohl nur noch Amok laufen – und zwar sehr geschlechtsspezifisch orientiert –, als auch Fixerinnen abraten, sich die Unterstützung, die sie tatsächlich brauchen und sich wünschen, von einem dieser «Therapie-Klubs» zu versprechen. Was sich dort nämlich z. T. hinter der Formel «Therapie» verbirgt, ist für Frauen allzu häufig lediglich eine *Verlagerung* der Scene und der patriarchalischen Gesellschaftsstrukturen mit all ihren Unterdrückungs- und Abhängigkeitsformen, allen Prostitutionsangeboten, allen Sorten von Freiern und Zuhältern in verschiedenster Ausführung und Variation!

Bitte an dieser Stelle nicht die Realitätsarie anstimmen: das sei genau die Situation und Problematik, mit der drogenabhängige Frauen lernen müssen umzugehen, wenn sie clean werden wollen, oder daß sie in der Therapie natürlich die ganz anderen Männer treffen, denen sie leider vorher nie begegnet sind.

Das wäre ungefähr die gleiche Art der Argumentation, wie einem Demonstranten, der gerade von einem netten Herrn in Grün eins über die Rübe kriegt, zu sagen: Aber versteh doch, so sind nun mal die gesellschaftlichen Machtverhältnisse, setz dich doch mal in Ruhe mit diesem grünberockten Menschen auseinander, dann wirst du sicher verstehen und akzeptieren, warum auch er nicht über seinen Schatten springen kann …

Zurück zur Therapie. Unter *realitätsadäquaten* Formen der Auseinandersetzung zwischen Männern und Frauen ist dort folgendes zu verstehen: In Konfliktsituationen, Problemgesprächen werden Frauen immer wieder als «Nutten», «Drecksau» betitelt, beschimpft, wobei es sich hier noch um die harmloseren Varianten handelt, mit denen männliche Ex-Fixer ihre – selbstverständlich berechtigten – Aggressionen – Powerverhalten und Anmache sind immer gefragt! – loswerden dürfen.

In der Dusche auf den Hintern geklatscht zu kriegen oder von einem abgefahrenen «Super-Softi-Therapeuten» unzweideutige Komplimente über ihre «starken Titten» (zit. aus einem Artikel in der Mädchenzeitung «Frauwärts», Nr. 2, S. 23, Berlin 1983) zu hören müßte eigentlich bei den meisten Frauen die Reaktion – «'nen Fuffi, oder gibst du mir gleich dope» – hervorrufen.

In allen drogentherapeutischen Einrichtungen wird darüber geklagt, daß zuwenig Frauen da sind, höchstens im Verhältnis 1 : 3, weil Frauen doch immer dazu beitragen, daß die Atmosphäre netter, freundlicher wird, mehr Häuslichkeit und Gemütlichkeit entsteht, und nach harter Therapiestunde die aufgewühlten männlichen Psycho- und Problemwogen von zarter Frauenhand geglättet werden.

Warum immer weniger drogenabhängige Frauen sich zu einer Therapie entschließen – und das liegt sicher nicht nur an ihren besseren, im Sinne von leichter verfügbaren, nicht leichter ertragbaren Verdienstmöglichkeiten auf dem Strich oder an ihrer zahlenmäßigen Unterlegenheit in den therapeutischen Einrichtungen –, darüber macht man sich wohlweislich keine Gedanken, hieße es doch tatsächlich, sich schwänzlich, pardon, gänzlich in Frage zu stellen.

Solange Fixerinnen eine Therapie nur durchstehen können, wenn sie sich schnellstmöglich einen Typen angeln, um vor den anderen geschützt zu sein; solange im Team Therapeutinnen stundenlang darum kämpfen müssen, daß unter progressiver Auseinandersetzung mit männlicher Sexualität etwas anderes verstanden wird, als daß die verklemmten Jungs sich jetzt ihren *Playboy* abonnieren dürfen und die Frauen sich damit arrangieren müssen, daß ihnen schon aus dem Titelblatt die ganze Verachtung ihres Geschlechts entgegenspringt; solange Fixerinnen z. B. in Aufnahmegesprächen zu authentischen Gefühlsreaktionen «provoziert» werden sollen, indem sie zum Bumsen aufgefordert werden oder man ihnen gleich die Hose runterzieht (vgl. Lebensgeschichte von Renate S.), kann ich drogenabhängigen Frauen nur noch zynisch raten: Entscheidet euch zwischen Scene-Pest oder Therapie-Cholera! (Die angeführten Beispiele sind übrigens nicht meinem abartigen, männerhassenden Feministinnen-Hirn entsprungen, sondern sind Erlebnisse, von denen ehemalige drogenabhängige

Frauen berichtet haben, die in gemischten therapeutischen Einrichtungen waren.)

Frauen, die eine Therapie hinter sich gebracht haben, durchgestanden haben, können das nur unter Aufgabe eines großen Teils ihres Selbst, unter Aufgabe ihrer tatsächlichen Wünsche und Bedürfnisse. Sie haben eine ungeheure Verdrängungsleistung vollbracht.

Denn es gibt für drogenabhängige Frauen in Männerorientierten therapeutischen Einrichtungen nur zwei Strategien, um sich psychisch über Wasser halten zu können: Entweder sie nehmen eine männliche Identifikation an, d. h. entwickeln eine Schein-Stärke und Autonomie über Lernen von aggressivem und Power-Verhalten, was immer auch ein großes Stück Frauenverachtung und damit Selbstverachtung beinhaltet. Oder sie «wählen» den anderen Weg, der Frauen zur Verfügung gestellt wird: sie gehen eine Beziehung zu einem Mann in der Therapie ein, passen sich den gewünschten Normen an und setzen ihre Prostitutionserfahrungen auf anderer Ebene fort.

Therapeutische Einrichtungen sind ein Spiegelbild dieser Gesellschaft. Frauen haben dort mit den gleichen Machtstrukturen zu kämpfen und Überlebensstrategien zu entwickeln wie in allen anderen gesellschaftlichen Bereichen auch. Nur sind in einer Therapie die Unterdrückungs- und Zerstörungsmechanismen viel subtiler und schwerer aufzuspüren, denn vordergründig geht es ja um einen Heilungsprozeß. Frauen leisten auch dort Reproduktionsarbeiten, werden nur in bestimmten Funktionen wahrgenommen, als Mutter, als Geliebte, als Helferin, Zuhörende, als Sexual- und Aggressionsobjekt.

Das grundsätzliche Gefühl, daß eine Therapie, in der Männer oder männeridentifizierte Frauen das Klima bestimmen, nicht «ihre» Sache ist, veranlaßt m. E. viele drogenabhängige Frauen zu dem Entschluß, nicht in eine solche Einrichtung zu gehen.

Das mag oft nicht als Ablehnungsgrund genannt werden, vielleicht auch nur als diffuse Wahrnehmung vorhanden sein, oder die Frauen werden noch eine Reihe von anderen Gründen und Argumenten nennen. Aber es scheint der wichtigste und berechtigste Einwand.

Therapeutische Einrichtungen sind bisher fast ausschließlich von Männern für Männer konzipiert worden, um nämlich den männlichen Fixer für eine Männergesellschaft zu restaurieren. Wie anders wäre es sonst zu erklären, daß Hierarchien, Stufensysteme, Aggressionen und Anpassungsleistung als Grundmuster und als Qualitäten in fast allen

Drogentherapien wiederzufinden sind und als Werte hochgehalten werden?

Wenn männliche Sozialarbeiter, Drogenberater, Therapeuten, Ärzte, männliche Drogenabhängige und leider auch viele Frauen, die mit Drogenabhängigen arbeiten, meinen, das sei der richtige Weg, um die eigene Identität zu finden und um die Sucht zu bewältigen, dann ist das ihre Entscheidung.

Ich möchte mich jedoch entschieden dagegen wehren, daß dieses Therapiesystem unhinterfragt auf drogenabhängige Frauen übertragen wird und damit für diese immer zu einer Zwangstherapie werden muß. Sie sind vielleicht im Endergebnis drogenfrei, «clean», aber sicher auch gesäubert von dem, was eine selbstbestimmte, weibliche, nicht normierte Identität ausmacht.

Ein Mann und seine Grenzen

Gerhard Schneider

Wer bin ich eigentlich, daß ich mir zutrauen könnte, fundiert über das komplexe Thema «Frau und Sucht» zu schreiben?

Andere haben sich vor mir Gedanken gemacht, andere Männer – vor allem – auf dem Saarbrücker Kongreß vor drei Jahren, und deren (manchmal hirn-)rissige Ideen haben nicht nur Frauen wütend gemacht.

Andere – Frauen – haben gründlich gedacht, kreativ, haben Konzepte entwickelt, sie in die Praxis umgesetzt. Sie haben Rückschläge erfahren, sich wieder hochgerappelt, in der «Zwiebel» (siehe auch S. 192); sie wurden von Verzögerungstaktiken einer Männerbürokratie hingehalten, in der – jawohl, auch das muß gesagt werden – eine Frau an der Spitze steht.

Und nun sitze ich, seit Monaten immer wieder, vor leerem Papier, versuche Empfindungen, Gedanken in Worte zu fassen, Erinnerungen. Ich, ein Mann.

Ich habe Schwierigkeiten. Sonst gehen mir die Formulierungen glatt von der Hand, aber dieses Mal, bei diesem Thema, das ich mir selbst ausgesucht habe? Es ist ein sehr eigenartiges Gefühl, das mich befällt, wenn ich daran denke. Der Magen scheint sich ein paar Zentimeter zu senken, die Muskeln in den Armen werden leicht, schwach, die Finger zögern beim Tippen.

Der Rauch der Zigarette wird tiefer inhaliert als sonst. Sucht. Mann und Sucht. Die Sucht und ich.

Nein, es ist nicht so, daß mein Kopf leer wäre. Da hat sich viel gespeichert in den kurzen langen siebzehn Monaten, in denen ich mit drogenabhängigen Frauen im Strafvollzug gearbeitet habe. Mit viel Elan habe ich angefangen, erschöpft habe ich aufgehört. Und da ist einiges dazugekommen an Erfahrungen in der Beratungsarbeit danach, in der Jugendgerichtshilfe eines Jugendamtes. Ich weiß nicht mehr, wie oft ich in den letzten Jahren mit jungen Frauen zum Gericht gegangen bin, therapeutische Maßnahmen vorgeschlagen habe – nach entsprechender Motivierungsarbeit – und die dann nicht gegriffen haben.

Gegen Miriam liegt eine Anklage auf meinem Schreibtisch. Erwerb, Besitz und Eigenverbrauch von Heroin werden ihr vorgeworfen.

Ich habe ihr geschrieben, nicht den üblichen Einladungsvordruck mit seinem bürokratischen Text, sondern sie persönlich angeredet, bin auf das Problem eingegangen und habe sie freundlich gegrüßt, den Brief nicht mit «Hochachtungsvoll» abgeschlossen.

Miriam hält sich nicht an die vorgegebene Zeit. Ich warte vergeblich auf sie. Drei Tage später kommt sie, während ich im Gericht sitze. Eine Kollegin erzählt mir, ein Mädchen sei im Büro gewesen, habe mich sprechen wollen. Sie habe sich kaum auf den Beinen halten können, und es sei schwergefallen, ihr zu erklären, daß ich weg war. Mit matter Stimme habe sie versprochen wiederzukommen. Ihren Namen hat die Kollegin dick auf meinem Kalender eingetragen.

Es klopft. Miriam tritt ein. Neunzehn Jahre ist sie jung, sie sieht älter aus, wie Mitte Zwanzig. Das Gesicht ist sorgfältig geschminkt, für die Augen sind mehr Wimperntusche und Lidschatten verwendet worden als notwendig. Die Haare, kräftig blondiert, stehen in hartem Kontrast zu den dunklen Augenbrauen.

Der blaue Seemannspullover ist ihr viel zu groß. Er hängt bis über die Knie. Die Jeans darunter sind lange nicht gewaschen worden, die weißen Turnschuhe lange nicht geputzt.

Ein Lächeln geht über ihr jungenhaftes Gesicht, als sie meinem Schreibtisch näher kommt. Sie hat eine angenehme tiefe und feste Stimme: «Ich bin Miriam. Du hast mir geschrieben.»

Mein erster Gedanke ist: «Verdammt. So ein netter Mensch ist süchtig.» Ich lächle zurück, schaue ihr in die Augen. Die sind braun, und die Pupillen sind klein.

«Zu», denke ich, «viel reden nutzt jetzt nichts. Sie nimmt nichts auf.» Aber sie wirkt wach, spricht klar.

Ich spüre Wärme in mir, ein Gefühl, wie ich es zu einer kleinen Schwester empfinden würde, wenn ich eine hätte, oder zu einer (fast) erwachsenen Tochter. Tochter ist besser. Es läßt mir mehr Raum, ihr ihre Entscheidungen zu überlassen.

Ich möchte mich Miriam nähern, rolle mit meinem Schreibtischstuhl weg von der Mitte hin zur Seite, wo sie sitzt. Und die leise Frage stellt sich mir, ob sie diesen Versuch der Zuwendung verstehen, annehmen kann. Miriam erzählt mir, sie sei clean, und dafür erntet sie von mir ein klares «Glaub ich dir nicht».

Ich bin nicht sauer über die Lüge. Alle gebrauchen sie, und ich mache ihr auch keinen Vorwurf, weil sie gerade, kurz bevor sie zu mir gekommen ist, Heroin gespritzt hat. Ich erkläre ihr, daß ich ihr

*nicht helfen, sondern sie höchstens unterstützen könne. Helfen müsse
sie sich selbst; ich könne ihr nur Tips geben, Hinweise.*

*Miriam wird müde. Ein Schleier legt sich über ihren Blick. Sie schaut
auf die Erde, die Augenlider sinken herab. Sie hört nur noch ihren
Namen, alles andere nicht mehr. Die Hand sucht nach der Kaffee-
tasse, greift ins Leere.*

Einige der Frauen leben nicht mehr, sind in der Klinik an Sepsis gestorben oder auf einer öffentlichen Toilette nichtöffentlich an einer Überdosis kläglich zugrunde gegangen.

Liegen meine Wortfindungsschwierigkeiten an der Befürchtung, mir
am Ende eingestehen zu müssen, daß mein Bemühen umsonst gewesen
ist, daß ich an nicht erkannte Grenzen gestoßen bin? Will ich den
Nicht-Erfolg nicht zugeben?

Ich habe viel geredet mit den Frauen. Wir haben diskutiert, gestritten, wir haben einander gemocht, oft, und gehaßt, manchmal.

Unsere Forderung an die Frauen im Gefängnis, im Team und in Zusammenarbeit mit Beratungsstellen erarbeitet, war, sich in eine Behandlung zu begeben, in der sie aktiv lernen sollten, ohne Drogen zu
leben. Vorzeitige Entlassungen aus der Haft, das Prinzip «Therapie
statt Strafe» wurde praktiziert, bevor es unzulänglichen Eingang in Ge-
setzestexte fand. Auch in meiner jetzigen Arbeit versuche ich dieses
Prinzip in die Praxis umzusetzen. Im Vorfeld des Gerichtsverfahrens
wird ein Therapieplatz gesucht, so daß in der Verhandlung dem Gericht
die Entscheidung für die Aussetzung einer zu verhängenden Strafe zur
Bewährung leichtgemacht wird.

*Miriam ist wiedergekommen. Sie hat sich sogar an die Zeiten gehal-
ten. Ich freue mich über sie. Am meisten freut mich beim drittenmal,
daß sie offenbar nicht kurz vor ihrem Besuch Heroin genommen hat,
das Gespräch durchsteht, ohne in die totale Nähe zum Schlaf zu fallen.*

*Immer wieder erklärt sie mir, sie habe sich schon sehr weit «runterge-
drückt». Nur noch, wenn sie es gar nicht mehr aushalte, müsse sie
etwas nehmen. Die Abstände würden größer. Bis zum Gerichtster-
min sei sie endgültig clean.*

Ich glaube ihr nicht.

*Zwei Tage später wird sie bei einer Razzia festgenommen, dem Haft-
richter vorgeführt und in Untersuchungshaft gebracht.*

*Der Beamte der Gefangenen-Sammelstelle erlaubt ihr, mich anzuru-
fen. Mit tränenerstickter Stimme teilt sie mir mit, sie habe Pech gehabt, und nun sei alles aus.*

Mir tut sie leid. Mich ärgert die Verhaftung. Ein positiver Prozeß ist erst einmal unterbrochen.

In unseren Gesprächen habe ich immer wieder versucht, ihr klarzu-machen, daß ihre noch so ernstgemeinten Versuche, allein oder mit Hilfe ihrer Freundin, von der sie mir immer wieder erzählt hat, nichts oder höchstens zwei, drei drogenfreie Tage bringen würden.

Sie ist ärgerlich geworden. Ich bin's auch gewesen, auf sie, auf ihren dauernden Selbstbetrug. Ich habe ihr das gesagt, und daß sie ein liebenswerter Mensch sei, für die Szene viel zu schade.

Und insgeheim habe ich mir bei diesem Satz gedacht, er sei doch eine Spur zu groß, etwas verlogen: würde sie mir nämlich die Liebe, die Zuneigung abfordern, deren ich sie für wert halte, es ginge über meine Kräfte.

Miriam ist eine von vielen. Dreihundert Fälle kommen jährlich über meinen Schreibtisch, nicht nur drogenabhängige Menschen, auch andere, die ganz normal kriminell geworden sind. Die sind auch noch da. Denen will ich auch etwas geben. Der wohldosierte Funken Sympathie – manche reden vom therapeutisch-empathischen Verhältnis zu den Klienten – bewirkt ein bißchen mehr Nähe zwischen ihnen und mir.

Miriam hat nichts gefordert. Sie hat mich nur angeschaut. Ich habe ihren Blick erwidert.

Ich weiß nicht, wer von uns beiden zuerst weggeschaut hat.

Was Drogenabhängigkeit ist, glaubte ich zu wissen. Was aber Drogenabhängigkeit bei Frauen bedeutet, wußte ich deshalb noch lange nicht.

Frauen waren es, die mir da wichtige Hilfestellung leisteten. Und theoretisch ist mir bald klargeworden, was von Roswitha Soltau, Erika Godel und anderen Frauen als These, gewonnen aus Erfahrung, aufgestellt wurde: *Drogenabhängige Frauen hängen viel tiefer in der Abhängigkeit als Männer, weil sie von vornherein zur Abhängigkeit erzogen werden.*

Aber dieses Wissen in das konkrete Alltagshandeln umzusetzen, in das Gespräch mit den Frauen einfließen zu lassen, das war und ist mir (immer noch) nicht recht möglich.

Natürlich habe ich vor zehn Jahren den «Kleinen Unterschied» gelesen, wie es sich für jeden nicht-Macker-sein-wollenden Mann gehört. Natürlich stehen ein paar Bände aus der «Neuen Frau» in meinem Bücherregal, und ich glaube, aus eigenem Erleben heraus etwas von dem empfinden zu können, wenigstens teilweise, was Frauen so oft begegnet: Macht einer am Männer- und Männlichkeitswahn orientierten

Welt, Unterdrückung durch Normen, die nicht von Frauen geprägt sind.

Es war Paulus, dem Männer, die einander liebten, ein Greuel waren. Es war mein Vater, der mir das Haus verbot, als er erfuhr, daß ich nicht familiengerechte und -fördernde Beziehungen mit Männern hatte, und es ist der Alkoholiker vom kleinen Platz, der uns eine leere Bierflasche hinterherschmeißt, wenn ich mit einem Freund an den Blumenbeeten entlanggehe und es wage, ihm den Arm um die Schulter zu legen.

Selbsterfahrungs-, Öffentlichkeitsgruppen haben mir schließlich ein gewisses Maß an Sicherheit gegeben, um gegen die Macht angehen zu können. «Normale» Männer waren in diesen Gruppen nicht.

Mein Beruf, vor dessen Ausübung ich von einem Fachhochschullehrer gewarnt wurde, weil doch männliche Jugendliche für mich gefährlich werden könnten, bietet mir ein ausreichendes Maß an ökonomischer und persönlicher Unabhängigkeit. In der Weltstadt mit Herz lebe ich in einer gemütlichen Wohnung, fühle mich wohl und fürchte manchmal, mein ordentlicher Nachbar könnte sich bei meinem peniblen Hauswirt über häufigen Männerbesuch bei mir beklagen.

Und doch fällt es mir schwer, mit Frauen über ihre Abhängigkeiten zu reden.

Zehn Tage nach der Verhaftung kann ich Miriam besuchen. Ich sitze in dem kahlen, düsteren Raum der Haftanstalt, in dem Anwälte mit ihren Mandantinnen sprechen können. Miriam wird von einer Beamtin gebracht.

Sie ist im Vollzugskrankenhaus gewesen, hat dort den körperlichen Entzug durchgemacht. Sie hat sich erholt.

Sie strahlt, als sie mich sieht. Ich freue mich, sie zu sehen, denke, es sei gar nicht so ungünstig, mit ihr an diesem Ort zusammenzutreffen und nicht draußen, wo stets der nächste Schuß lauert.

Und doch, sie tut mir leid. Daß sie in diesem hermetisch abgeschlossenen Bau sitzen, leben muß, in dieser bedrückenden Atmosphäre, da, wo eigentlich kein Mensch hingehört und ein drogenabhängiger schon gar nicht: hinter Gittern.

Miriam erzählt mir, sie habe sich entschlossen, in eine langzeittherapeutische Einrichtung zu gehen. Sie habe in den letzten Tagen genügend Zeit gehabt, um über sich und ihre Situation nachzudenken. Ihre Selbstheilungsversuche seien ihr im nachhinein lächerlich vorgekommen.

Ich akzeptiere ihren Entschluß, bin erfreut darüber und weiß, daß ihr Hauptwunsch der ist, möglichst bald aus dem Gefängnis zu kommen.

Miriam ist ehrlich. Sie streitet es nicht ab. Auch das ist zu akzeptieren. Der erste Schritt in eine Einrichtung ist wohl der wichtigste. Alles andere, auch die Motivation zu bleiben, sich den harten Anforderungen einer Therapie zu stellen, entscheidet sich dort.

Von nun an besuche ich Miriam wöchentlich. Wir reden über den Knast, über das Leben da drinnen, auch über Miriams Leben draußen, das sie für sich abgeschlossen glaubt. Sie hat auf Heroin «keinen Bock» mehr. In der Anstalt gibt es keinen Stoff. Miriam fühlt sich wie in einem geschützten Raum und sieht ihrer Verhandlung gelassen entgegen.

Einen Therapieplatz habe ich gefunden. Die Kostenübernahme ist geklärt. Miriam hat den ganzen Papierkrieg korrekt und zuverlässig erledigt, hat sich vehement hinter den Anstaltsarzt geklemmt: der hat für die amtsärztliche Bescheinigung über die Notwendigkeit der Therapie nur zwei Wochen gebraucht statt sonst vier.

Ich gehe gern ins Gefängnis. Auf die Gespräche mit ihr freue ich mich. Ich mag sie, weil sie etwas für sich tut. Und sie begegnet mir freundlich, fast freundschaftlich.

Ich versuche, ihr die Angst vor dem Neuen in der Therapie zu nehmen, erkläre ihr, was dort abläuft und daß es nichts Unbequemeres, aber wohl auch nichts Lohnenderes für sie gibt. Miriam hört gut zu.

Ruhig gehen wir gemeinsam in die Gerichtsverhandlung. Alles ist abgesprochen zwischen ihr und mir. Aber auch zwischen der Richterin, dem Staatsanwalt und mir. Die Schöffen sind leicht zu überzeugen. Ich habe ihnen die Aufnahmezusage der Einrichtung gezeigt; eine Mitarbeiterin von dort will kommen und Miriam abholen.

Eine Stunde dauert die Verhandlung. In ihrem letzten Wort schließt Miriam sich meinem Vorschlag an und bittet um die Bewährungschance in der therapeutischen Einrichtung. Sie bekommt ein gutes Urteil. Die Richterin unterschreibt den Entlassungsbefehl an die Haftanstalt.

Ein Anruf aus der Einrichtung ist in den Sitzungssaal gestellt worden: die Mitarbeiterin wird Miriam an der Gefängnispforte abholen. Es ist ihr nicht möglich gewesen, zur Verhandlung zu kommen.

Miriam wird vom Saalwachtmeister wieder in den Keller des Gerichts gebracht. Dort muß sie noch ungefähr eine Stunde warten, bis der Justizwagen sie in die Haftanstalt zurückfährt, wo sie ihre persönlichen Sachen bekommt.

Wir verabschieden uns. Mir ist ein bißchen wehmütig. Ein paar Wochen lang haben wir einen gemeinsamen Weg gehabt, jetzt steht die Trennung an. Miriam braucht mich nicht mehr. Ich wünsche ihr alles Gute, sie bedankt sich bei mir. Beides kommt von tief drinnen. Höflichkeit ist uns in diesem Moment fremd.

Einen Tag später erfahre ich, daß Miriam nur eine Stunde lang in der Einrichtung geblieben ist. Dann hat sie ihre vier Plastiktüten genommen und ist gegangen. Zurück zur Scene.

Ich suche sie. Nach einigen Wochen – ich habe das Suchen schon aufgegeben – treffe ich sie. Sie steht vor einer Bar, wartet auf Freier. Wir erschrecken beide: ich über ihr Aussehen, sie ist wieder ganz dünn, blaß – sie über mein Auftauchen, als sei ich ihr personifiziertes schlechtes Gewissen.

Sie hat Angst, zu mir ins Büro zu kommen, weil die Bewährung widerrufen worden ist und ein Haftbefehl gegen sie läuft. Wir treffen uns auf der Straße oder ins Cafés.

Wir streiten uns. Sie macht sich wieder etwas vor, glaubt, allein vom Gift loskommen zu können. Sie brauche fast nichts, erklärt sie mir immer wieder, und ich antworte ihr, daß «fast» eben «alles» sei. Ich bin sauer. Auf sie, weil sie sich belügt, und noch mehr auf die, die ihr das Zeug verkaufen.

Eines Nachmittags, trotz der Streitereien kommt sie zum Treffpunkt, sagt sie mir kühl, ich hätte ihr gar nichts zu sagen, die Herrschaft über ihren Körper habe sie. Mich haut das fast um. Ich denke daran aufzustehen, zu gehen.

Klar, ich kann mit Frauen über den Zwang, immer wieder zu spritzen, diskutieren. Ich kann mit ihnen darüber sprechen, warum sie immer wieder zu Tabletten, zur Flasche greifen. Und manchmal versuche ich auch das Thema «Prostitution» anzuschneiden oder «Peep-Show», das ist sauberer, neutraler, nicht so direkt. Aber es bleibt bei zwei, drei Sätzen. Die Beziehungen zu Männern bleiben ausgespart.

Manchmal wird mir noch erzählt von Gewalt in der Ehe, in der (Un-)Partnerschaft, von Prügel, von Einsperren. Das ist dann schon viel. Mehr wird es nicht.

Ich kann nicht mitreden.

Ich gehe nicht, sondern frage Miriam, was sie mache mit ihrem Körper. Verkaufen, sonst nichts. Ihr Job sei das, so wie es meiner sei, sie zu retten, meint sie ironisch. Sie verdiene ihr Geld so, andere täten es auf andere Weise. Und überhaupt, sie habe nichts anderes gelernt.

Dabei wirkt ihr Gesicht auf einmal hart, verschlossen. Sie schaut mich nicht mehr an.

Nein, glauben will ich ihr das nicht, diese Gleichgültigkeit. Aber sie betont, daß es so und nicht anders sei. Die Freier seien ihr egal, ihr Freund nicht. Der habe schließlich auch kein Geld und müsse leben.

Ich spreche sie auf ihren veränderten Gesichtsausdruck an. Sie wird noch kühler: das Gespräch langweile sie.

Ich spüre, ich müßte jetzt hinterfragen, hartnäckig bleiben, und ich spüre die Unfähigkeit zu reden. Das hat wohl auch mit mir zu tun: Meine engeren Beziehungen und mein Sexualleben lasse ich ungern in Frage stellen. Das hat aber auch damit zu tun, daß ich aus Büchern, aus Erzählungen zwar weiß, wie Frauen zumute ist oder sein kann, die so wie Miriam leben müssen, daß ich aber emotional nicht nachvollziehen kann, was ich nicht in Ansätzen selbst einmal empfunden habe.

Ich spüre Traurigkeit, Hilflosigkeit.

Ich weiß nicht, wie es ist, einen Mann zu haben, der morgens das Haus verläßt, abends zurückkommt, sein Essen auf dem Tisch haben will, der sich danach vor die Glotze drückt oder zum Skatabend verschwindet und dem die Frau spät in der Nacht, todmüde vom Tag, eine liebende Gattin sein soll.

Ich weiß nicht, wie es ist, für klare Fensterscheiben und staubfreie Fußböden gelobt zu werden und dafür den größten Teil der Zeit drangegeben zu haben.

Ich habe keine Ahnung, wie einer Frau zumute ist, wenn sie trinkt, damit es ihr bessergeht, keine Ahnung, wie sehr sie sich schämt, wenn der Mann abends die Fahne riecht und die Frau deswegen beschimpft, sich von ihr abwendet, statt zu fragen, warum sie getrunken hat.

Ich habe keine Ahnung, wie einem Fast-noch-Mädchen zumute ist, das auf dem Strich steht, um seinen eigenen Heroin- und Überlebensbedarf und den des Partners zu finanzieren.

Ich habe meinem Partner zuliebe nur selten etwas getan, ohne daß ich es wollte. Prügel sind uns seit unserer Kindheit fremd.

Ich will nicht behaupten, daß ich in einer Beziehung lebe, die frei ist von gegenseitigen Abhängigkeiten. Aber da, wo sie erkannt werden, ist das Bemühen um ihren Abbau möglich.

Ja, auch Verlustängste werden manchmal wach, aber sie bedrohen den einzelnen nicht in seiner Existenz. Uns Männern ist beigebracht worden, sich durch den Beruf zu definieren, durch Aktivitäten, durch Erfolg, nicht durch den Partner oder die Partnerin. Unseren Beruf üben wir gern aus, aktiv können wir sein, Erfolg ist zu erkennen, für beide, und manchmal kommt das Miteinander zu kurz.

Ich weiß zwar, wie es ist, betrunken zu sein, und ich kenne den Gedanken, vor allem morgens: Verdammt, gestern hast du zuviel gesoffen; bewahr dir doch endlich mal deinen klaren Kopf. Und der brummt, weil Anspruch und Wirklichkeit sich wieder einmal nicht gedeckt haben.

Ich sehe die vielen Zigarettenkippen im Aschenbecher, denke an das drohende Raucherbein, das zur Abschreckung bisher nicht beigetragen hat, und daran, daß mir eine heroinabhängige Frau im Gefängnis einmal gesagt hat, ich müßte «lebenslänglich» bekommen, wenn Rauchen strafbar wäre.

Und ich frage mich, wo der Unterschied ist in den Süchten. Er liegt wohl nur in ihrer unterschiedlichen gesellschaftlichen Akzeptanz, und ich habe ein bißchen mehr Glück.

Mit süchtigen Männern kann ich reden. Auch über ihre Abhängigkeiten, die nichts mit Alkohol, Tabletten oder Heroin zu tun haben, vordergründig nichts. Uber ihre beruflichen Abhängigkeiten, über ihren Erfolgszwang, ihren Zwang, hart zu sein, männlich. Und mit manchen von ihnen kann ich lächeln über die kernigen Marlboro-Typen, die Muskeln haben, Haare auf der Brust, einen weichen Schnäuzer über dem sinnlichen, scharf gewinkelten Mund, coole Gedanken im Hirn und kein Gefühl im Bauch.

Das ist mir nachvollziehbar. Ich hab ja selbst mein gerüttelt Teil von dieser Männererziehung mitgekriegt, einiges abstreifen, mich davon befreien können, aber eben nur einiges.

Ein Schweigen hat sich zwischen Miriam und mich gelegt. Wir haben uns nichts mehr zu sagen.

Sie trinkt ihren Kaffee aus, steht auf, geht. Ihr Abschiedsgruß ist knapp, ohne das vertrauliche, vertraute Lächeln.

Ich möchte ihr hinterherlaufen, sie wieder an den Tisch ziehen. Ich denke: «Nun geht sie zurück zur Scene, verkauft sich und kauft Gift, wird sich weiter belügen und irgendwann irgendwo landen. Im Knast oder in einem Sarg.»

Eine Wut steigt in mir hoch. Auf sie, auf die Mauer, die sie um sich herum aufgebaut hat, aber auch auf mich, auf mein Unvermögen, diese Mauer zu durchbrechen. Vielleicht soll ich doch den Beruf aufgeben, mir einen anderen suchen.

Doch dann kommt der rettende Gedanke. Man braucht solche Gedanken, um zu überleben: Es ist ihre Entscheidung gewesen, zu blei-

ben oder zu gehen. Es ist ihre Entscheidung, Heroin zu nehmen oder nicht.

Und ich habe einen schalen Geschmack im Mund.

Manchmal bewegt sich etwas bei ihnen, den Männern. Es scheint etwas hängenzubleiben, ein Gedankenblitz, der im Bauch ein leises Grummeln nach sich zieht. Das passiert dann, wenn ich mich als Person weit in die Sozialarbeiter-Klient-Beziehung wage.

Und einige von ihnen lächeln: Es ist ja ein Schwuler gewesen, der die Frauen gerade gegen die Männer aufgehetzt hat, und der ist sowieso nicht ganz ernst zu nehmen, der ist sowieso kein richtiger Mann, über den kann man(n) hinwegsehen.

Alles Diskutieren ist für die Katz gewesen, ein Neubeginn ist notwendig. Offene Ablehnung können sie sich nicht erlauben. Ich stehe zu ihnen in einem Machtverhältnis; von meinen guten Worten im Gericht hängt für sie manches ab.

Oft ist ein Graben entstanden, der nicht mehr zugeschüttet werden kann.

Mit den Menschen an meinem Arbeitsplatz kann ich über solche Rückschläge nicht reden. Allenfalls sind sie in der Lage, diese bedauernd zur Kenntnis zu nehmen, aber Hilfe, konkreten Zuspruch kann ich von ihnen nicht erwarten.

Wie sollte ich auch, denn keine/r von ihnen weiß, wie mir zumute ist. Nein, ich habe mich nicht vor ihnen verborgen. Sie wissen, mit wem ich lebe, sie kennen meinen Freund. Wir fühlen uns von ihnen akzeptiert. Es gibt auch kein Mißtrauen gegen mich – vonwegen der verführbaren Jugendlichen. Aber ich spüre, es fehlt ihnen die Antenne für meine Erfahrungen, meine Erlebnisse mit den männlichen Männern, meine Unsicherheiten mit ihnen.

Soll ich mich in Zukunft aus wesentlichen Gesprächen mit den Jugendlichen oder ihren Vätern als Person herauslassen? Werde ich dann nicht zum Bürokraten, der ich nie werden wollte?

Und doch weiß ich, ich bin nicht allein. Es gibt zum Glück ein paar Berufskollegen, mit denen ich mich austauschen kann. Sie wissen, wovon ich spreche, ich verstehe, was sie mir sagen. Unsere Erfahrungen decken sich. Sie geben mir Sicherheit, auch Kraft für das Weitermachen, auch das manchmal notwendige Maß an Aggressivität, um das süffisante Lächeln mancher Männermänner erstarren zu lassen.

Mit den Menschen an meinem Arbeitsplatz will ich über die Rückschläge nicht reden. Würden sie mich darauf ansprechen, ich würde ihnen ausweichen, weil ich mich ihnen nur unvollständig erklären könnte. Ich suche mir andere Gesprächspartner, die aus meiner Gruppe.

Langsam beginne ich die Ursache meiner Schreibhemmung zu begreifen. Nicht das Eingestehen des Nicht-Erfolges hinderte mich, eher eine Erkenntnis, die fern dämmert:

Vielleicht war es vermessen, damals im Gefängnis, eine Arbeit zu beginnen mit Menschen, deren wesentlich prägende Erfahrungen ich nur vermittelt bekomme, die ich aber niemals nachvollziehen, nachleiden kann. Und die Fortsetzung dieser Beratungs- und Motivierungsarbeit mit Frauen in meinem jetzigen Arbeitsbereich, vielleicht ist sie deshalb in den meisten Fällen so schwer, meist unmöglich gewesen.

Meine Familie wollte, um mich wieder in ihren Schoß zu integrieren, eine Therapie bei einem Psychiater bezahlen. Der war teuer, verheiratet und hatte zwei Kinder. Sogar an einen Eingriff ins Gehirn wurde gedacht. Ich habe dankend, aber bestimmt abgelehnt.

Vorstoß bis zur Grenze

Was veranlaßt Frauen, immer wieder zu illegalen Drogen zu greifen? Wohin bringt sie ihr Tun? Sind sie nur lebensmüde oder können wir von ihnen lernen?
Erfahrungen auf dem Weg zur Grenze.

Leben auf der Straße – Von Trebemädchen, Gewalterfahrungen und Suchtmitteln [1]

Gitta Trauernicht

Hallo Dr. Sommer!
Es ist für mich sehr wichtig, daß mein Problem so schnell wie möglich gelöst wird. Allein kann ich nicht damit fertig werden! Ich bin ein fünfzehnjähriges Mädchen und lebe seit zwei Jahren im Heim. Ich habe schon oft den Heimplatz gewechselt, weil ich Kontaktschwierigkeiten hatte. Ich bin auch öfters abgehauen und habe fast jede Nacht bei einem anderen Jungen gepennt, bis ich einmal an einen falschen Kerl geriet, der mich zwang, für ihn anschaffen zu gehen. Um das zu verkraften, gab er mir Aufputschtabletten! Das war vor etwa zwei Jahren. In der Zwischenzeit habe ich des öfteren Shit geraucht. Doch das konnte ich zum Glück vor einer gewissen Zeit abstellen. Nun habe ich aber vor ungefähr drei Wochen wieder mit Tabletten angefangen und bin fast jeden Tag zu. Wie schaffe ich es, ganz abzustellen? Bitte kommt mir nicht mit einer Drogen-Beratungsstelle. Das habe ich schon versucht. Aber ich kann einfach nicht mit jemandem über meine Probleme reden. Gibt es andere Möglichkeiten?
    Bitte helft mir!!!!!   Ulrike

Ein Trebemädchen schrieb diesen Brief an den fiktiven Dr. Sommer der Jugendzeitschrift *Bravo*. Abgesandt wurde er allerdings nicht, er blieb in einer Jugendschutzstelle liegen. Eindrucksvoll verdeutlicht dieser Brief, mit welchen Erfahrungen und Problemen Mädchen kämpfen, die nach der Flucht aus Elternhaus und/oder Heimen «auf der Straße» leben. Ulrike ist kein Einzelfall. Sie ist eines von zumindest 3000 Mädchen in der BRD und West-Berlin, die auf Trebe sind. Sie führen ein Leben, das geprägt ist von Gewalterfahrungen, mangelnden

1 Diese Ausarbeitung ist entstanden im Rahmen des Projekts: Ursachen und Erscheinungsformen der Familien- und Heimflucht von Kindern und Jugendlichen und sozialpädagogische Krisenintervention.
Institut für soziale Arbeit e. V.,
Peterstraße 11, 4400 Münster
Tel.: 0251/797768

emotionalen und verbindlichen Beziehungen, von bezahlter und unbezahlter Prostitution, Alkohol, Tabletten, Drogen, Pattex und anderen Suchtmitteln. Suchtmittel für den Spaß, das Amüsement, als Kontaktmittel, zum Wegdrücken von Leid, zum Aufputschen, zum Beruhigen, um Anschluß an andere zu halten, einfach nur so oder um «zu» zu sein. Ohne Alkohol, Tabletten, Drogen ist dieses Leben nicht lebbar – wie aber kommt es zu diesem Leben?

Im Rahmen eines Forschungsprojektes, das die Ursachen des Weglaufens von Kindern und Jugendlichen aus Familien und Heimen aufspüren wollte, führten wir Gespräche mit Mädchen, um deren Lebensgeschichten nachvollziehen zu können. Bei einem kleineren Teil der Gruppe wurde deutlich, daß zusätzlich zu den Bedingungen geschlechtsspezifischer Sozialisation weitere belastende Faktoren hinzukamen, wie z. B. soziale Benachteiligung, Ausgesetztsein körperlicher Gewalt, Heimeinweisung, die letztlich zu einem Leben führen, bei dem die Mädchen vom Regen in die Traufe kommen. Auf Trebe sein bedeutet, sich den «Gesetzen der Straße» zu unterwerfen – Gesetze, deren unbarmherzige Strukturen es kaum noch möglich machen, Nischen und Schonräume zu ergattern.

Ausreißsituation

Die Lebensgeschichten der Mädchen zeigen, daß die erlebten Familiensituationen ähnlich strukturierte Konflikte aufweisen. Die Konflikte sind ursächlich auf die Stellung der Mädchen im *Familienverband* zu beziehen. Abhängigkeit und Nähe zur Familie sind qua Geschlechtsrolle festgelegt und äußern sich vor allem in den Dimensionen *Verfügbarkeit und Kontrolle* in unterschiedlichen Variationsmustern. Den Mädchen wird die Möglichkeit genommen, sich auszuprobieren und mit Handlungs- und Lebensmustern zu experimentieren. Diese Einschränkung wird bei Widerstand durch die Mädchen oft mit körperlicher Gewalt seitens der Väter durchgesetzt. In vielen Familien werden auch die Mütter geschlagen; Ausdruck patriarchalischer Familienstrukturen, denen sich zu entziehen Mädchen weit weniger als Jungen möglich gemacht wird. Bei ihren ersten Kontakten zu Jungen, ihren ersten sexuellen Erfahrungen bekommen sie keine Unterstützung, sondern erfahren eine Herabsetzung, die häufig genug begleitet ist von Negativetikettierungen wie «Nutte». Viele der Mädchen berichteten über herabwürdigende Praktiken gegenüber ihrer Person, über Einschränkungen, Willkür, Gewalt, Stigmatisierung, Domestizierung. Kaum eine bezog dies aber auf ihre Geschlechtszugehörigkeit; manchmal kam lediglich der Verweis darauf, daß die Brüder mehr Freiheit hätten.

Auf der Oberflächenstruktur äußern sich die Ursachen des Weglaufens in Form von *Anlässen*. Als Anlaß des Weglaufens werden von Mädchen – schon fast stereotyp – Beschränkungen hinsichtlich Ausgangszeiten und Kontrollen ihres Freundeskreises genannt.

H.: «Da wollt ich mal so raus und so, und da wollt er mir das verbieten mit meiner Freundin wegzugehen. Meint er, es wär schlechter Umgang und so. Da bin ich dann abgehauen, da war ich drei Tage weg.»

A.: «Ja, es fing natürlich damit an, wie lange ich so weggehen kann. Und da war ich so 15, 16, nee 16 war ich da schon, und da sollt ich immer schon um 8 Uhr zu Hause sein. Das seh ich dann nicht ein. Da hab ich das runtergekurbelt bis auf 9. Das ging aber nicht mehr. Da haben sie schon unheimlich irgendwie so 'n Terz gemacht, aber dann war ich mit jemanden zusammen, 'ne Freundin und die also, die mochten meine Eltern nicht leiden, und dadurch hab ich auch natürlich noch mehr Knies gekriegt (…).»

Der Konflikt um die Ausgangszeiten und die Freunde steht symptomatisch für ein pubertätsspezifisches Problem: Das Orientierungsmuster Familie bekommt «Konkurrenz» durch das Orientierungsmuster Subkultur / Peer group. Während diese Orientierungsmuster für Jungen nicht konflikthaft sein müssen, ist der Konflikt für Mädchen quasi vorprogrammiert. Spätestens mit Beginn der Pubertät birgt die Mädchenrolle (in sich) divergierende Erwartungen: Einerseits die Erwartung, sich als sexuelles Wesen und Heiratsobjekt zu präsentieren und anzubieten, andererseits die Integrität des Körpers zu erhalten bzw. zumindest diesen Schein zu wahren.

In Anbetracht nichtvorhandener alternativer Orientierungen und Identifikationen wie z. B. über Leistung, Konsum, Hobbies, Sport, Mädchenkultur verbringen die Mädchen ihre Freizeit auf der Straße, in Diskotheken oder Wohnungen älterer Jungen. Dabei geraten sie leicht in Gefahr, aus der Rolle der «Konsumentinnen» von Amüsement in die der «Produzentinnen» zu rutschen. Sie wollen was erleben, was vom «Leben haben». Diese Form von Amüsement ist stark verknüpft mit einer prostitutiven Selbstdarstellung. Anerkennung beziehen Mädchen über Jungen. Sie sind «wer», wenn wer sie will. Also wollen sie auch. Wenn sie nicht wollen, wird etwas «nachgeholfen», oder man ignoriert sie völlig, ein Zustand, den Mädchen auch nicht ertragen.

Um diese Anforderungen an Mädchen bewußt oder vorbewußt nur zu deutlich wissend, beginnen die Eltern häufig mit einer Verschärfung der Kontrolle. Über die Ursachen und Hintergründe dieser Kontrolle wird entweder gar nicht oder in für die Mädchen abschreckender Weise («Bring mir ja kein Kind nach Hause») geredet. Da es nicht möglich ist, den gesamten Tagesablauf zu kontrollieren, kommt es meist zu punktuellen, oft willkürlichen und uneinsehbaren Freiheitsbeschränkungen. Diese Maßnahmen sind häufig gekennzeichnet durch Unsicherheit der Erziehungspersonen; der *Kontrollaspekt* ist hier manchmal verbunden mit einem unklaren *Hilfsaspekt*. Hinter dem Versuch der Verhinderung «schlechten Umgangs» und unkontrollierter Bestätigung steht für Mütter häufig der Versuch, Töchter vor «zu frühen sexuellen Erfahrungen» zu schützen. Damit eng verbunden ist aber die Angst, die Töchter könnten ungewollt schwanger werden.

Frau B.: «Wie das jetzt war mit dem B..., wie sie damit geschlafen hatte, da kriegte sie ihre Regel auch nicht, und ich sag, Mensch, A... Ich saß auf heißen Kohlen, muß ich sagen. Mir war es richtig schlecht. Ich denk, das gibt es nicht. Und sie hatte aber auch Angst gehabt. Und dann ist sie zum Doktor hingegangen. Dann sagt sie auch selbst, sie wollte hingehen. Ich sag, ja geh auch man. Und da war es aber doch nicht.»

Die Quelle dieser Angst ist häufig genug, daß die ungewollte Schwangerschaft als «Beweis» für das Versagen als Erziehungsperson gelten und entsprechende Reaktionen der Umwelt nach sich ziehen könnte.

Frau B.: «Jetzt wo wir allein sind, da versucht sie natürlich immer wieder hinaus, und ich sag schon, wenn mal irgendwas ist, 'ne Geburtstagsfeier bei 'ner Freundin oder du bist mal irgendwo eingeladen, ist gut. 10, ½11 möchte ich nicht, daß du da irgendwo herumfliegst mit den Jungens. Da sind meist auch Jungen dabei. Dann heißt es wieder, na ja, guck, Mutter lebt alleine und wird mit ihrer Tochter nicht fertig. So wird es dann ausgelegt, nee. Das geht ja nicht.»

Die Angst vor der «Schande» hat aber oft ihren realen Ursprung. So können z. B. alleinerziehende Frauen hiermit von außen erheblich unter Druck gesetzt werden.

So erweist sich die Kontrolle der sexuellen Integrität der Tochter durch die Mutter zumeist als verlängerter Arm einer Kontrolle, die auf die Frau als Mutter durch Kontrollinstanzen wie Nachbarschaft, Ehemann, Jugendamt etc. einwirkt.

Umgekehrt zeigt sich auch, daß Eltern «unerwünschte» Entwicklungsverläufe ihrer Töchter damit erklären, daß ihnen zuviel «Freiheit» zugestanden worden sei und sie sich deshalb Vorwürfe machen.

Frau G.: «Ja, zu frühe, das geht nämlich dann los, mit 13, 14 fing das an, wir haben 'ne Fete. Ja ist gut. Wann muß ich zu Hause sein? Ja 9 Uhr. Wenn's irgendwo bei 'ner Schulfreundin war, das wir sie abgeholt haben, auch 10. Aber dann ging das immer so, auch die Zeiten, wenn sie so abends, wie lange darf ich wegbleiben? Dann ging das immer so Schritt für Schritt weiter. Dann haben sie sich immer 'ne halbe Stunde mehr genommen. Und nachher konnt ich, ich konnte gar nicht mehr zurück. Auf einmal war 10 Uhr normal, dann ½11 Uhr normal, am Wochenende wurde 11 Uhr normal, da war sie 15. Und wenn ich dann gesagt hätte, du bist um 9 Uhr zu Hause, wieso, ich darf doch immer bis 11. Wie die schrittweise sich die Freiheit nehmen. Und ich hab das irgendwie zu spät mitgekriegt. Und dann auf einmal war es dann zu spät!»

Die beschriebene Grundproblematik von Mädchen während der Pubertät verschärft sich dann erheblich, wenn über die *Gründe der Kontrolle* nicht in angemessener Weise *kommuniziert* werden kann und damit eine Spirale von Beschränkung, Übertretung, Strafe beginnt, die beim Weglaufen oder der Heimeinweisung endet.

In einigen Familien wird Sexualität zwar thematisiert, aber lediglich in Form der unerwünschten *Wirkung*: «Bring bloß kein Kind an», «Du bist 'ne Nutte», «Du kommst ins Heim».

Nicht die tatsächlichen Erfahrungen und Handlungen von Mädchen sind für die Eltern von Interesse, nicht die Bedeutung sexueller Negativerfahrungen für die Identität ihrer Töchter bestimmt ihre, in der Pubertät der Mädchen rigideren Erziehungsmechanismen, sondern die Sorge, daß die Handlungen ihrer Töchter Folgen haben könnten, wie z. B. Schwangerschaft oder ein Fremdbild als «Nutte», das das Eingreifen sozialer Instanzen nach sich zieht.

Dieses nämlich hätte zur Konsequenz, daß z. B. eine kostenlose Haushaltshilfe für die Eltern wegfiele oder eine erwünschte frühe Ablösung (z. B. durch Heirat) nicht einträte. So stellt sich für diese Mädchen das Problem, daß ihnen sexuelle Erfahrungen zwar – unthematisiert – zugestanden werden, sie aber – in für sie willkürlicher Weise – mittelbar und unmittelbar dafür stark sanktioniert werden.

Für andere Mädchen stellt sich der geschlechtsspezifische Charakter ihrer Sozialisation schwächer, aber auch undurchschaubarer dar. Schwächer deshalb, als ihnen mehr Möglichkeiten geboten werden, sich dem ständigen Zugriff von Familie zumindest partiell zu entziehen. Undeutlicher und undurchschaubarer stellen sich für sie die Auswirkungen der geschlechtsspezifischen Sozialisation insofern dar, als versucht wird, die Einhaltung *geschlechtsspezifischer* Normen über die Einhaltung *allgemeingültiger* Normen für Jugendliche zu erreichen. Dieses bedeutet z. B., daß versucht wird, das beginnende Interesse vom Mädchen an Jungen, das Interesse an Sexualität und Beschäftigung mit dem Äußeren zu unterdrücken durch erhöhtes Insistieren auf Leistungserfolge in der Schule, Beteiligung am familiären Zusammensein, Beteiligung an Hausarbeiten etc. Erst wenn diese Maßnahmen nicht den entsprechenden Erfolg haben, wird zu drakonischeren Mitteln wie etwa Ausgangsbeschränkung gegriffen.

Auch hier zeigt sich deutlich eine Tabuisierung der faktischen Hintergründe; es werden nicht die Konsequenzen von Handlungen sanktioniert – es soll gar nicht erst zu diesen Handlungen kommen. Das Aufkommen von Bedürfnissen der Mädchen, das ein Außeninteresse verdeutlicht, das in Verbindung zu bringen ist mit ihrem Mädchensein und Aspekte von Sexualität enthält, gilt in diesen Familien als zu früh. Erst einmal hat die Erfüllung *allgemeinerer* Normen für Jugendliche *Vorrangigkeit*. In der Unterdrückung von Bedürfnissen liegt aber bereits ein Moment geschlechtsspezifischer Sozialisationspraktik, die sich allerdings erst später auswirken kann (z. B. in Form psychosomatischer Erkrankungen).

Sexueller Mißbrauch und Doppelmoral

Neben dem Aspekt der Ambivalenz von «Hilfe und Kontrolle», verdeutlicht folgender Ausschnitt aus einem Interview mit einem der Mädchen die Doppelmoral so mancher geschlechtsspezifischen Freiheitsbeschränkungen.

E.: «(...) Ich durfte gar nix. Der hat mich auch morgens, wenn ich zur Schule gegangen bin, ich muß mich jeden Morgen vor ihm hinstellen, und er hat geguckt, was ich angezogen habe. Und wenn ihm das nicht gepaßt hat, dann hat er mich angezogen wie so 'nen Trottel. Also er ist ziemlich konservativ eingestellt. Hat mir Röcke angezogen, die mir bis zu den Füßen gingen oder na ja, ist ja egal. Und ich mußte so zur Schule gehen. Und ich bin von meinen Klassenkameraden früher gehänselt worden bis zum Geht-nicht-mehr. Dann ist mein Vater mit mir eines Tages einkaufen gegangen, in so 'n

Jeansladen. Hat mir 'ne enge Jeans gekauft. Das hat mich also sehr gewundert. Und dann wollt ich die anziehen zur Schule. Was sagt er zu mir, du ziehst die nicht an, reißt sie mir vom Leib runter und zerreißt die vor meinen Augen. Ich sag, warum Papa, du hast sie mir doch gekauft. Was, willst du auffallen und willst du Jungens anmachen. Und so was hab ich überhaupt nie im Sinn gehabt, nie. Warum, ich wollt eigentlich nur mit den anderen mitmachen können. Die tragen moderne Sachen und ich nicht. Und da hat er mir die zerrissen und hat die im Müllkorb geworfen. Dann muß ich wieder die anderen Sachen anziehen.

(...) Der hat mich dann auch immer angepackt so, aber das war wahrscheinlich nur Spaß. Der wollte die Reaktion sehen. Aber ich hab mir dann so gedacht, was hat der an meinem Körper zu suchen. Er hat seine Frau. Meine Mutter wollte, ich hab ihr das erzählt, weil ich geweint hab, weil ich Angst gehabt hab. Und ich wollte das einfach nicht glauben. (...) Ja und ich hab meiner Mutter das erzählt, und dann hat sie ihn darauf angesprochen. Meint er, was, ich wollt nur gucken, was die Reaktionen hat. Die denkt ja schon wie 'ne Frau, die sagt zu mir, du Schwein, laß das sein und so.

Dann hab ich zu meiner Mutter gesagt, Mutti, findest du, daß es falsch ist, daß ich zu Papa gesagt hab, laß das sein. Meint sie, mm, mm, der hat überhaupt nix an deiner Hose zu suchen und so. Das hat mich also geschockt irgendwo. Daß mein Vater das gemacht hat.»

Die Geschichte von E. ist kein Einzelfall. Die «behütende Kontrolle» der Väter, ihre «Sorge um die sexuelle Integrität» ihrer Töchter ist häufig genug damit gekoppelt, daß sie selbst ihre Töchter als Sexualobjekt sehen oder eben auch benutzen.

Mitarbeiterinnen aus Jugendschutzstellen berichteten, daß eine auffällige Zunahme an Aufnahmen von Mädchen zu verzeichnen sei, die sich durch Weglaufen vor sexuellem Mißbrauch zu schützen suchten. Die Mädchen kämen zwar häufig aus sozialen Brennpunkten, aber zunehmend auch aus Mittel- und Oberschicht. Eine Anzeige zum Zweck der Strafverfolgung hat für die Mädchen oft schwerwiegende Folgen. Zu massiven Drohungen durch die Väter, «Rache» zu üben, kommen häufig genug die Falschaussagen von Müttern, die ihre Ehemänner «schützen» wollen. Mädchen, die sexuellen Mißbrauch öffentlich machen, bekommen dabei oft Schuldgefühle: ihnen wird der Vorwurf der «Nestbeschmutzung» gemacht. Hinzu kommt die tatsächliche Verschlechterung der ökonomischen Situation, die ein Gefängnisaufenthalt des Vaters nach sich zieht. Die Einschüchterung seitens der Eltern wird durch Gerichte – bewußt oder angesichts der «schwierigen» Beweisführung – verstärkt. Bei Gerichtsverhandlungen wird versucht, zu klären, inwieweit eine «sexuelle Provokation» seitens des Mädchens vorliegt. Die oft viel zu milden Gerichtsurteile und die zusätzlichen Belastungen für die Mädchen führen dazu, daß häufig von einer Anzeige abgesehen wird.

Welche Wirkungen die Erfahrungen von sexueller Gewalt durch eine emotional bedeutende Person für die Mädchen hat, ist weitgehend ungeklärt. Ergebnisse eines Forschungsprojekts über «Ursachen der Heroinabhängigkeit von Mädchen» brachten allerdings zutage: zwei Drittel der interviewten Mädchen waren in ihrer Kindheit / Jugend von Vätern oder Stiefvätern sexuell mißbraucht worden.

Stationen nach dem Ausbruch

Die Fluchtpunkte, die die Mädchen anlaufen, sind vielfältig: Freunde, Verwandte, Lehrer / innen, sozialpädagogische Einrichtungen, «Straße» etc.

E.: «Ich bin zu meiner Freundin gegangen. Ich hab vorher schon mit meinem Vertrauenslehrer 'nen sehr guten Kontakt gehabt. Ich konnte immer zu ihm kommen, wenn was war. Ich konnt mit dem sprechen. Und dann hat die den Vertrauenslehrer angerufen, hat gesagt, die E. ist bei mir und so. Da hat der mich abgeholt, und dann sind wir zur Jugendschutzstelle gefahren.»

M.: «Als wir das erste Mal abgehauen sind, sind wir in Krefeld angelangt, direkt von Oberhausen nach Krefeld, dann den Peter wieder getroffen, den wir aus Oberhausen kannten, der wohnte direkt in Krefeld.»

U.: «Da war ich erst die ganze Zeit auf der Straße, und dann kam die Polizei, und dann hat sie das meiner Mutter gesagt, und dann bin ich da 'ne Zeit hingegangen. Aber weil die auch schon so viele Kinder hat, sagte die, wir haben keinen Platz mehr, die haben, glaub ich, nur drei Zimmerchen mit vier Kindern.»

Die Mädchen machen die Erfahrung, daß das Überleben auf der Straße ein Balanceakt ist zwischen Einsatz und Verteidigung ihres Körpers, des sichtbaren Ausdrucks ihres Mädchenseins.

T.: «Und dann hat uns so 'n Auto angehalten, mit zwei Jungen drin, und fragten, ob wir uns irgendwie, für die warn wir wohl Exoten, sagten sie uns. Die kennen solche Mädchen da gar nicht. Ja, wir hatten beide so 'nen alten Pelzmantel an, das war vielleicht auffallend für sie. Haben sie angehalten am Straßenrand, ob wir nicht mitfahren wollten, 'nen bißchen spazierengehen oder so. Ja, das haben wir dann auch gemacht. Dann sind wir mit zu Freunden gegangen. Und auf den Bauernhof gefahren. Völlig außerhalb. Nur riesig hoch Schnee, kalt. Und die haben dann davon gesprochen, nach Spanien zu fahren. Nach Marokko zu fahren. Oder einfach nach Afrika. Dann haben wir uns von einer Minute auf die andere überlegt, einfach mitzufahren. Sind mit denen gefahren, am nächsten Morgen oder am Nachmittag. Nach Spanien (...) Und hinterher, da war ich mit dem anderen Typen bißchen enger befreundet, der das Auto hatte, der Robert (...) Da hatten wir auch Ärger. Weil ich bin irgendwie so schüchtern gewesen. Jetzt auch Geld zu besorgen.

Ja, mit dem einen Jungen, der kam sogar auf die Idee, mich auf 'nen Strich zu schicken oder so. Endlich mal hier Kohle anschaffen.»

Bleiben die Mädchen auf der Straße, an zufälligen Bekanntschaften hängen, kommen sie oft vom «Regen in die Traufe». Wenn sie nicht mehr wissen, woher sie Geld bekommen sollen, liegt Prostitution nahe.

H.: «Kommt jetzt darauf an. Wenn ich nicht mehr weiter weiß, dann also zum Beispiel in Städten, wo ich nicht, ich war ja in Lüdenscheid, dahin komm ich jetzt nicht zurück, weil wollt ich auch schon, Strich, damit ich das Geld hätte für die Fahrkarte. So mehr aus Gelegenheit war das dann. So aus Verzweiflung, weil ich jetzt nicht mehr wußte, was ich machen sollte. Aber normal war es für mich das letzte. Na klar, wenn ich drogenabhängig wär, ja. Ich glaub, dann bleibt ja nur die Möglichkeit. Aber meistens klau ich mir was zusammen, geh zu meinem Abnehmer und hab die Kohle auf der Hand.»

Zuhälter nützen die prekäre Situation weggelaufener Mädchen systematisch aus; unter dem Vorwand der Hilfe sprechen sie Mädchen am Bahnhof an. Auf Zetteln an Litfaßsäulen im Kölner Bahnhof z. B. bieten sie kostenlose Übernachtung und Verpflegung gegen «leichte Dienste» an. Wer erst einmal in ihren Fängen ist, kommt nur schwer wieder heraus.

«Weibliche» Lebenswelt und Fluchtversuche

Aus den Gesprächen, Interviews, Briefen, Tagebuchaufzeichnungen wurde deutlich, daß die Mädchen eine hohe Sensibilität hinsichtlich der Einschränkungen ihrer Freizeitbetätigung haben. Sie erleben ihre Sozialisationsbedingungen als gegen sie gerichtete strukturelle Gewalt, oft genug gekoppelt mit körperlicher männlicher Gewalt, und zwar nicht nur gegen sie, sondern auch gegen ihre Mütter.

Die Willkür von Bestrafungen, die Ambivalenz von Ausstoßungsversuchen, die Erwartung, sich als Sexualobjekt anzupreisen und gleichzeitig jede Wahrnehmung von sich als Sexualwesen zu unterdrükken, die Zunahme an Konflikten und Kommunikationsstörungen verhindern allerdings einen Einblick in diejenigen Zusammenhänge, Strukturen und Mechanismen, die weit über die Familie hinaus Einfluß auf ihr Denken und Handeln nehmen. Das Widerstandspotential, das das Weglaufen aus unerträglichen Familiensituationen enthält, bleibt verfangen in den Begrenzungen des weiblichen Lebenszusammenhangs, der sich eben nicht auf Familie beschränkt, sondern allgegenwärtig ist. Indem die Mädchen lernen, ihre «Rolle zu spielen», ihre Lebenswelt zu meistern, erfahren sie Werte und damit eben auch die Minderwertigkeit, die an einen Körper als Waren- und Tauschwert geknüpft ist.

Die durch Gewalterfahrungen und Minderbewertung beschädigte Identität von Frauen wird bei Trebemädchen unbeschönigt deutlich. Bei ihnen reduziert sich letztlich alles auf den Tausch- und Warenwert des Körpers. Der Markt hierfür findet in aller Schärfe – ohne «Nischen» – auf der Straße statt.

So ist die Flucht für viele Mädchen eine Flucht innerhalb eines Teufelskreises. Die Stationen sind vorgezeichnet; die Mädchen können diesen Teufelskreis kaum verlassen und wenden letztlich die aufgestaute Aggression und Verzweiflung an den Ort, der Ausgang allen «Übels» ist, dem sichtbaren Ausdruck ihres Mädchenseins: gegen ihren Körper, den sie selbst zerstören oder fatalistisch zerstören lassen. Mit Glasscherben, Messern, Rasierklingen «schnippeln» sie sich unzählige Wunden ins Fleisch.

Alkohol zum Lindern dieser und anderer Wunden, Shit, weil's dazugehört; Tabletten, um «zu» zu sein – das Leben aber geht weiter …

Die Hilferufe bleiben ungehört.

«Ich bin ich, und damit basta!»

Christine K.

Ich möchte darüber schreiben, was ich früher gemacht habe, was ich jetzt mache und was sich in meinem Leben verändert hat; das ist eine ganze Menge.

Den Anfang meiner Veränderung habe ich eineinhalb Jahre lang in einem offenen Therapiezentrum gemacht, in das Drogenabhängige freiwillig kommen und ihr Leben verändern wollen. Die ganze Therapie hat bei mir ausgelöst, bewußter zu leben. Dort bin ich zum Nachdenken über mein bisheriges Leben angeregt worden. Mir wurde vorgelebt, die Masken wegzutun und Mauern abzubauen. Für mich war in der Therapie ganz wichtig, daß mir Platz gelassen wurde, rauszukriegen, wer ich bin. Es wurde kein Druck gemacht. Mir ist da auch erst klargeworden, daß Leben für mich mehr heißt, als einem Mann untertan zu sein. Ich hab vor allem auch gemerkt, daß ich selbst stark sein kann; und ich hab gelernt, meine Stärke für mich selbst einzusetzen und nicht nur dafür, um einem Mann etwas Gutes zu tun. Ich hab auch mein Konkurrenzdenken Frauen gegenüber verändert. Für mich gab's früher immer nur «Weibchen» und «Nutten», die einen Frauen fand ich schwach, die anderen stark. Ich hab in der Therapie erfahren, daß ich auch mit Frauen gemeinsame Interessen habe, auch mit Frauen reden kann, es Schwierigkeiten gab, die uns verbanden und ein Zusammenhalt untereinander da war. Früher hatte ich nie so weit gedacht, daß das auch alles mit Frauen so gut gehen kann.

Als Fixerin damals hatte ich im Grunde genommen nicht allzuviel zu melden, wie die meisten Frauen auf der Szene. Die einzige Möglichkeit, die mir blieb, um nicht unterzugehen und genug Geld fürs Gift herzukriegen, war «anschaffen gehen». Es hätte noch eine andere Möglichkeit gegeben, indem ich mir einen Typen geangelt hätte, der dealt und mich quasi mitversorgt. Aber dazu war ich erstens zu blöde (ich war noch nie eine große «Aufreißerin») und hab zweitens zu sehr an meinem Mann gehangen, der mich seinerseits schon betrog, wenn's ihm von Vorteil war. Es blieb also dabei, daß ich selbst für meine Finanzen zuständig war. Ich fand das zwar nicht immer richtig, aber weil ich's so gewöhnt war und zudem panische Angst davor hatte, daß der Mann mich allein im Schlamassel sitzenläßt, hab ich mich halt gefügt.

Ich bin ziemlich schnell und ohne allzu großen Widerstand da reingerutscht, daß ich als Frau eine untergeordnete Rolle spiele. Meine ganzen Beziehungen, abgesehen von der, die ich jetzt habe, waren alle so, daß der Mann das Sagen hatte und mich dementsprechend unter Druck setzen konnte. Das war nicht schwer, weil meine größte Angst immer die war, allein gelassen zu werden. Meine ganze Gift-Zeit war ein einziges Mich-anpassen-Müssen. Genau das, was ich eigentlich nie wollte. Damit hat ja im Grunde alles angefangen, daß ich mich gerade nicht anpassen wollte an die Gesellschaft, die mir zu den Ohren rausgekommen ist mit ihren idiotischen Regeln, der verlogenen Moral. Die Szene kam mir vor wie Erfüllung meiner Träume. Jeder tut, was er will, ist sein eigener Herr und pfeift auf die Moral. Teilweise stimmt das auch, aber dafür herrschen halt andere Gesetze, die des Überlebens, und daß dabei die Menschlichkeit oft auf der Strecke bleibt, ist klar. Anfangs hat's mir gefallen, vor allem, daß ich immer cooler geworden bin. Endlich mal, «wer sein», respektiert werden. Bürgerschreck sein, auch wenn's alles nur Fassade war. Aber mit der Zeit wurde es dann immer schwärzer um mich. Es hat mich oft angekotzt, dauernd Dinge machen zu müssen, die das Selbstwertgefühl so gemein runterdrücken, nur um nicht ganz allein in dieser Scheiße zu sitzen.

Das Schlimmste waren die lichten Momente, wo ich mich nicht mehr genug betäuben konnte, um nicht trotzdem zu erkennen, was ich für einen Mist mit mir mache und daß ich von Glück eigentlich mal andere Vorstellungen gehabt habe, als Tag für Tag auf der Straße zu stehen und auf «Freier» zu warten oder darauf, wieder mal in die Klapsmühle oder in den Knast abzuwandern, um dort Pläne zu schmieden, was ich das nächste Mal draußen wieder ganz ganz anders machen werde, und um diesen entwürdigenden Zustand einigermaßen heil zu überstehen. Trotzdem bleibt immer was hängen, ein klebriger Schmutz, der sich nicht abwaschen läßt und der auf die Dauer unerträglich wird. Wenn ich mal in so einer Stimmung war, hab ich meistens versucht, mir eine Überdosis reinzujagen, weil ich's nicht mehr ertragen konnte, weil ich noch nicht ganz tot war und ab und zu doch noch was gefühlt habe. Nämlich, daß ich mich systematisch kaputtmache und immer weiter absteige. Ich wollte dann nichts mehr sehen, hören, spüren. Ich kam mir total besudelt vor. Meine Zukunft war wie ein großes schwarzes Loch, das alles in sich hineinsaugt. Jeden Tag ein bißchen mehr und nirgendwo Licht zu sehen. Ich fand's hoffnungslos, irgendwas dran zu ändern, weil kein Krümelchen Energie übrig war dazu. Die ist restlos draufgegangen beim Ranschaffen von Gift. Und immer die Angst, keins aufzutreiben, einen Turkey zu schieben und alles vollkommen ungepanzert aushalten zu müssen. Trotzdem hab ich keinen Junkie je drüber reden hören, über diese Angst. Ist auch zu gefährlich und zu anstrengend, diese Lücke in der Mauer hinterher wieder zu schließen. Leichter ist es, erst gar keine Situation aufkommen zu lassen, die einen zu einer Entscheidung zwingen könnte.

Vor drei Jahren hätte ich mir auch nicht vorstellen können, jemals so zu leben, wie ich's jetzt tue. Daß ich kämpfen kann um jedes Stückchen Unabhängigkeit, daß ich manchmal Kompromisse schließen muß, die mir nicht passen; jeden Pfennig dreimal umdrehen und lauter solche Sachen. Oder daß ich Gefühle aushalten lerne, die manchmal so gemein weh tun. Verluste und Rückschläge einstecken muß und trotzdem noch nie so gern gelebt habe wie in der letzten Zeit. Der Unterschied liegt wohl darin, daß ich früher nur einen Blick für das Negative, Unschöne, Brutale hatte, ein richtiger Pessimist war und mich zugekniffen hab wie eine Auster, damit nur ja nirgendwo Licht durchkam. Dann hätte ich ja keinen Grund mehr zum Drücken gehabt. Jetzt hab ich übrigens wirklich keinen mehr. Am meisten freut mich, daß ich gemerkt habe, daß ich alle Kraft und Ausdauer, die ich brauche, aus mir selbst schöpfen kann, daß da ein ziemlicher Vorrat in mir drin ist und daß ich Möglichkeiten habe, den immer wieder aufzutanken. Manchmal reizt es mich, auszuprobieren, wie groß er genau ist und wo ich an die Grenzen stoße. Aber damit bin ich im Moment noch vorsichtig. Ich will nicht irgendwas rausfordern, dem ich dann vielleicht doch nicht gewachsen bin.

Was mich in meiner jetzigen Situation am meisten wurmt, ist die Abhängigkeit von allen möglichen Institutionen und dem Wohlwollen verschiedener Leute. Ich habe heuer eine Ausbildung an der Schule begonnen und bekomm's ziemlich zu spüren, daß ich früher nicht so gelebt habe, wie ich hätte sollen. Es gibt kein Gesetz und keine Regelungen mehr, die es Leuten wie mir ermöglicht, eine Ausbildung finanziert zu kriegen. Das Arbeitsamt ist nicht zuständig, weil ich nicht lange genug gearbeitet habe; das Sozialamt stellt sich quer, zahlt ein paar Monate und dann wieder ein paar Monate nicht; auf Bafög hab ich keinen Anspruch usw. Von Hilfe zur Wiedereingliederung hab ich bisher jedenfalls nicht viel zu spüren gekriegt; im Gegenteil, es ist mir schon mehr als einmal so vorgekommen, als sei es gar nicht wünschenswert, daß ich wieder auf die Beine komme. Ab nächsten Monat wird mir die Unterstützung wieder gestrichen. Ich würde sie nur dann weiter bekommen, wenn ich meine Ausbildung abbrechen und statt dessen zu Hause Däumchen drehen würde, anstatt diese Zeit sinnvoll zu nutzen. Das ist so schizophren, daß ich manchmal brüllend die Wände hochklettern könnte. Schließlich macht's mir ja ohnehin keinen Spaß, mich vom Staat ernähren zu lassen, wenn auch noch so mickrig. Aber ich hab im Moment keine andere Möglichkeit, bin voll drauf angewiesen, denn ohne Ausbildung keine Arbeit. Jetzt muß ich wieder auf die Barrikaden gehen. Ich wünschte, ich wäre jetzt schon unabhängiger, könnte es mir leisten, meine Meinung jederzeit und jedem entgegenzusetzen, könnte alles das, was ich mal tun möchte, jetzt schon tun, aber ich kann's nicht. Zumindest nicht in dem Umfang, wie ich's möchte und nur für einen hohen Preis, der mich wahrscheinlich dann endgültig die Ausbildung kosten würde. Und dazu bin ich nicht bereit. Ich hab mich früher selbst lange genug kaputtgemacht und will mich jetzt nicht von bestimmten Leuten und einem bestimmten System kaputtmachen lassen. Irgendwann in den nächsten Jahren werde ich ein ganzes Stück Boden mehr unter den Füßen haben, werde ich stärker sein als jetzt und meine Stimme lauter erheben. Was nicht heißt, daß ich deswegen jetzt alles schlucke, was ich vorgesetzt kriege. Bis vor kurzem war ich mehr auf Diplomatie und sanften, aber stetigen Widerstand eingestellt, aber so langsam habe ich die Nase voll, und ich werd wohl was unternehmen müssen. Als ehemalige Fixerin soll ich immer so eine Arme-Büßer-Haltung einnehmen, dankbar sein für jeden Pfennig, der mir gnädigerweise zugestanden wird, und wenn ich's nicht tue, wird gleich gekürzt und gestrichen. Ich hab's wirklich satt! Das ist überhaupt der einzige Punkt, wo ich mich noch verhältnismäßig viel einmachen lasse, weil ich wenig dagegen unternehmen kann. Ansonsten hab ich nicht mehr viel von den alten Fixerallüren drauf. Im Privatleben sowieso nicht. Da lasse ich mich schon lange nicht mehr unterbuttern und mach nichts mehr, was ich nicht mit mir selbst vereinbaren kann. Lieber mal einen Stunk riskieren als einstecken und schlucken. Deswegen führe ich natürlich auch keine Überbeziehung, aber zumindest eine verhältnismäßig gute, in der ich genausoviel zu sagen habe wie mein Freund und in der's mir gutgeht. Wir sind oft unterschiedlicher Meinung, aber das macht nichts. Manchmal laß ich ihm zuliebe auch irgendwas sausen, was ich gerade gemacht hätte, manchmal aber auch nicht. Das hängt davon ab, wie wichtig mir die Sache ist. Umgekehrt verhält es sich ebenso.

Ich glaub, das Wichtigste ist, daß jeder die Wahrheit über sich selbst rauskriegt, erfährt, wer er ist, ohne Beschönigung und ohne Resignation. Für mich war das jedenfalls das Wichtigste. Mir braucht niemand mehr mit erhobenem Zeigefinger zu kommen. Das zieht nicht mehr, weil ich meine Schwächen und meine Stärken kenne und selbst für mein Handeln die Verantwortung tragen kann, auch wenn ich Fehler mache. Jedenfalls resigniere ich nicht mehr, wenn was nicht so klappt, wie ich's mir denke. Es dauert oft seine Zeit, bis ich glaube, den richtigen Weg gefunden zu haben, und wenn ich ihn dann einschlage, kommt er mir plötzlich wieder verkehrt vor, aber da bin ich wohl nicht die einzige, der's so geht.

Im großen und ganzen find ich es schwieriger, ohne Drogen zu leben, aber viel befriedigender, weil ich immer wieder einen Sinn finden muß für das, was ich tue. Es geht einfach nicht mehr, daß ich so vor mich hin lebe, gedankenlos und bequem wie eh. Das geht wohl mal für eine kurze Zeit, dann werde ich unzufrieden, launisch, deprimiert. Im Gegensatz zu früher, mach ich mich jetzt nicht mehr durch irgendwelche Drogenstimmung «zu», sondern versuch rauszukriegen, was mit mir los ist, was verkehrt läuft und was ich dagegen machen kann. Ich hör viel mehr auf mein Gefühl, und bis jetzt hat es mich selten getäuscht. Wenn ich die Zeit zurückdrehen und noch mal ganz von vorn anfangen könnte, ich glaub, ich würde es wieder genauso machen. Denn gerade durch die Sucht und den Abstieg hab ich unwahrscheinlich viel gelernt, was ich nicht mehr missen will. Ich sehe meine Giftzeit auch nicht als etwas an, wogegen ich den Rest meines Lebens nun ankämpfen muß. Vielleicht klingt's ein bißchen überheblich, aber ich seh's als eine Entwicklungsstufe an, als einen Versuch, mit mir und meinen Problemen klarzukommen, der fehlgeschlagen ist und nur noch zusätzliche Probleme geschaffen hat. Deswegen verharmlose ich es nicht, ich nehm's sogar sehr ernst. Ich mag nur nicht immer wieder darin rumwühlen und mir den Stempel «Ehemaliger Fixer» aufdrücken lassen. Ich bin ich und damit basta, und so will ich auch genommen werden. Weder als armes Würstchen noch als coole Braut. Ich bin weder das eine noch das andere, wenn auch sicher von jedem ein bißchen was in mir drinsteckt. Aber Gott sei Dank nicht nur davon.

«Ich hatte keinen Nerv mehr ...»

Renate S.

Ich bin 1963 in Berlin geboren. Meine Eltern sind geschieden, mein Vater ist Kohlenarbeiter und lebt in Berlin, meine Mutter seit 1980 in Westdeutschland.

Die Scheidung wurde 1977 abgeschlossen, ich glaube, weil mein Vater alkoholabhängig ist, den wahren Grund weiß ich eigentlich nicht.

Ich wuchs mit meinem Stiefbruder, der ein Jahr älter ist, im gemeinsamen Elternhaus auf. Ich war damals ein erwünschtes Kind von meinen Eltern gewesen.

Das Verhältnis zu meinem Vater war sehr gut. Ich bekam oft Liebe von ihm und konnte mich auch mal ausheulen, aber irgendwo war es immer begrenzt, weil er nach der Arbeit kaum Zeit hatte. Ablehnung bekam ich immer dann, wenn er voll war, aber meistens versteckte ich mich im Zimmer, auch, weil meine Eltern sich öfters anbrüllten.

Zu meiner Mutter kann ich halt sagen, daß da irgendwie 'ne Verwechslung vorliegt, d. h., ich bekam für meine Fehler, die ich in der Schule machte oder zu Hause, Schläge und meist mit so einem Scheiß-Rohrstock. Ich hatte ziemliche Angst vor meiner Mutter; besonders wenn die Noten von Klassenarbeiten schlecht ausfielen, bekam ich die Hosen voll.

Ich hatte durch meine Ängste Komplexe in der Schule, ich kam im Unterricht nicht mehr mit. Mein Bruder hat mich ab und zu unterstützt in Hausaufgaben, aber es hat nicht geholfen. Meine Mutter war ziemlich streng zu mir, sie verteilte Stubenarrest, ob bei gutem oder schlechtem Wetter. Und das ging mir sehr nah. Ich konnte fast nie vor meiner Mutter heulen, weil ich Angst hatte, daß ich wieder was hinter die Ohren bekomme, wenn ich Gefühle zeige. Wir hatten nie eine Basis gefunden, und das machte mich traurig und eifersüchtig, weil mein Bruder einen guten Draht zu meiner Mutter hatte.

Das Verhältnis meiner Eltern untereinander war mal gut und dann wieder drunter und drüber. Ich hatte einfach kein Gefühl, daß es ehrlich abläuft und daß die beiden sich wirklich geliebt haben. Und ich denke mir, daß sie sich im Sex auch kaum verstanden haben; ob es anders ist, haben sie mir nicht bewiesen.

Und dann war 'ne Phase, wo alles wieder gut lief zu Hause, aber mit

so 'ner komischen Spannung im Raum. Mir war es teilweise sehr seltsam, wenn meine Eltern keine Auseinandersetzung hatten, aber auf
der anderen Seite war ich froh. Ich versuchte jede Gelegenheit, daß
meine Eltern wieder zusammenkommen, ich machte meist Frühstück
oder umarmte alle beide. Ehrlich gesagt, wollte ich damit auch die
Aufmerksamkeit meiner Mutter auf mich lenken, um zu zeigen, daß
ich sie brauchte. Ab und zu kam was rüber, indem sie mich in den
Arm nahm.

Na ja, als ich 13 Jahre alt war, ging wieder der Streit los zwischen
meinen Eltern, und in der Schule war ich auch immer noch schlecht.
Mein Bruder war wie immer die «Eins» in der Chaoten-Familie. Ich
bekam wieder Schläge und wieder Stubenarrest. Und dann hatte ich
die Schnauze voll. Ich fing an, meine Mutter zu hassen. Einmal habe
ich gesagt: «Ich will dich nicht als Mutter haben.» Sie war darüber
sehr traurig und versuchte einen Weg zu finden, daß es besser läuft.
Aber ich habe mich nicht darauf eingelassen. Meine Mutter wurde
nach einer Zeit schwer krank, und da bekam ich Angst und auch ein
Gefühl zu meiner Mutter, was ich früher mal hatte, Liebe oder so. Na
ja, ich bekam kaum noch Schläge, weil ich die Schmerzen nicht mehr
spürte und weil meine Mutter keinen Sinn mehr darin sah.

Eins weiß ich noch, ich wollte lieber ein Junge sein als ein Mädchen.
Vielleicht hätte ich die gleichen Rechte bekommen und wäre als star-
ker Junge akzeptiert und hätte dann meinem Bruder öfters eine run-
tergehauen, oder wir wären gute Brüder geworden. Meine Eltern hatten öfters den Satz in den Raum geworfen – wärst du mal ein Junge
geworden; Mädchen, die auf Bäume klettern und mit Autos spielen,
sind nix. Alles nur Jungssachen. Ich haßte Puppen und Kleider.

Mehr weiß ich nicht. Jetzt kommt der Tag, wo meine Mutter die
Scheidung einreichte, genau an meinem 13. Geburtstag. Als mein Vater das las, ging abends beim Ins-Bett-Gehen der große Krach los, und
es war das erste Mal, daß ich mitbekommen habe, daß sie sich schlu-
gen und mit Gegenständen beschmissen. Ich war am Schreien: «Hör
auf, Papa» und heulte los. Für mich war es der schrecklichste Tag, den
ich bis heute nicht vergesse. Ich bin rausgerannt und schrie im Hausflur weiter. Mehr weiß ich auch nicht, jedenfalls hatte ich Angst und
einen Schock weggehabt. Es dauerte Wochen, bis ich zur Ruhe kam,
und das war im Heim.

Bevor ich ins Heim kam, riß ich von zu Hause aus, weil mein Vater
auszog und ich nicht zu ihm konnte, weil er trinkt, und das Jugendamt meinte, er könnte mir nicht das geben, was mir eine Mutter geben

könnte. Ich verstand das alles nicht, was die auf dem Amt sagten, mein Ziel war mein Vater. Aber ich mußte doch zurück zu meiner Mutter.

Ja, dann beklaute ich öfters meine Mutter, ging auf Trebe und nahm Alkohol in kleinen Mengen zu mir. Für mich war das Ersatz für meine Eltern, was soll es sonst sein.

Und den ganzen Scheiß machte ich ein paar Monate und entschloß mich dann, ins Heim zu gehen. Meine Mutter zeigte keine Widersprüche oder Gefühle. Nein, sie war mit meinem Entschluß einverstanden, und mein Bruder war auch froh – oh, ich spürte es richtig. Ich sehe heute noch seinen schmierigen Gesichtsausdruck. Für ihn war ich die doofe, kleine Problem-Schwester und mehr auch nicht. Ich war froh, daß ich mein Elternhaus verlassen habe, es mußte einfach so für mich kommen. Mein Bruder und meine Mutter brachten mich also Ostern '77 in ein Mädchen-Wohnheim. Ich hatte trotzdem Angst vor dem Fremden und Neuen. Ich ließ meine Gedanken so spielen, daß ich mit gutem eingeredetem Gefühl vor dem Heim stand und einfach reinging. Der Abschied von meiner Mutter tat doch ganz schön weh, und wir mußten auch zusammen losheulen und haben uns ganz doll umarmt. Ja, und dann stand ich ganz alleine im großen, fremden Haus. 'ne Erzieherin stand unmittelbar in meiner Nähe. Sie zeigte mir dann mein Zimmer und meinte, wenn ich fertig bin mit Einräumen, trinken wir einen Kaffee zusammen, okay? Für mich klang es weich und zart; es war schön für mich, als ich es fühlte.

Na ja, ich hatte ein Einzelzimmer bekommen, es war klein, aber gemütlich. Im Haus waren 13 Betten, Tagesraum, Küche, Keller, 2 Dienstzimmer und noch andere Räume, es war ganz schön groß, aber echt toll. Wie in einem Museum oder Tempel empfand ich es. Ich hatte früher unheimlich viel rumgesponnen und phantasiert, was mir manchmal Spaß gemacht hat.

Abends kamen dann die Mädchen ins Heim zurück, wie an einem Laufband. Oh, mir war schon ganz flau im Magen, und ich traute mich auch kein Wort zu sagen. Ich saß wie ein Stein auf der Couch, aber die Mädchen waren okay, jedes stellte sich vor, und sie stellten mir 'ne Menge Fragen, wobei ich mir langsam sicherer wurde, mit mir und meinem Erzählen.

Nach Wochen kannte ich mich im Haus aus und bekam Vertrauen zu den Mädchen und Erzieherinnen. Ich wußte, wann der Wechsel stattfand zwischen den Erzieherinnen und stellte mich auf die Personen ein, die ich nicht leiden konnte.

Bei uns hatte auch ein Mann Dienst gehabt, der aber nur im Frühdienst arbeiten durfte, da wir Mädchen abends allein im Haus waren und die Haupttüren abgeschlossen sind und jeder bei uns ins Zimmer konnte und uns in sexueller Hinsicht was antun. Was sogar früher mal vorgekommen ist und der Typ darauf entlassen wurde. Klar, ich hatte schon ein komisches Gefühl, wenn der Mann Dienst hatte, aber wiederum sagte ich mir, daß abends 'ne Frau im Dienst ist, und da kann ja nichts passieren. Und nach 15 Uhr muß er das Heim verlassen. Manchmal war der Typ in Ordnung, dann konnte man mit ihm rumalbern. Ich merke, daß ich jetzt nur noch von dem Typ schreibe, ich werde jetzt mal zum Kern der Sache kommen. Ein Mädchen aus dem Heim, sie war damals 15 Jahre alt, ist auf den Typ abgefahren. Jedenfalls ist zwischen den beiden was abgelaufen und eines Tages, er hatte Dienst, es war an einem Freitag, wo wir Großputz machen mußten, Anette mußte die Treppe putzen, und der Typ war bei schlechter Laune und jedenfalls hat er Anette getreten und geschlagen. Meine Freundin und ich sahen es und sind gleich zur Heimleitung gegangen. Erst haben sie uns nicht geglaubt, aber wir forderten, daß der Typ keinen Dienst mehr machen sollte, sonst würden wir streiken. Wir Mädchen haben früher toll zusammengehalten, so daß wir es auch durchbekamen, daß er entlassen wurde. Für mich war er ein Schwein. Und seitdem wurden auch nie wieder Männer eingestellt.

Ich kam in die Heimschule und war in der 8. Klasse. Und selbst so im Unterricht habe ich nur Scheiß gemacht und blieb oft der Schule fern, so daß ich auch sitzengeblieben bin und die 8. Klasse noch mal machen mußte. Ich weiß nicht, warum ich die Schule so haßte. Den anderen Mädchen ging es auch so, wir powerten nur mit den Lehrern rum.

Und im Heim wurde mir immer mehr klar, daß es eine Rangordnung gab, entweder sich fertigmachen lassen von den anderen oder selber was zu machen, damit du keinem die Schuhe küßt. Ich bekam oft eins aufs Maul und hatte auch mal ein blaues Auge. Und dann wurde es mir zuviel, mich schlagen zu lassen. Mein Frust und mein Haß haben mich so weit gebracht, daß ich zurückgeschlagen habe und dann einfach drauflosschlug, bis ich nicht mehr konnte. Von da an merkte ich, daß es mir von meinen Gefühlen her besser ging und ich nicht mehr alles bunkerte und mir alles gefallen ließ. Ich bekam immer mehr Selbstbewußtsein und spielte es so weit aus, daß ich oft nicht wußte, wann sind die Grenzen, aufzuhören zu schlagen oder zu sehen, daß derjenige Schmerzen erleidet.

Da wir jeden Freitag nach dem Großputz Taschengeld erhielten, ging ich mit meinen Freundinnen saufen, oder wir schleppten den Alkohol ins Haus rein, so daß es keiner mitbekam von den Erzieherinnen. Und am Freitag wurde es zur Gewohnheit, Alkohol zu trinken. Dadurch wurde ich noch aggressiver und wollte mir auch öfters die Pulsadern aufschneiden.

Damals habe ich alles getan, um mich selbst zu verstümmeln, ich war unzufrieden mit mir selbst. Im Grunde genommen ging es mir gut im Heim, ich hatte alles, was ich brauchte. Wir haben mit dem Geld aus der Gruppenkasse gemeinsam Sachen unternommen, Essen gehen, Kino oder Tanzen, mit den Erziehern natürlich, was manchmal ziemlich anstrengend und aufregend war.

Mit der Gruppe war ich den Jungs über, viel stärker und sicherer, daß ich mir Sprüche erlaubt habe, ohne Angst, daß die Gruppe mich im Stich läßt, wenn's drauf ankommt. Mich haben die totalen Mackertypen angekotzt, die ihre Bräute wie Puppen vorgeführt haben und die Bräute darauf eingebildet waren und stolz, wenn sie so einen starken Idioten hatten – Kotzbrocken sozusagen. Ich hatte in der Heimzeit auch ein paar Freunde gehabt, die ich der Erzieherin vorgestellt habe, was das für ein toller Typ sei. Die ganze Beziehung zu einem Jungen lief nur auf sexueller Basis und ab und zu ein paar Wörter reden. Nee, Befriedigung hatte ich fast nie gehabt, sobald der Typ seinen Orgasmus hatte, war das Spiel schon aus, und dann ging's meist darum, wer am schnellsten angezogen war. Ich habe immer wieder das gemacht, was der Typ verlangt hat, um ihn nicht zu verlieren, wenn ich schon mal verliebt war.

Ja, dann hatte ich mit meinem letzten Typ eine heftige Auseinandersetzung, bekam Ohrfeigen, und wir gingen auseinander. Er hatte 'ne andere Freundin, und ich habe ihn gelangweilt. Und das tat unheimlich weh – die Trennung –, obwohl ich sie andererseits erhofft hatte, weil es mit ihm nicht anders lief als mit den anderen Typen. Für mich hat es eine Zeit gedauert, bis ich darüber hinweg kam, aber nur mit Alkohol.

Ja, dann blieb ich 'ne Weile alleine, ohne was mit einem Jungen zu tun haben zu wollen. Im Heim fingen mich auch plötzlich Mädchen an zu interessieren, auch aus dem Grund, weil immer wieder welche gesagt hatten, es sei schön, mit einer Frau zu schlafen. Oder zusammen zu sein, was ich eigentlich nicht glauben konnte. Ich habe damals Frauen mit Typen in einen Sack gesteckt und das gleiche von ihnen gedacht wie von einem Mann. Wie eine Puppe aufziehen und tanzen lassen, ohne Ansprüche zu haben und Recht in Anspruch zu nehmen.

Und so fing ich an, Frauen zu beobachten oder mit ihnen Kontakt aufzunehmen, um für mich herauszubekommen, was an dem Gerücht dran war über Frauen.

Ja, und dann bekam ich im Heim meine erste Freundin, ich glaube, 16 oder 17 Jahre war ich da. Jedenfalls hatte ich die erste und schöne Erfahrung mit einer Frau. Und von da an hatte ich nur Sympathien für Frauen. Ich habe unheimlich viel mit meiner Freundin gemacht, wir mußten alles gemeinsam tun, aber ich hatte auch Schwierigkeiten, besonders in der Gruppe, wenn wir über Lesben geredet haben und die anderen mich gefragt haben, was ich davon hätte, nur was mit Frauen zu machen. Das war mir irgendwo peinlich, meine Erfahrungen zu erzählen, und so log ich die Gruppe an. Ich hielt es versteckt, weil ich mir nicht sicher war, ob ich wirklich eine Freundin haben wollte oder ob ich nur die Erfahrung machen wollte, wie es ist mit einer Frau. Irgendwann konnten wir es dann nicht mehr versteckt halten, weil unsere Gefühle zueinander stärker wurden und schließlich jede wußte, was los war. Wir haben uns dann offen damit auseinandergesetzt, und jede hat es akzeptiert und uns auch deswegen nicht schlechtgemacht. Im Gegenteil, wir konnten uns frei bewegen im Haus und unsere Gefühle rauslassen im Beisein anderer. Ich war mit meiner Freundin fast vier Monate zusammen, und dann sind wir auseinandergegangen, warum, weiß ich nicht.

Dann fing ich wieder an zu trinken und machte wieder nur Scheiße – Schule schwänzen, kloppen und klauen gehen. Ich hatte einfach den Durchblick verloren, fühlte mich alleine gelassen und was weiß ich, was noch so hochkam bei mir. Im Heim ist so viel abgelaufen, daß es ziemlich schwer ist, alles zu beschreiben.

Ich hatte die 8. Klasse geschafft und durfte in die Außenschule gehen, d. h. eine normale Schule, die irgendwo im Bonzenviertel ist.

Ich wußte nicht, daß ich Alkohol brauchte, für mich war es wie eine Regel, beim Aufstehen, Frühstück und dann in die Schule. Ich hatte viermal eine Alkoholvergiftung. Bei uns im Heim war es halt die Zeit des Alkoholismus. Ich bin nie alleine besoffen im Heim gelandet, es gab immer Frauen, die alles mitmachten. Die Erzieherinnen versuchten, für mich 'ne andere Alternative zu finden, damit ich Abwechslung habe und von dem Zeug runterkomme, bevor ich richtig abhängig werde. Und da fing ich an zu malen und habe mitgeholfen, das Haus zu renovieren oder habe unseren kleinen Garten vor dem Haus auf Schwung gebracht.

Ich hatte viel Spaß gehabt, bekam viel Zuneigung und Liebe von den Mädchen und den Erzieherinnen, daß ich meine Freundin vergessen konnte, und anstatt Alkohol zu kaufen, hatte ich Platten und Klamotten. Ich gab mir sehr viel Mühe in der Schule, auch weil ich den anderen eine

Freude machen wollte. Später sah ich auch ein, daß ich durch Schlagen nicht viel erreichen konnte, sondern praktisch nur Freunde verlor. Und so fand ich für mich alleine mein Leben zurück, ohne zu schnippeln, also mir die Pulsadern aufzuschneiden. Ich wollte mir mein Leben anders aufbauen und hatte viele Träume: 'ne Wohnung, wo mich meine Eltern mit offenen Armen empfangen, mit einem Hund und mit 'ner Freundin, die immer bei mir ist. Diesen Traum hatte ich niemand erzählt, er war mein Schatz.

Ja, und im Sommer sind wir verreist zusammen, meist haben wir gezeltet, das war toll. Abends 'ne Nachtwanderung durch den Wald und ein Feuerlager und Kartoffeln gebraten. War echt toll. Auch Weihnachten, Ostern, Silvester oder Geburtstag waren super. Wir haben immer was losgemacht und Feten veranstaltet und die Mädchen aus den anderen Häusern eingeladen.

Und nach ein paar Monaten bekamen wir eine Neue ins Haus. Als ich sie sah, bekam ich ein tolles Gefühl zu ihr und nahm sie freundlich auf. Sie bekam ein Zimmer neben meinem. Gleich die erste Nacht hatte ich von ihr geträumt und mir vorgestellt, mit ihr zusammen zu sein. Na ja, und dann hat es sich so entwickelt, wir wurden die besten Freundinnen. Oh, ich weiß noch, daß ich ziemlich stolz auf sie war und sehr gerne Hand in Hand mit ihr durch die Straßen ging. Sie hat mich ihren Eltern vorgestellt, und die haben mich total so aufgenommen, wie ich war. Ich durfte mit zum Nachturlaub, und wir haben viele Dinge unternommen. Zu ihrer Mutter habe ich sehr viel Vertrauen gehabt, und mit ihrem kleinen Bruder habe ich gerne gespielt. Meine Freundin war die erste Frau, in die ich mich richtig verliebt hatte und wo ich für unsere Freundschaft gekämpft habe – besonders im Heim war es schlimm. Ein paar Frauen fanden G. toll, ein paar andere mich, so daß immer jemand versuchte, uns auseinanderzubringen. Jede war auf jede eifersüchtig. G. und ich haben uns immer mehr gegenseitig gefesselt und auch gegenseitig verboten, je alleine irgendwo hinzugehen oder mit anderen zusammen zu sein. Nach fast einem Jahr war unsere Beziehung total chaotisch und schlimm. Unsere Liebe und das Festklammern brachte uns dazu, wieder zu trinken, und sie fing auch an, zu schnippeln und die Schule zu schwänzen. Ich habe wieder mitgemacht. Unsere gegenseitige Eifersucht war so finster, daß wir wie Wölfe waren; jede versuchte, die andere zu vernichten. Trinken, Pulsadern aufschneiden. Aber durch das ganze Theater sind wir zusammengeblieben, unsere Liebe war stärker als unser Verstand.

Dann lernten wir die Diskothek «Sound» kennen, wo nur progressive Musik gespielt wurde und sich alles aufhielt, vom Kiffer bis zum Fixer. Meine Freundin hat erzählt, was abläuft und was man alles bekommt. Dann nahmen wir Trips und Haschisch zu uns. Dabei sind wir geblieben und sind regelmäßig im «Sound» gewesen und kamen angeheitert ins Heim. Jedenfalls wurden die Drogen bekannt im Heim, aber nur unter uns Mädchen, die Erzieherinnen haben nie was mitbekommen.

Bei Hasch habe ich eigentlich nicht viel empfunden, außer daß ich manchmal mit meinen Gedanken woanders war, als wo ich sein wollte. Bei den Trips war es das erste Mal phantastisch. Lauter bunte Farben gesehen, Wände, die auf einen zukamen oder einem zulachten, und du konntest dir Figuren ausmalen, die deine Welt waren und die ganz anders waren als die Wirklichkeit.

Jedenfalls hatten G. und ich wieder ein tolles Verhältnis miteinander durch die Drogen. Der Alkohol war für uns nicht mehr wichtig, wir hatten was Besseres gefunden.

Aber dann haben später unsere Erzieherinnen gemerkt, daß wir Drogen nehmen, ich denke, daß uns einer verpfiffen hat. Wir bekamen «Sound»-Verbot, und eine Erzieherin wollte Anzeige erstatten, weil der Besitzer Jugendliche Drogen konsumieren läßt. Es gab einen Riesenkrach, und wir gaben das Versprechen ab, nie wieder dorthin zu gehen. Aber wir taten es natürlich doch. Beim vierten Trip kam ich auf den Horror und mußte für einen Tag ins Krankenhaus. Dort bekam ich Valium zur Beruhigung, und dann sollte ich ins Heim zurück, aber ich hatte Angst, da meine Mutter nun auch langsam wußte, was los ist. Sie war auch da im Heim, und alle haben auf mich gewartet. Um den Krach und die Kritik zu vermeiden, bin ich abgehauen und war eine Woche bei einem Typ, den ich vom «Sound» kannte. Meine Freundin war natürlich unheimlich sauer auf mich, denn sie bekam die ganze Power ab. Dann tauchte ich wieder auf und führte ein Gespräch mit meiner Erzieherin. Ich habe mich dabei richtig ausgelassen und meine Probleme erzählt, was eigentlich abläuft mit mir und meiner Freundin. Es gab keine Strafe und keinen Ärger.

Na ja, zu meinem 17. Lebensjahr ist meine Mutter abgehauen nach Westdeutschland. Sie hat im Heim angerufen und gesagt, sie will ein neues Leben anfangen. Oh, das hat so weh getan, ich mußte voll losheulen, so daß ich nichts mehr zu meiner Mutter sagen konnte. Ich wurde danach sehr krank und lag mit hohem Fieber im Bett. Ich fühlte mich so alleine gelassen von ihr, daß ich sie vom Kopf aus haßte.

Ich kam dann in die 9. Klasse und ging dann mit Hauptschulabschluß ab. Ich hatte keinen Bock mehr auf Schule und wollte arbeiten gehen. Ich wollte gerne Pferdewirtin werden, aber mit diesem Wunsch hatte ich keinen Erfolg. Dann ging ich als Putze, bei Wienerwald, Bolle. Ich habe es nicht geschafft, länger als eine Woche zu arbeiten, wieder aufhören und wieder anfangen. Ich hatte weiterhin Drogen genommen, also Alkohol und Hasch. Ich hatte keinen Nerv mehr auf mich und die Welt.

Dann hat das Heim gedroht, wenn ich nicht arbeiten gehe, muß ich raus und komme woandershin. Also nahm ich jeden Tag die BZ und suchte und suchte. Ich hatte Angst rauszufliegen, auch wegen meiner Freundin. Ich war ca. 1½ Jahre arbeitslos und fand dann eine Stelle im Krankenhaus. Oh, Mann, als ich dort mehr als eine Woche ausgehalten habe, haben wir im Heim gefeiert, und so dachte ich, es zu schaffen, nicht aus dem Heim zu fliegen.

Aber dann ist es passiert: meine Freundin machte Schluß mit mir. Ja, es war aus und vorbei, für immer. Da bin ich total fertig gewesen, es fehlen mir die Sätze, wie ich da meine Gefühle ausdrücken soll.

Ja, mit der Arbeit ist dann auch nicht mehr viel gelaufen, nach fünf Monaten kam die Kündigung. Danach bin ich raus aus dem Heim – alles kam auf einmal, und alles ging schnell über die Bühne. Die Trennung vom Heim und von meiner Freundin war wie damals, als ich von meinem Vater getrennt wurde.

Ich wurde zum Kindernotdienst überwiesen, der mich für die Zwischenzeit aufnahm. Dort war ich ziemlich freigestellt, mit Ausgang, Sachen einkaufen usw. Dann traf ich dort 'ne alte Freundin wieder, die mit Drogen zu tun hatte. Ich wußte zwar, daß sie im Heim gekifft hat und Trips geworfen, aber nicht, daß sie drückte. Ich hatte von Heroin keinen blassen Schimmer. So, als ob mir ein Alkoholiker sagt, wie gut die und die Marke schmeckt, ohne daß ich Alkohol kenne und es einfach ausprobiere.

Und so war es mit dem Heroin, meine Freundin nahm mich mit auf die Potsdamer Straße (Scene), da sie sich was holen wollte. Ich also mit, um zu wissen, wo sie sich aufhält und wo überhaupt was läuft. Es war schon ziemlich dunkel draußen, und wir warteten ziemlich lange in einem Imbiß auf einen Typen, den man als Dealer bezeichnet. Meine Freundin ließ mich im Imbiß alleine, ich sollte auf sie warten. Ich trank Alkohol und schaute mich um. Die Frauen und Typen waren sehr blaß und hatten dunkle Augenränder. Ich weiß noch, daß ich Angst hatte vor den Leuten, und so verhielt ich mich cool und ruhig, bis meine Freundin zurückkam. Ich blieb dann zwei Tage weg vom Heim, weil wir anschließend zu ihrem Stammfreier gefahren sind und dort schliefen. In der ersten Nacht sah ich zum erstenmal, wie meine Freundin sich einen Druck gesetzt hat und dem Freier einen runterwichste. Diese beiden Anblicke verfolgten mich im Schlaf. Und am nächsten Morgen ist meine Freundin abgehauen, und ich war alleine mit dem Typ in der Wohnung. Nachmittags ist es dann passiert, er gab mir Geld, und ich wichste ihm auch einen, dann kam er mit auf die Potsdamer, wir besorgten Dope, und ich sniefte es, weil ich Angst vor der Nadel hatte. Der Freier wußte bereits, daß ich eine Anfängerin war, und fragte mich, ob ich anschaffen gehe. Auf die Frage hin sagte ich nur: Ja – und war ruhig. Und er lachte mich nur noch an und sagte: «Wenn du Geld brauchst, kannst du jederzeit zu mir kommen, also mach's gut.» Als er weg war, wollte ich zurück ins Heim, einfach zurück, obwohl ich durchs Sniefen eigentlich ein tolles Gefühl gehabt habe. Im Heim hatte ich keinen allzu großen Ärger gehabt, und keiner hat bemerkt, was mit mir los war, mir war es auch regelrecht scheißegal.

Beim Ins-Bett-Gehen dachte ich an das Zeug, den Typ, an die Leute vom Imbiß, und es war ein Gefühl, daß ich wieder was von dem Zeug wollte. Geld wußte ich ja nun, wo ich es bekommen und wo ich zur Not schlafen konnte. Es ging mir die ganze Zeit im Kopf herum, und ich habe es total verherrlicht. Trotzdem blieb ich die nächste Woche fast nur im Heim und machte irgendwas, was mir einfiel. Ja, und dann kam 'ne Beschwerde, ich soll mir 'ne Arbeit suchen, oder sie können mich auch hier nicht länger behalten. Also ich wieder eine BZ vor die Nase, und sofort kam dann aber auch wieder das Gefühl von dem Zeug – Heroin – hoch. Mich hat alles so genervt, daß ich alles liegengelassen habe und abgehauen bin zu dem Typ und wieder gesnieft. Ich merkte nur, daß meine Gedanken und Träume jeden Tag, jede Nacht nur noch um das Dope kreisten, das Dopegefühl immer geiler wurde nach drükken, mal zu drücken. Kurz bevor ich 18 Jahre alt wurde, flog ich aus dem zweiten Heim. Da für mich nun kein Heim mehr zuständig war außer der Heilsarmee, kam ich dorthin und blieb einen Tag. Haute ab und zog zu dem Freier, weil ich weiter keinen hatte. Am nächsten Tag holte ich mit dem Typ meine Sachen und wohnte von da an bei ihm.

Eigentlich fing da der Teufelskreislauf oder die Hölle an – mit Dope, Anschaffen usw., was ich nicht wußte, ich wußte nicht, was auf mich zukommt und was die Abhängigkeit vom Dope und vom Freier beinhaltet – Stress, Ekel und Herumrennerei. So als ob ich in einen Kanal gehe, ohne das Ende zu sehen.

Ich wohnte bei dem Typen fast vier Monate, und in der Zeit entwikkelte sich Haß, Eifersucht und Besitzergreifen. D. h., der Typ hat mich gefesselt und kontrollierte mich ständig. Ich verdiente mir das Geld durch ihn, indem ich mit ihm schlafen mußte.

Dann habe ich am Kudamm einen Typ kennengelernt, in den ich mich verliebt habe. Der Typ hat mir dann den ersten Schuß gesetzt. Ich sah, wie er alles zurechtmachte, die Nadel in die Vene drückte und abschoß. Ich war total weggetreten, es kribbelte im Körper, und mir wurde schlecht, daß ich mich übergeben mußte. Dann war wieder ein geiles Gefühl da.

Ich erzählte meinem Freund, wo ich wohne und was das für ein Typ ist. Da bot er mir an, ich soll zu ihm ziehen und nicht mehr bei diesem Freier bleiben. Auf das Ding habe ich mich auch eingelassen, weil ich dachte, bei ihm habe ich es besser, und so zog ich um. Der Freier hat nicht viel gesagt.

Mein Freund und ich waren dann jeden Tag auf dem Kudamm, ich mußte anschaffen gehen, und er hat mir 'ne Zeitlang den Schuß gesetzt, so lange, bis ich es selber machen konnte. Irgendwie habe ich unser Zusammensein nicht geschnallt. Er schickte mich auf den Babystrich und holte dann Dope und machte mir den Schuß. Bis ich irgendwann geschnallt habe, daß er ein Zuhälter war, zwar nicht in dem Sinne, wie man es sonst versteht, aber für mich war es gleich. Es sah finster aus für mich. Ich konnte mich nicht trennen von ihm, ich war angewiesen auf ihn, und dann war da ein Gefühl zu glauben, daß ich ihn liebe. Der Kopf hat es mehr ausgelöst, um es zu glauben, als vom Inneren. Und was das Miteinander-Schlafen anbetrifft, so kam ich nie zu 'ner Befriedigung, auch wenn ich mir Mühe gegeben habe. Ich lag einfach da wie ein kalter Stein, stumpf und ohne warme Gefühle. Mich hat es einfach angewidert, seinen und von den Freiern die abgefuckten Schwänze zu sehen, zu spüren und anzufassen. Auch meine Schmerzen dabei habe ich weggedrückt, um nicht zu zeigen, wie schwach ich war. Immer die Coole bleiben.

Jedenfalls brauchte ich am Anfang nur wenig Dope, dann wurde es immer mehr. Die erste Zeit war es noch gut mit Geld, dann waren schlechte Zeiten für uns, und wir fingen an, seine Wohnung leerzuräumen. Alles, was Geld gebracht hat, das setzten wir für Dope um. Dann war die Wohnung leer, und wir mußten auch die Miete wieder bezahlen. Also blieb mir nichts anderes übrig, als wieder zu meinen Stammfreiern zu gehen. Durch die Hilfe eines Freiers, den ich dann ausgetrickst habe, kriegte ich eine eigene Wohnung und zog mit meinem Freund da ein. Ich weiß nicht, ich glaube, vier Monate waren wir zusammen, dann habe ich ihn rausgeschmissen, nachdem wir uns eine Woche lang gestritten haben. Auch weil das Geld für Dope für zwei nicht mehr ausreichte. Ich ging wieder anschaffen, jeden Tag und jede Nacht. Meist war ich gegen zwei Uhr morgens zu Hause und manchmal auch gar nicht. Ich hatte keinen Bock auf Sauberkeit oder Aufräumen. Meine Wohnung sah aus, als wenn 'ne Bombe eingeschlagen hätte, dann hatte ich mir noch einen Hund angeschafft. Meine Wäsche habe ich vielleicht ein- bis zweimal im Monat gewaschen und mich selbst genauso. Jedesmal auf den Bahnhof Zoo gehen und 10 DM zahlen für Waschen, hatte ich einfach keinen Bock, und auch die Zeit spielte eine Rolle. Ja, mal bin ich bei einem Freier, wenn die Gelegenheit da war, unter die Dusche gegangen. Meine Wohnung gab ich nach vier Monaten auf, ja, alles habe ich aufgegeben, meinen Hund, meinen Platz zum Schlafen und sogar das Sozialamt, von dem ich immer noch ein bißchen Geld bekam. Ich hatte Mietrückstand, dann bekam ich nur Essensscheine, alles nur auf Schein. In der Zeit, in der ich meine Wohnung hatte, hatte ich auch eine Bewährungshelferin, bei der ich mich dann auch nicht mehr gemeldet habe.

Und so fing für mich das Leben auf der Straße richtig an, meine ganze Zeit verbrachte ich im Imbiß, beim Anschaffen, in einem Hausflur zu pennen. Dann war gerade Winterzeit, ich habe ziemlich gefroren, meine Hände waren angeschwollen durch die Kälte und meine Füße auch … Ich stellte mich in irgendeine Ecke, um mir Wärme zu verschaffen. Mein Essen bestand aus Süßigkeiten, Imbißfraß, Kaffee oder Alkohol. Abgemagert und ohne Kraft mußte ich dann auch immer noch zu den Freiern. Einmal glaubte ich an den Tod, ich wollte nicht mehr so weiterleben, mich hat alles so angekotzt. Ich habe mir gewünscht, der nächste Druck, den ich mir setze, soll mich gleich so umhauen, daß ich nichts mehr merke und ich endlich raus bin aus dem Teufelskreis.

Auch Weihnachten verbrachte ich auf der Scene, ich lief auf und ab, zwischendurch auf den Strich, ich habe zu der Zeit 'ne Menge gedrückt, und Silvester war ich bei einem Stammfreier. Es ist ganz schön schwer, diese ganze Scheiße zu beschreiben.

Ich wurde auch mißhandelt von einem perversen Freier, er stürzte sich auf mich und trieb es dreimal hintereinander, so daß meine Scheide blutete und angeschwollen war. Ich war für 'ne Zeitlang nicht fähig, weiter anschaffen zu gehen, und mußte klauen.

Ich kam öfter in eine Razzia. Dann war ich öfter im Bullenrevier mit Kontrolle und Verhör, Gerichtsverhandlung, und dann bekam ich 6

Monate auf zwei Jahre Bewährung. Ich wurde aber wieder freigelassen mit Auflagen, mich bei der Drogenberatung und Bewährungshelfer zu melden. Was ich natürlich nicht gemacht habe. Ich war noch ca. 5 Monate draußen, dann wurde ich bei einer Razzia wieder geschnappt, ein Haftbefehl war draußen, und ich wurde in die JVA Lehrter Straße eingeliefert.

Die Fahrt zum Knast verlief sehr langsam und schmerzlich. Erst kam ich in das eine Bullenrevier für ein paar Stunden und dann für 24 Std. in ein anderes und alles auf dem Entzug. Das Bett war hart, der Fraß widerlich und die Zelle dreimal so groß wie ein Klo. Schlafen konnte ich auch nicht, und durch die ganzen Tabletten, die ich auch immer gefressen hatte, hatte ich Halluzinationen und Angstzustände.

Als im Knast mich dann eine Beamtin in meine Zelle brachte, bekam ich Angstzustände, Schock und beklemmende Gefühle. Ich wollte sofort wieder raus, schrie und bummerte an die Tür. Aber nichts passierte. Ich schaute mir meine Zelle an. Ein Klo in der Ecke, zwei Betten und ein Waschbecken. Ich mußte drei Wochen unter Verschluß bleiben, da ich vom Lazarett und vom Richter nicht freigegeben war für Arbeit und Freizeit. Die drei Wochen waren die schlimmsten für mich. Manchmal habe ich gedacht, ich werde verrückt, meine Augen taten mir weh, wenn ich stundenlang am Fliegengitter hockte und vor mich hin starrte. Das einzige, was gut war, wenn ich für eine Stunde in den Hof konnte und im Kreis herumlaufen konnte. Ein bißchen Wiese war da, und da habe ich gesessen und geträumt, ein Vogel zu sein und wegzufliegen.

Im Knast gab es eine Wohngruppe, die auf eine Langzeittherapie vorbereiten soll, ich entschloß mich, in diese Gruppe zu gehen, weil ich aufhören wollte mit dem Drücken.

Nach 5 Monaten kam ich endlich raus und ging zu «Day-Top» (therapeutische Einrichtung). Bevor ich rauskam, war es ein persönlicher Wille von mir, es zu schaffen, auch weil die anderen sagten, du schaffst es, wenn du in der Wohngruppe warst.

Mein Drogenberater fuhr mich rüber nach Westdeutschland. Für mich war es ganz schön komisch, draußen zu sein, aber eigentlich wieder doch nicht, denn ich hatte die Therapie ja auch als Auflage vom Gericht. Ich konnte es auch nicht richtig aufnehmen, die Fahrt. Als ob ein Film vor mir ablief. Als wir in der Therapie ankamen, ging mein Herz in die Hose, so 'ne Angst hatte ich. Die Leute standen draußen und guckten mich von oben bis unten an. Ich entdeckte eine alte Freundin von mir und wollte ihr die Hand reichen, sie kam mir aber nicht entgegen, weil ich als Neuling niemand anfassen darf, das ist die Regel. Okay, rein ins Haus, Abschied von meinem Drogenberater nehmen und ab aufs Isolationszimmer, wo ich mich ausziehen sollte, also Arschdurchsuchung, ob du irgendwas geschmuggelt hast, Dope oder was anderes. Ich habe gedacht, ich bin im Irrenhaus, Filze und dann Iso-Zimmer, keine Zigaretten, nur Bleistift und Papier, wo ich aufschreiben sollte, was mir durch den Kopf ging. Dann am Abend hatte ich endlich mein Aufnahmegespräch, wo fünf Leute anwesend waren. Es hat eine Stunde gedauert, bis ich aufgenommen wurde, und in der ganzen Zeit ist nur Anmache gelaufen. Ich wurde beschimpft mit «Nutte», «coole Sau» und andere Sprüche. Dann hat mir ein Typ die Hose runtergezogen, so daß ich sie auszog und in die Ecke schmiß, darauf wurde mir vorgehalten, das sei hier nicht eine Peep-Show. Ich war so sauer auf den Scheiß-Typ, und weil das Gerede so weh tat, mußte ich heulen. Ja, und dann war erst mal Pause, die draußen und ich drin. Dann ging's wieder los, sie merkten, daß ich auf den Typ sauer bin, und ich sollte es rauslassen. Und das ging so, daß ich mich mit einem Kissen anstatt mit ihm schlagen mußte. Ich habe fürchterlich reingehauen und geheult. Dann konnte ich nicht mehr, aber ich mußte weitermachen, dann wollte ich ihm mit meiner geballten Faust eins in die Fresse schlagen. Woran ich gehindert wurde – es wird nicht geschlagen mit Händen, worauf ich rausrennen wollte, aber die Tür wurde versperrt, und jeder zog an meinen Armen wie Tauziehen. Auf der rechten Seite wurde gerufen: «Du bleibst hier», und auf der linken Seite: «Los, raus hier!» Ich habe gedacht, das ist keine Therapie, sondern ein Irrenhaus, wo die Leute seelisch in den Arsch gemacht werden. Dann zum Glück haben die Leute aufgegeben, und ich war aufgenommen.

Ich war dann mit meiner alten bekannten Freundin auf einem Zimmer mit zwei anderen Frauen, und wir unterhielten uns.

Nach zwei Tagen hatten wir eine Marathonsitzung gehabt, die zwei Tage dauern sollte. Ich konnte mir nicht vorstellen, was passiert, und deswegen habe ich blind mitgemacht. Ich weiß nicht, wie ich diese Sitzung beschreiben soll, aber es läuft darauf hinaus, daß du deine Power und deinen Frust rauslassen mußt und daß es körperlich sehr weh tut und auch seelisch. Es ist, wie wenn Wölfe darauf trainiert werden, sich gegenseitig zu zerfleischen, und das therapeutische Team geilt sich daran auf. Auch dort merkte ich bald, daß es eine Männerwelt ist, in der Frauen kein Sagen haben. Und die Frauen dort haben sich an einen Typen rangehängt, um stark zu sein.

Na ja, und dann hat meine Freundin mich gefragt, die mit einem Typ abhauen wollte, ob ich mit will. Ich habe natürlich ja gesagt, weil ich sowieso die Schnauze voll hatte. Dann haben wir uns im nächsten Dorf Trips geholt und sind zurück nach Berlin.

In Berlin bin ich erst mal zu meinem Stammfreier gefahren, um zu pennen. Am nächsten Tag bin ich zu meinem Vater gefahren. Davor sind wir wieder anschaffen gegangen und haben uns erst mal einen Druck gemacht. Ich bin abgekippt, meine Freundin dachte, ich sei tot, dann kam die Feuerwehr, und im Krankenhaus bin ich wiederaufgewacht. Von da bin ich wieder abgehauen, zurück auf die Potsdamer Straße, um nach meiner Freundin zu sehen. Wir haben uns wieder getroffen und sind zusammen zu meinem Vater gefahren. Von meinem Vater aus ist meine Freundin wieder gegangen, und ich bin dort geblieben. Meinen Vater habe ich echt nicht wiedererkannt. Durch das Trinken war er abgemagert und sehr verfallen. Am Abend ist es passiert, er betatschte mich am Busen und war ziemlich erregt. Ich war erst wie gelähmt, dann aber sprang ich auf und haute ab.

Am Sonntag drauf stellte ich mich den Bullen und ging wieder zurück in den Knast, ich hatte noch 6 Monate abzusitzen. Ich ging dann wieder in die Wohngruppe. Die Zeit draußen war für mich die schlimmste gewesen.

In der Wohngruppe kam das Gespräch in einem Plenum auf Männer. Da ich mit ihnen nur schlechte Erfahrungen gemacht hatte und nur mit Frauen schöne Erfahrungen, erzählte ich von der Beziehung im Heim zu meiner Freundin und meinte, daß ich mich wieder nach einer Frauenbeziehung sehne und daß ich nie wieder in 'ne gemischte Therapie will. Das wurde auch akzeptiert. Nach 'ner Zeit kam das mit der ersten Frauen-WG für Fixerinnen, «Violetta Clean», und ich fing an, mit allem, was in mir steckte, daraufhinzuarbeiten, und für mich stand es total fest, daß es das richtige für mich ist, und da gebe ich nicht auf, komme, was wolle. Das ist ein Frauenprojekt, und da sehe ich für mich die Chance, ohne Angst und Unterdrückung meine Schwierigkeiten anzugehen.

Inzwischen bin ich aus dem Knast entlassen, habe die ganzen Anfangsschwierigkeiten der therapeutischen Frauen-Wohngemeinschaft mitgekriegt, denn es kommt kaum Unterstützung. Aber mir ist klar, wofür ich das mache, und ich werde weiterkämpfen. Momentan lebe ich mit anderen drogenabhängigen Frauen, die auch zu «Violetta Clean» gehören, in einer Übergangswohnung, und wir hoffen, daß wir bald in ein vom Senat bezahltes Haus ziehen können.

«Manchmal, wenn ich einen schönen Mann sehe …»

Tina Niß

Ich bin die Älteste von noch fünf weiteren Geschwistern. Ich bin unehelich zur Welt gekommen, meine Mutter war bei meiner Geburt 19 Jahre alt. Schon als kleines Mädchen mußte ich lernen, wie die Hausarbeit «richtig» gemacht wird. Denn Frauen und Mädchen müssen das tun, weil sie einmal heiraten und Kinder bekommen. Das sagten mir meine Mutter und sonst alle weiblichen Verwandten. Das Komische an der Sache aber war, daß meine Mutter bei uns zu Hause die Hosen anhatte. Meinen Stiefvater sah ich in einer schwachen Rolle. Je älter ich wurde, desto lauter wurden die Warnungen vor Männern. Meine Mutter sagte, sie wollen nur das «eine». Was das war, wußte ich damals nicht. Ich stellte fest, meine Freiheit war begrenzt, aus dem Grunde, weil Männer nur das «eine» wollen. War schon komisch, denn ich ahnte allmählich, was meine Mutter meinte. Aufgeklärt wurde ich nur mangelhaft; aus dem Grunde hielt ich mich mehr daran, was meine Freunde über das Thema Sex zu sagen hatten. Diese Art von Aufklärung lief ziemlich schmutzig ab, wie zum Beispiel: «Die Weiber wollen ständig bumsen, sind ja sowieso scharf», oder viele Mädchen bewerteten die Jungen nur nach der «Ausbeulung in der Hose».

Mir war bei diesen Gesprächen immer unheimlich zumute, da ich von zu Hause immer gesagt bekam, dieses Thema ist tabu, das ist schmutzig. Dann stellte ich in der Schule fest, je mädchenhafter ich mich benahm, je mehr war ich gefragt. Spielte ich aber öfter mit den Jungen Fußball, so gab's Gerede sowohl von den Jungen als auch von den Mädchen. Ich fühlte mich unbewußt eingeschränkt und nicht verstanden. Meine Mutter war auch dagegen. Sie sagte, ein Mädchen tut das nicht. Sie sagte ferner, ich solle mich lieber auf meine Hausaufgaben konzentrieren und sehen, daß ich was werde. Auf der anderen Seite aber hörte ich, wenn ich ihr von meinen Plänen erzählte, das brauche ich nicht, da ich sowieso heiraten werde und mich dann um meine Kinder kümmern muß. Ich wußte nie, woran ich eigentlich bin. Ich hatte keine Orientierung. Einverstanden war ich mit ihren ganzen Erklärungen aber auch nicht.

Mir war es sehr lästig, ständig auf meine jüngeren Brüder aufzupassen, denn ich wollte meine begrenzte Freizeit lieber mit meinen Freundinnen verbringen. Kam ich zu spät nach Hause oder paßte ich nicht richtig auf meine Brüder auf, bekam ich ziemlich lange Stubenarrest. Da sich das ständig wiederholte, nahm ich mir meine Freizeit selbst. Ich schwänzte die Schule, trieb mich rum, wie meine Mutter es ausdrückte. Sie unterstellte mir, ich trieb mich mit Männern rum, was nicht stimmte. Sie überlegte, ob ich nicht vielleicht in einem Heim besser aufgehoben war. Ich kam mir sehr schlecht vor, zumal mich mein Stiefvater öfter als «Nutte» bezeichnete. Auf der anderen Seite hörte ich Abend für Abend, wenn er betrunken war, daß er mit mir schlafen will. Ich verstand das nicht, denn ich wußte, daß es nicht recht ist. Ich hatte Angst vor ihm, mich ekelte es vor ihm. Meine Mutter, dachte ich, hat die Aufgabe, mich vor ihm zu schützen! Das tat sie aber nicht. Nachts kam er in mein Zimmer und stand vor meinem Bett, ich traute mich nicht zu schlafen, dadurch wurde ich in der Schule schlechter. Ich fühlte mich bedroht und bedrückt. Die einzige, mit der ich darüber reden konnte, war meine Oma. Sie redete dann mit meiner Mutter, und diese verhielt sich mir gegenüber sehr merkwürdig. Auf der einen Seite glaubte sie mir nicht recht, auf der anderen aber verbot sie mir kurze Röcke und enge Pullover. Sie war der Meinung, ich bin schuld, mir aber leuchtete das nicht ein, weil ich der Meinung war, mein Stiefvater ist schuld, bei ihm läuft was verkehrt, dachte ich. Zu meiner Mutter hatte ich überhaupt kein Vertrauen mehr. Ich hatte Angst vor zu Hause und wäre am liebsten nicht mehr dahin zurückgegangen.

Ich bin dann öfter von zu Hause «abgehauen» und übernachtete bei irgendwelchen «Typen». Zu Hause redete meine Mutter ständig davon, daß ich in ein Heim soll. Ich kam einige Male betrunken nach Hause und fing an, in Kaufhäusern zu stehlen.

Ich wurde zwangsverschickt nach Bayern in die Berge, damit sich mein «lasterhaftes Leben» ändert. Denn dem Jugendamt gegenüber erwähnte sie nichts davon, daß mein Stiefvater sich mir sexuell nähern wollte. Dort erzählte sie nur, ich treibe mich mit Männern rum, mache keine Schularbeiten und schwänze sogar die Schule. Ich hatte keine Gelegenheit, mich zu rechtfertigen. Also blieb alles an mir hängen, kurzum, ich war im Unrecht, ich sollte mich bessern.

Als ich zurückkam, nahm ich mir «meine Freiheit», ich haute von zu Hause endgültig ab.

Ich schlief bei Türken und war immer bemüht, daß ich mit ihnen nicht schlafen muß. Davor hatte ich mächtig Angst. So wechselte ich ständig von einem zum anderen.

Später zog ich in eine Wohngemeinschaft, die aus angehenden Sozial-
arbeitern und Lehrern bestand. Dort fühlte ich mich geborgen, zu
Hause. Ich überwand meine Angst, über zu Hause und über die Annä-
herungsversuche meines Stiefvaters zu reden.

Ich ging mit einem Mitglied der WG eine Beziehung ein. Da war ich
14 Jahre alt. Ich lernte kennen, daß Männer nicht nur das «eine» wollen, daß sie Rücksicht nehmen.

Ich ließ mich tätowieren, um den Männern, mit denen ich damals zu
tun hatte, und auch meiner Mutter zu zeigen, ich bin unabhängig und
stark, mir hat keiner was zu sagen; ich scheiße auf euer Bild, das ihr
euch von mir machen wollt. Ich wollte nicht schwach und unterwürfig
sein. Ich wollte auch zeigen, ich mache, was ich will, und ist es auch der
größte Mist. Daß ich später einmal Schwierigkeiten wegen meiner Tätowierungen bekommen könnte, daran dachte ich nicht.

Ich ging mehrere Beziehungen und oberflächliche Freundschaften
ein. Auf der einen Seite suchte ich einen Freund und Geborgenheit, auf
der anderen Seite wollte ich es den Männern «zeigen». Das sah so aus,
daß ich ihnen das Gefühl gab, ich mag sie, und sie dann aber sitzenließ.
Ich fühlte mich bei dem Gedanken, ihnen weh getan zu haben, wohl.
Eigentlich irre. Ich nahm ab und an Rauschmittel, die damals gängig
waren. Direkt abhängig war ich in dieser Zeit nicht.

Vier Jahre später besuchte ich meine Mutter zu Hause, weil ich der
Ansicht war, keiner kann mir was, weil ich ja schon 18 bin. Meine
Mutter überredete mich, wieder nach Hause zu ziehen. Sie meinte, es
wäre finanziell günstig für mich, und es wäre ja auch bequemer. Weiter
meinte sie, nun bin ich erwachsen, und wir könnten über alles reden.
Mein Stiefvater war in einer Nervenheilanstalt zum Alkoholentzug und
sollte so bald nicht wiederkommen. Ich dachte, so hat meine Mutter
viel mehr Zeit für mich, und mein Stiefvater würde uns mit seinen
Wahnvorstellungen nicht stören. Ich stellte mir vor, wir werden eine
glückliche Familie, die über alles redet. Vor allem aber wollte ich, daß
meine Mutter mir Anerkennung und Geborgenheit gibt. Ich wollte sie
zur Freundin haben. Ich wollte mit ihr über «früher» reden und wissen,
ob sie mich damals abgelehnt hatte, wie ich mir oft so vorkam. Ich zog
dann nach Hause und nahm eine Stelle in einem Restaurant an. Dort
arbeitete ich nachts, erstens, um mehr Geld zu verdienen und weil ich
am Tage mehr Zeit mit meinen Brüdern verbringen wollte. Frühmor-
gens, nach der Arbeit, achtete ich darauf, daß meine Geschwister in die
Schule gingen; danach machte ich Ordnung in der Wohnung, weil
meine Mutter bis nachmittags arbeitete. Und ich wollte sie auch entla-

sten, weil sie ja ständig für die Kinder und den Haushalt dasein mußte. Und dann wollte ich ihre große Tochter sein, die ihr Verantwortung abnimmt. Verantwortlich fühlte ich mich ja wirklich. Ich kam mir durch die fünf Jahre, die ich nicht zu Hause war, frisch und voller Energie vor. Also dachte ich, kann ich ja helfen, damit sich keiner überfordert fühlt. Meiner Mutter gefiel das, und sie übergab mir gerne einen Teil der Verantwortung. Wichtig war mir auch, daß meine Brüder und meine Schwester nicht soviel arbeiten mußten nach der Schule. Ich dachte, wenn ich meiner Mutter mehr Geld gebe, dann haben meine Brüder mehr Freizeit und können das Geld, was sie verdienten, für sich verwenden. Früher war es so: Alles, was ich nach der Schule verdiente, mußte ich zu Hause abgeben; ich durfte mir nichts kaufen. Ich hatte einen Haß auf meinen Stiefvater, weil er ja alles Geld versoffen hatte und wir ständig Geldsorgen hatten. Meine Freundinnen kauften sich von ihrem Taschengeld irgendwas Schönes, und weil ich keins hatte, ging ich klauen. Ich wollte, daß meine Brüder nicht darunter leiden.

Meine Mutter nahm das Geld sehr gerne, sie lebte für meine Begriffe sehr verschwenderisch und hatte ständig kein Geld mehr. Sie verdiente, und ich gab ihr auch Geld, und trotzdem hatte sie nichts. Sie brauchte dann natürlich von mir mehr. Also versuchte ich, mich mit meinen persönlichen Sachen einzuschränken. Bis es Stunk gab. Ich sagte ihr meine Meinung. Da kamen dann auch ihr Alkoholkonsum und ihre Aufputschtabletten zur Sprache. Sie weinte und war sehr fertig. Sie sagte, alles ist so teuer, und das Geld geht für eine große Familie schnell weg. Ich wollte ihr klarmachen, daß ich auch Geld brauche für mich. Sie meinte, ich habe mein Essen, meine Zigaretten und ein paar Mark Taschengeld, was ich will. Ich wollte Geld sparen für einen Urlaub und für später, wenn ich mir eine eigene Wohnung nehme. Sie verstand mich nicht. Sie meinte, ich halte ihr vor, sie verprasse das Geld. Irgendwie tat ich das auch. Ich kam mir vor wie der Geldesel, und keiner wollte mich verstehen; das machte mich aggressiv. Dann kam noch hinzu, daß meine Mutter mich einengte. Sie wollte an meinen freien Tagen mit mir weggehen, oder ich sollte zu Hause bleiben. Sie löste bei mir Mitleid aus, indem sie sagte, sie hatte nichts vom Leben, ist alleine und mit den Kindern überfordert. Also blieb ich, weil ich sie nicht enttäuschen wollte. Recht war mir dies nicht. Ich wollte Menschen kennenlernen und nicht nur mit meiner Freundin und ihrem Bruder bei meiner Mutter sitzen. Wenn ich dann doch wegging, machte sie Szenen. Abends, wenn ich wiederkam, saß sie im Sessel und war betrunken und erzählte mir alle ihre Probleme und Wünsche. Außerdem benahm sie sich daneben, wenn ich mit ihr wegging und sie besoffen war. Sie machte irgendwelche Männer an, sogar meine Freunde. Ich schämte mich ihretwegen, und sie kam mir wirklich nicht wie eine Freundin vor. Morgens nach der Arbeit war mein Bett oft verwüstet und verschmiert; dann hatte meine Mutter einen Mann aus einer Bahnhofskneipe mitgebracht und mit ihm im «Suff» in meinem Bett gebumst. Ich war sauer und schwer von ihr enttäuscht, weil ich mir mißachtet vorkam. Ich sagte ihr das, und sie meinte, es kommt nicht wieder vor. Aber es kam doch wieder vor. Ich verstand ja, daß sie geliebt werden wollte, aber wenn, dann wenigstens in ihrem Bett. Ich lernte dann einen Typen kennen und zog für drei Monate zu ihm. Meine Mutter rief jeden Tag an. Ich stellte ihr dann Lutz, so hieß er, vor. Wenn sie betrunken war, machte sie auch ihn an; also, sie stellte sich vor, vielleicht mit ihm zu schlafen. Mir war das unangenehm. Also kam ich mit ihm dann ganz selten zu meiner Mutter. Nach drei Monaten zog ich bei ihm aus, weil er wollte, daß nur noch er arbeitet und ich zu Hause bleibe. Ich wollte, wie gewohnt, nach der Arbeit noch in eine Disko gehen oder mit Freundinnen was unternehmen. Außerdem wollte ich durch meine Arbeit meine finanzielle Unabhängigkeit behalten. Er wollte das nicht. Kurz nachdem ich dann wieder nach Hause gezogen war, versuchte er sich das Leben zu nehmen. Ich fühlte mich nicht schuldig, obwohl seine Freunde meinten, ich wäre es. Er ging dann in eine Therapie.

Ich kam dann näher mit einem 33jährigen Mann zusammen, den ich von der Arbeit her kannte. Ihm gegenüber fühlte ich mich als Kind und zugleich als Geliebte. Er ging mit mir ins Theater oder las mir morgens Märchen vor. Schön war's ja; ich fühlte mich bei ihm ein wenig geborgen. Doch das Gefühl, auch seine Geliebte zu sein, machte mir angst. Ich fühlte mich ihm nicht gewachsen. Lieber wäre es mir gewesen, er ist nur mein Freund (wie ein großer Bruder), ohne Sexualität.

Gegen Ende des Jahres wurde ich 19. Ich war vom Nachtarbeiten und wenig Schlafen und von den Problemen meiner Mutter und von denen meiner Brüder sehr ausgelaugt. Ich fühlte mich total vernachlässigt, nicht verstanden, überfordert. Ich hatte den Wunsch, mit einem lieben Typen in Ruhe zu wohnen. Ich suchte Geborgenheit und das Gefühl, als Person wichtig zu sein, nicht nur meine Arbeitskraft. Ich wollte weg von allen Verpflichtungen, die ich nicht wollte. Vor allem wollte ich keine Rücksicht mehr auf die ständigen Leiden meiner Mutter nehmen. Meine Freundin, mit der ich aufgewachsen bin und mit der ich dieses Jahr wenig zu tun hatte, war zu der Zeit heroinabhängig.

Sie und ihre Clique vermittelten mir ein Gefühl von Zusammenhalt, und wie lieb sie miteinander umgingen, imponierte mir. Nach außen hin waren sie cool. Meine Freundin hatte für mich was Besonderes, ein Geheimnis, an das keiner ran kam. Wie sie sich anzog: Plateau-Schuhe und Glitzerklamotten, das gehörte alles für mich zu dieser besonderen Ausstrahlung. Sie schien für mich ein großes Ziel zu verfolgen. Es kam mir vor, als sei sie durchs «Drücken» immer gegen Tiefschläge und den Alltagsstress geschützt. Sie ging mit ihren Freunden in die Disko und war da gern gesehen. Das alles wollte ich auch. Trotz Warnungen sah ich das als die Lösung für meine Probleme. Sie verkaufte mir dann öfter was, wenn ich sie danach fragte. Ich kam mir auch cool vor, gegen allen Ärger immun. Meine Mutter fand das nicht schlecht, denn die erste Zeit putzte ich sehr viel und war umgänglicher und redete wieder viel mehr mit ihr.

Ich hörte auf zu arbeiten und war nur noch süchtig. Zwischendurch nahm ich irgendwelche Jobs an, damit sich meine Mutter nicht aufregt, daß ich nichts tue. Ich war dann sehr stark abhängig, und meine Mutter finanzierte mir oft das «Dope», weil ich mit der Zeit durch meinen hohen Konsum pleite war. Trotz der Geldnot ging ich nie auf den Strich. Darauf bin ich heute noch stolz, daß ich mich noch nicht so verkauft habe. Ich war sehr weit unten, sehr dreckig und «link» und nur noch hinter Heroin her. Etwas anderes gab es für mich nicht mehr. Ich war mehrmals im Knast und in drei Therapien.

Heute finde ich es sehr viel wert, «clean» zu sein und nicht wegen jedem Problem oder Wehwehchen zu Drogen oder Tabletten zu greifen. Heute bin ich 26 Jahre alt und lebe seit 4½ Jahren ohne Drogen.

Meine Probleme sind nicht weniger geworden. Einige habe ich gelöst. Zum Beispiel, wenn ich was will, kann ich das auch. Früher habe ich mir die Augen zugehalten, wenn ein Problem auf mich zukam. Heute finde ich Mut und will das Problem lösen. Meine Rolle als Frau ist mir noch nicht klar. Früher hatte ich nie die Gelegenheit, mich mit meinem Frausein zu beschäftigen. Heute hole ich das nach. Ich merke, ich habe oft enorme Schwierigkeiten. Ich machte auch in der letzten Zeit die Erfahrung: Ich als Frau spiele in der Gesellschaft eine untergeordnete Rolle. Nur, heute verstecke ich mich nicht mehr, heute gehe ich dagegen an. Ich stelle mich auf die Füße, oft fällt mir das gemein schwer. Denn mit meiner Selbständigkeit werde ich von Männern oft abgelehnt. Auch will ich keine Hausfrau sein und auch keine Mutter werden. Ich wäre als Mutter viel zu unruhig. Ein Kind würde mich daran hindern, mich zu finden. Ich will ja meine Wünsche in den Vordergrund stellen.

Auch will ich mich für einen Mann nicht verkleiden, d. h., Sachen und

Schuhe anziehen, die für mich unbequem sind. Ich fühle mich wohl in Jeans und Stiefeln, und nur wenn *mir* danach ist, will ich einen Rock oder ein Kleid anziehen.

Mit meinen Vorstellungen «Ich als Frau» ecke ich ganz schön an. Ein Freund von mir sagte, ich sei keine richtige Frau; ein anderer sagte, ich sei unweiblich, und nannte mir als Beispiel für seine Vorstellungen von einer Frau ein Mädchen aus dem *Playboy*. Das hat mich ganz schön verletzt. Dann sage ich mir, ich will keine Sklavin von irgendwelchen Schönheitsidealen sein. Das gibt mir Kraft, und wenn ich dann sehe, wie schwach und hilflos diese Frauen, wie zum Beispiel solche aus Magazinen, sind, weil sie sich ja nicht gehenlassen können. Sie müssen ja immer schön sein, sonst sind sie nicht gefragt, dann sehe ich, ich bin viel besser dran. Ich kann mich anziehen, wie ich will, und ich setze mich selten in der Richtung unter Druck. Dann gibt es Tage, da will ich dann super aussehen, um von Männern und Frauen gesehen zu werden. Da merke ich dann, daß ich mich doch nicht so, wie ich bin und aussehe, gut finde. Dann denke ich darüber nach, was ich alles für Qualitäten habe, z. B. meinen endlosen Optimismus und meinen starken Willen. Diese beiden Eigenschaften hindern mich dann in Situationen, in denen ich meinen Körper mit meinen Tätowierungen nicht mag, zu resignieren. Ich wünsche mir dann, daß ich mich nicht von Meinungen, wie eine Frau sein sollte, abhängig mache. Ich mache mich dann ganz stark, indem ich mir sage: Leute, die von mir nichts wollen, versäumen eine ganze Menge. Ich bin der Meinung, ich bin ganz bestimmt nicht oberflächlich, ich bin ein guter Zuhörer und auch sehr kreativ. Ich fühle mich dann wieder gut und mag mich.

Was mich an mir stört, sind meine starken Widersprüche. Fünf Tage in der Woche mag ich mich, zwei Tage nicht. Aber dagegen will ich was tun. Ich gehe in eine Frauengruppe, um zu hören, wie es anderen Frauen geht, ob sie sich auch manchmal nicht mögen, was sie dagegen tun. Und um auch zu erfahren, was denken denn die Frauen über mich. Vielleicht lerne ich mich dann noch besser verstehen. Ich bin der Meinung, Frauen sollten sich vielmehr untereinander helfen und sich nicht nur als Konkurrenz sehen. Ich will auch meinen Teil dazu beitragen.

Ich will unbedingt noch etwas nachtragen:

Meine Probleme, die zu meiner Drogensucht geführt haben, habe ich weitgehend gelöst. Das, was mir heute noch die größten Schwierigkeiten bereitet, sind meine Tätowierungen.

Was damals für mich ein Zeichen von Stärke und Selbstsicherheit sowie Unabhängigkeit war, ist für mich heute sehr belastend.

Ich fühle mich mit meinen Tätowierungen nicht als vollwertige Frau. Wenn ich nur eine x-beliebige Zeitung aufschlage, finde ich z. B. nirgends eine Frau abgebildet, die tätowiert ist. Im Sommer sehe ich, bis auf eine Frau, die «leicht» illustriert ist, keine. Männer haben mir schon gesagt, ich wirke dadurch ordinär und versaut. Eine Freundin meinte, ich stelle für sie eine weniger große Konkurrenz dar, weil ich eben tätowiert bin und Männer dies nicht mögen. Mich hat das sehr verletzt, und ich kam mir weniger wert vor. Auch würde ich mich gerne aufreizend anziehen, um mir selber sowie Männern und Frauen zu gefallen. Nur meine ich und auch andere, der Gegensatz ist zu kraß. Meine Tätowierungen sind auch nicht so schön, daß sie vielleicht meinen Körper dekorieren könnten.

Ein anderer Freund meinte, mit mir kann man im Sommer ja nirgends hingehen, weil er sich mit mir schämen würde; er möchte lieber eine Frau, um die ihn andere beneiden.

Wenn ich das alles höre, meine ich wirklich, nur das Äußere ist wichtig. Ich stelle es mir leichter vor mit einer Körperbehinderung als tätowiert. Eine Zeitlang habe ich mich nicht getraut, eine Beziehung einzugehen, weil ich Angst hatte, ich werde ja doch dann abgelehnt, wenn die Verliebtheit vorbei ist. Ich begnügte mich dann mit Typen für eine Nacht, weil ich wenigstens annähernd das Gefühl haben wollte, ich werde geliebt. Ich weiß, daß ich wegen meinen Tätowierungen nicht wieder drogenabhängig werden will und auch nicht wegen den Problemen, die damit verbunden sind. Ich merke, daß ich mich sehr einschränke und unsicher bin, weil ich wegen dieser blöden Äußerlichkeiten nicht gleichberechtigt bin. Ich denke mir auch, daß ich dem heutigen Konkurrenzkampf, z. B. in der Arbeit, nicht gewachsen bin. Andersherum: Ich sah mal ein Mädchen, das für meine Begriffe mit ihren Tätowierungen und ihrer Kleidung wie eine Rockerfrau auf mich gewirkt hatte. Also, so will ich nicht sein.

Für mich sind meine Tätowierungen wie eine Mauer zwischen mir und meiner Weiblichkeit.

Auf der anderen Seite fühle ich mich als Außenseiterin gar nicht so unwohl, weil ich mir eigenwillig vorkomme. Ich denke, durch meine Art und meine Vielseitigkeit gleiche ich die Nachteile meiner Tätowierungen wieder aus. Ich bin auch der Meinung, mit mir fährt man gut, wenn man mich mit meinen Tätowierungen akzeptiert. Wenn nicht, ziehe ich mich zurück, denn ich hasse das Gefühl, nicht akzeptiert zu sein.

Wie ich mich in der Hinsicht ändern kann, weiß ich nicht. Ich habe versucht, zu meinem Körper mit den Tätowierungen zu stehen und bin normal baden gegangen. Das ging schon, schließlich habe ich ja ein Recht drauf, auch schwimmen zu gehen. Beim Auf-der-Straße-Laufen, kurzärmelig, da habe ich den abfälligen Blicken der anderen einfach nicht standhalten können. Ich mußte nach Hause und mir was Langärmeliges anziehen. Dann habe ich mich von einem Journalisten einer Tageszeitung fotografieren lassen, weil ich dachte, vielleicht schaffe ich es so, damit klarzukommen. Insgeheim wünschte ich mir, die Bilder würden nie erscheinen. Als dann die Zeitung rauskam und von mir nur ein Artikel, kein Bild, drin war, da war ich enttäuscht, weil nur Frauen in «Pose», mit vielleicht einer Tätowierung auf dem Hintern, abgebildet waren. Alles nur sehr schöne Anblicke, von Problematik war da nichts zu sehen. Da war mir schon klar, die Leute kriegen nur üblich ästhetische Körper zu sehen. Ich mag Leute mit Körperfehlern viel mehr, weil ich denke, diese sind wie ich, nicht oberflächlich, und diese Menschen, meine ich, wissen, worauf es im Leben ankommt.

Manchmal wenn ich einen schönen Mann sehe (für meine Begriffe), dann denke ich, bei dem kann ich sowieso nicht landen, denn ich bin tätowiert; er zieht bestimmt Frauen mit makellosen Körpern vor. Dann bin ich auf diese Frauen neidisch.

Aber irgendwie will ich dieses Gefühl überwinden, weil ich mir sage, so mit meinem Fehler sehe ich ganz anders, viel tiefer und hintergründiger. Für meine Gedanken und meine Phantasie, meine Kreativität und meinen Erfindungsreichtum in praktischen Sachen mag ich mich sehr. Ich denke mir dann, in dieser Hinsicht bin ich diesen makellosen Frauen überlegen. Eigentlich bin ich auch stolz auf mich. Wenn nur nicht der Maßstab für Frauen von der Gesellschaft aus gegen mich wär.

Hunger nach Fülle

Frauen sollen schön sein und gefallen.
Mütter sagen: «Wie du wieder aussiehst; iß nicht
soviel; so kriegst du nie einen Mann.»
Schlank ist schön, macht beliebt, schenkt Zunei-
gung. Und sie hungert.
Oder sie frißt, weil keiner sie liebt und damit sie
keiner lieben kann.
Alles klar?

Zum Problem der Eß- und Magersucht

Angela Hennig

Rita, 33 Jahre, Sekretärin, 14jährige Tochter, seit 10 Jahren verheiratet.

Rita kam mit 30 Kilogramm Übergewicht, nach jahrelanger Diätkarriere, vor zweieinhalb Jahren in die Therapie.

Sie wächst in einem kleinen Dorf auf und wird früh in den landwirtschaftlichen Betrieb der Eltern eingebunden. Bereits in Kindheit und Jugend ist sie übergewichtig, jedoch noch in einem akzeptablen Rahmen. Erzogen nach äußerst rigiden Sexualnormen, hat sie dennoch und gerade deshalb (?) bereits im Alter von 14 Jahren erste sexuelle Kontakte mit Männern. Mit 18 Jahren wird sie uneheliche Mutter und nun endgültig auf der untersten Stufe der sozialen Rangfolge des Dorfes angesiedelt. Parallel zu ihren sexuellen Aktivitäten erfolgt eine stetige, zuerst kaum wahrnehmbare Gewichtszunahme, die ihr zunehmend zum Problem wird.

Als sie 23 Jahre alt ist, geht sie eine Versorgungsehe mit einem nicht ungeliebten Mann ein, der ihr die Chance gibt, «ehrbar» zu werden und mit ihr in die Großstadt übersiedelt. Während ihrer Ehe geht sie mehrmals Beziehungen zu Männern ein, in denen die Sexualität einen größeren Stellenwert hat als in ihrer Ehe. Diese «Durchbrüche» sind regelmäßig von starken Gewichtsschwankungen begleitet: in der Phase des Beziehungsaufbaus rapider Gewichtsverlust, bei Beendigung – zumeist auf ihr Betreiben, weil sie sich an ihren Ehemann nicht zuletzt durch ihre «Ehrbarkeit» gebunden fühlt und ihn nicht verlassen will – massive Gewichtszunahme, meist über das vorherige Übergewicht hinaus.

Im Laufe des Therapieprozesses werden einmal ihre Schuldgefühle wegen ihrer frühen sexuellen Betätigungen bearbeitet und zum anderen die internalisierte Formel dick = unattraktiv = reduziert ausgelebte Sexualität (= Schutz vor Sexualität) deutlich und durchbrochen. Mit ihrer Leibesfülle glaubt sie sich (nicht bewußt!) vor ihren eigenen sexuellen Ansprüchen retten zu können und damit vor moralischen Angriffen von außen schützen zu können.

Vor etwa einem ½ Jahr ist sie eine Beziehung eingegangen, die wiederum durch sehr lustvolle sexuelle Erfahrung geprägt ist. Hier erlebt sie, daß sie ihre Moralität relativieren kann, diese Beziehung leben darf, trotz der nun auftretenden Eheprobleme. Ihr Gewicht hat sich seit einem knappen Jahr stabilisiert und reduziert sich seit ca. 5 Monaten kontinuierlich – ohne Diät und ohne neue Eßgewohnheiten.

Lena, 25 Jahre, Studentin, lebt im Hause der Eltern.

Sie ist seit einem Jahr teilweise bis zu 3 Stunden wöchentlich in psychotherapeutischer Behandlung. Zur Zeit des Vorgesprächs wiegt sie 40 Kilogramm bei einer Größe von 170 cm. Lena kann als Beispiel für eine reaktive Magersucht gelten.

Aufgewachsen ist sie in einem wohlhabenden, normativen und leistungsorientierten Elternhaus, in dem Lenas Leben von früh auf streng geregelt ist: Freundeskreis, Kleidung, Beruf, Tagesablauf, Essenszeiten, Nahrungsmenge unterliegen den Bestimmungen der Eltern. Lena nimmt dieses Reglement nahezu widerspruchslos hin.

Zu Studienzwecken muß sie Berlin mit 23 Jahren verlassen. Dies bedeutet eine erhebliche Irritation: z. B. Konfrontation mit anderen Normen, Lebenssituationen und der zwangsläufigen Entwicklung eigener Eßgewohnheiten. Symbiotisch ans Elternhaus gebunden, wird ihre Situation unerträglich: die Anerkennung der Eltern ist nur durch ein erfolgreiches Studium zu erlangen; gleichzeitig kann sie zwar die Attraktivität eines autonomen Lebens nicht leugnen, ist aber überfordert, ihre persönlichen Bedürfnisse durchgängig zu realisieren. Unfähig, eigene Bedürfnisse zu akzeptieren, sich jedoch mit ihnen konfrontiert zu sehen, beginnt sie ein Doppelleben zu führen.

Ein Schwangerschaftsabbruch ein Jahr vor Therapiebeginn wird zum auslösenden Moment ihrer Essensverweigerung: Das alte Gewicht vor Beginn der Schwangerschaft soll wieder erreicht werden. Sie hungert jedoch weiter, beginnt Abführmittel zu nehmen und sich willentlich zu erbrechen.

Ihre augenfällige Magerkeit = Krankheit = Leistungsunfähigkeit erlauben ihr eine scheinbare Konfliktlösung, nämlich die dadurch legitimierte Rückkehr ins Elternhaus.

Der geschilderte Lebensverlauf verdeutlicht sich Lena in der Therapie, d. h., sie wird sich der symbiotischen Beziehung zu den Eltern bewußt, mit all den begleitenden Schuldgefühlen eines Ablösungsprozesses. Erbrechen und die Einnahme von Laxantien stellt sie spontan noch vor Therapiebeginn ein. Der Zusammenhang zwischen Elternhaus, Selbständigwerden, Verantwortung für sich selbst zu übernehmen und Körpergewicht ist für sie erfahrbar geworden. Eine räumliche Trennung von den Eltern wird z. Z. geplant. Zwar ist ein realistischer

Umgang mit der Ernährung noch nicht immer möglich, aus der gesundheitsgefährdeten Phase ist sie jedoch heraus, das Thema Essen bindet nicht mehr all ihre Energien.

«Iß doch einfach ganz normal», heißt es. Aber genau das vermögen sie nicht: weder die Dicken mit ihrem Heißhunger noch die Mageren mit ihrem «integrierten Kalorienzähler». Ein Dilemma der Dicken ist es, daß sie sich zwar sehnlichst eine Veränderung herbeiwünschen, aber «es nicht schaffen – versagen». Dies tritt am deutlichsten in ihrer Diätresistenz zutage (hiermit ist einerseits das Nicht-durchhalten-Können einer Diät, aber auch das Durchhaltenkönnen und die sofortige Gewichtszunahme nach Beendigung der Diät gemeint). Den Dünnen dagegen erscheint die eigene Situation lange Zeit als unproblematisch. Erst bei massiven Störungen im nichtsomatischen Bereich, z. B. Einschränkungen in ihren sozialen Beziehungen (Essen und Erbrechen müssen geheimgehalten werden) und Leistungsabfall beginnen sie ihr Problem wahrzunehmen. Nicht ihre Magerkeit selbst erscheint ihnen schwierig, sondern die damit verbundenen Begleiterscheinungen. Sie sind daher nur selten noch in der Lage, ihre Form der Nahrungsaufnahme und -abgabe, die sich weitgehend verselbständigt hat, per rationaler Einsicht zu verändern. Dies macht noch einmal deutlich, wie eng körperliche Symptome und psychische Konflikte miteinander verknüpft sind. Gewichtsveränderung bzw. Änderung der Eßgewohnheiten können demnach nicht im Zentrum einer Psychotherapie stehen, statt dessen müssen zunächst Fragen beantwortet werden wie: Warum muß sie so dick/dünn sein, soviel/sowenig essen? Wo liegt der Gewinn dieses Symptoms? Welche Erfahrungen macht frau als Dicke/Dünne mit sich selbst und mit ihrer Umwelt, und welche Erfahrungen werden vermieden.

Im Laufe der Beantwortung dieser Fragen treten bei den Klientinnen bereits konkret wahrnehmbare Veränderungen im Problembereich auf (z. B. das Gewicht wird stabilisiert, die «Freß»anfälle vermindert, das Erbrechen eingestellt). In einem späteren Therapiestadium ist oft zu beobachten, daß die Diätresistenz aufgehoben werden konnte. Jetzt kann die Diät funktionalisiert werden, d. h., sie dient der tatsächlichen Gewichtsabnahme und weniger der Eindämmung von Eßgelüsten. Die Anorektikerinnen (Magersüchtigen) gewinnen allmählich ein realistischeres Verhältnis zum Essen, z. B. ist die Nahrungsaufnahme nicht mehr mit Scham besetzt und muß nicht mehr verheimlicht werden.

Sowohl Eß- als auch Magersucht kann an den unterschiedlichsten Merkmalen diagnostiziert werden:

Adipositas – Fettsucht:

o tatsächliches Übergewicht – entsprechend (fragwürdiger) Normentabelle
o regelmäßige vermehrte Nahrungsaufnahme und / oder deren Leugnung
o «Freßanfälle» – essen, bis der Kühlschrank leer ist
o heimliches Essen
o Diätresistenz
o Nahrungsaufnahme und Körpergewicht werden zum Lebensinhalt

Anorexia nervosa – Magersucht:

o reales Untergewicht (mindestens 25 %)
o geringe Nahrungsaufnahme, hungern («Euphorie des leeren Bauches») und / oder
o «Freßattacken»
o beides häufig begleitet von Erbrechen (manuell herbeigeführt, im späteren Stadium oft automatisiert) und
o Einnahme von Abführmitteln (bis zu 50 Pillen pro Tag)
o Ausbleiben der Menstruation
o Verzerrte Körperwahrnehmung (Schmerz, Kälte, sexuelle Bedürfnisse können nicht mehr adäquat empfunden werden)
o Veränderung der sekundären Geschlechtsmerkmale
o Perioden erhöhten Leistungsanspruchs im physischen und psychischen Bereich
o Essen wird mit Scham, Peinlichkeit und Ekel besetzt

Diese Symptome lassen nur dann auf Adipositas bzw. Anorexie schließen, wenn keine körperlichen Funktionsstörungen vorliegen.

Die große Bedeutung, die der Körperform, dem äußeren Erscheinungsbild im Verhältnis zu Ratio und Emotionen von Frauen beigemessen wird, ist hinlänglich bekannt, ebenso die Symbolik des Körperumfanges (dicke Männer = potent, wohlhabend, geachtet; dicke Frauen = unbeherrscht, genußsüchtig, schlampig; dünne / schlanke Frauen / Männer = asketisch, leistungsfähig im sportlichen und intellektuellen Bereich). Diese allgemeingültigen Bewertungsmaßstäbe machen deutlich, daß die Beantwortung der Frage dick / dünn – medizinische Kriterien ausgeschlossen – nahezu ausschließlich für Frauen zum Problem wird. Der Anteil der magersüchtigen Männer wird denn auch in der Fachliteratur auf 1 ‰ geschätzt.

Spätestens wenn Frauen in die Pubertät kommen, wird ihr Bedürfnis nach Anerkennung und Zuwendung auf den Marktwert ihres Körpers reduziert. Zu diesem Zeitpunkt, wenn nämlich biologische Veränderungen für die Frauen wahrnehmbar werden – die natürlich an gesellschaftliche Anforderungen geknüpft sind –, entstehen neue Einschätzungen des Körpers, z. B. in die Kategorien ‹zu dick›, ‹zu dünn›; ‹normal› gibt es selten.

Über die modische Kleidung hinaus muß nun auch der Körper der jeweiligen «Mode» angepaßt werden (beispielsweise das füllige Weiblichkeitsideal im 18. Jahrhundert – Rubens –, bzw. Twiggy in den 60er Jahren unseres Jahrhunderts; dieses Modediktat ließ die Anzahl der an Magersucht leidenden Mädchen sprunghaft ansteigen).

Der Zusammenhang von psychischem Konflikt und Eß- bzw. Magersucht wird auch durch die erfolgreich abgeschlossenen Therapien bestätigt; es bleibt von daher zu fragen, warum noch immer in zahlreichen Fällen der Versuch unternommen wird, diesen Problemen mit ausschließlich medizinischen Mitteln zu begegnen, zumal die Verarbeitung der gesellschaftlichen Bedingungen, in denen Frauen diese Symptome entwickeln, einen nicht unerheblichen Teil der psychotherapeutischen Behandlung ausmachen.

Vierzig Kilometer hinter Stuttgart …

Erika Gärtner

Es ist fast drei Jahre her, daß ich als Journalistin einmal ein hochinteressantes «Thema» entdeckte. In einer Tageszeitung stieß ich auf den Hinweis, magersüchtige Frauen wollten eine Selbsthilfegruppe in meiner Stadt gründen. Eine Telefonnummer war auch angegeben, und damit wurde meine journalistische Neugierde geweckt. Ziemlich kaltblütig ging ich an die «Sache» heran, nahm sie eigentlich nur als eine Story, die sich verkaufen läßt. Meine erste Begegnung mit den jungen Frauen machte mich ausgesprochen betroffen. Denn was ich nicht erwartet hatte: es waren auch Frauen dabei, mit denen ich mich spielend hätte identifizieren können. Etwa fünf waren wirklich ausgemergelt und dürr. Aber zwei oder drei sahen aus wie ich, normale Figur, meine Größe, Jeans und Pulli, halblange Haare und eine Brille. Daß diese Frauen magersüchtig sein sollten, das hätte ich nie geglaubt. Um so schockierter war ich über die Tragik ihres Alltags, ein Leben zwischen Kühlschrank und Toilette, täglich auftretende Freßanfälle, die immer mit dem Finger im Hals über der Kloschüssel endeten. Es berührte mich ungemein, äußerlich so gesund und lebensfroh wirkende Frauen als Menschen kennenzulernen, die zu ihrer Lebensbewältigung nur durch Fressen und Erbrechen fähig sind. Die Gruppe war für mich bald mehr als ein «Thema», das ich gegen Zeilenhonorar ausschlachten konnte. Die Schicksale verfolgten mich, ich erfuhr mehr und mehr über den teuflischen Eßzwang und die katastrophale Seelenlage der Frauen und begann bald nachzurecherchieren. Dabei stieß ich auf eine Suchterkrankung, die der Magersucht ähnelt, auf die «Bulimia nervosa» oder «Bulimarexie». Ich begann die kümmerlichen Fakten über das süchtige Essen mühselig aus Dutzenden von Büchern herauszusuchen und führte unzählige Gespräche mit Ärzten, Psychologen, Therapeuten, immer mit demselben Ergebnis: daß ich eher aufklären mußte, als daß ich Antworten auf meine Fragen bekommen hätte. Eine Frau hatte ich von Anfang an besonders ins Herz geschlossen, nicht allein, weil wir gleichaltrig sind. Katharina war für mich vom ersten Moment an eine faszinierende Persönlichkeit, und wir pflegten regelmäßig unseren telefonischen Kontakt, auch weit über meine journalistischen Interessen hinaus. Irgendwann einmal lud sie – seither die Stimme aus dem Telefon –

mich zu sich ein. Trotz einiger Bedenken, etwa wie ich mich verhalten soll, wenn sie auf einmal eine Freßattacke bekommt, entschloß ich mich, sie zu besuchen, und die nachfolgenden Aufzeichnungen beruhen auf langen Gesprächen, die wir vom frühen Nachmittag bis zur späten Nacht führten. In der Erinnerung kommen mir die ersten Eindrücke dieser Begegnung wie ein Stückchen Welt der Courths-Mahler vor: Keine vierzig Kilometer hinter Stuttgart beginnt die heile Welt. Ein verwunschenes Sträßchen bahnt sich den Weg durch viel Natur. Weinberge rechts und links des Weges, postkartenblauer Himmel. Es ist ruhig, man hört die Stille atmen. Vögel zwitschern. Im Dorf kennt jeder jeden. Nachbarschaft schreibt man groß. Von der Großstadtanonymität hat man gehört. Und von den Kriminellen, den Ausländern, den Süchtigen. So etwas hier? Nein, danke. Wer arbeitet, kommt nicht auf dumme Gedanken. Marktplatz mit Fachwerkidylle, tagsüber gähnend leer. Am Abend dann ein Hauch rush-hour. Die in der Stadt «schaffen», kommen heim. Etwas später füllen sich die Dorfbeizle, die kleinen Gastwirtschaften, wo man eigenen Wein trinkt und über die Stadtneurotiker nur lachen kann. Am Ende der Straße, fast am Ortseingang, gibt es ein rustikales Haus.

In diesem kleinen schnuckeligen Bauernhaus wohnt Katharina. Hier also, dachte ich, wohnt diese rein äußerlich so intakte Familie. Vater, Mutter (Katharina) und zwei Kinder. Eine anständige Familie, so wie früher. Der Vater geht der Arbeit nach, die Mutter bleibt im Haus und versorgt die Kinder. Auch wenn sie ihr Abitur gemacht hat. Es ist, schlicht gesagt, eine junge, sympathische Familie. Der Mann ist strebsam, die Frau bezaubernd. Sie sieht gut aus und hat zwei so nette kleine Jungen. Ganz der Papa, wie ältere Damen das immer zu formulieren pflegen. Und gut haben es die Kinder auch. Welches Großstadtkind hat schon einen Garten, in dem es spielen kann? Wenn die beiden Stöpsel mal ins Schulalter kommen, dann wird sie die Mama mit dem kleinen Zweitwagen jeden Morgen hinfahren und mittags wieder abholen. Soweit das Klischeebild, die Fassade, die die anderen bestaunen können. Mir gegenüber macht sich Katharina ganz offen Gedanken, ob ihre Familie und sie selbst tatsächlich auf die Mitmenschen im Dorf so «normal» und erfreulich durchschnittlich wirken mögen. Katharina hält sich selbst für eine «völlig unauffällige Süchtige», wenn sie sich auch manchmal so ihre Gedanken macht und versucht, sich selbst durch die Brille ihrer Nachbarn zu sehen. Da ist sie, diese junge reizende Frau, die – komisch! – nie zum Dorffrauen-Treff kommt, um dort gemeinsam Handarbeiten zu machen. Ein bißchen verschlossen wirkt sie, meint Katharina mir gegenüber, und manchmal ein wenig traurig (warum bloß?). Aber immer freundlich und hilfsbereit. Und natürlich wüßten die vom Dorf wahrscheinlich allzugern, wie die vier sich im Haus eingerichtet haben. Aber Kontakte scheut Katharina aus gutem Grund. Die heile Welt soll und muß für die da draußen aufrechterhalten bleiben. Wie's innen aussieht, geht niemanden etwas an. Bei mir macht sie eine riesige Ausnahme. Katharina beginnt ihre Schilderung mit scheinbar Alltäglichem. Oft, so sagt sie, können mich die Nachbarn beobachten, wenn ich mit übervollen Tragetüten heimkomme vom Einkaufen. Mancher – auch ich – mag sich wundern, daß sie dann in größter Eile durch das Gartentor eintritt und es zur Tür hastend laut hinter sich schließt. Solche «Rücksichtslosigkeit» ist ihr kaum zuzutrauen. Mir wird aus ihrem Erzählen jedoch bald klar, daß hier die heile Welt der Courths-Mahler endet und der Alptraum beginnt. Es fällt mir schwer, das Ausmaß von Katharinas Suchtabhängigkeit von ihrer «Droge» Essen zu begreifen – bis sie mich in Gedanken in ihren Alptraum folgen ließ. Was darin passiert, könnte keiner von den Nachbarn im Dorf verstehen. Diese Szene kann sich ein «Normaler» nicht ausmalen – es sind so unfaßbare wie erschütternde Momentaufnahmen aus dem Leben und dem Alltag von Bulimarektikerinnen («Stierhungrigen»). Katharina leidet unter dem unkontrollierbaren Zwang, fressen zu müssen. Wie in einem schlechten Traum wiederholen sich ihre Heißhungeranfälle tagtäglich, an schlimmen Tagen sogar mehrmals. Das Drama, das äußerlich nur durch die Hast am Gartentor auffällt, beginnt mit dem Öffnen der Haustür. Sind die Kinder im Garten geblieben und wollen sie dort spielen, vereinfacht das die «Sache» für Katharina sehr, wie sie mir gesteht. Bei ihrer Schilderung wird mir schnell klar warum. Hat sie nämlich die Wohnungstür hinter sich geschlossen, sich «abgeschirmt», stürzt sie hastig in die Küche. Der Film ihres Suchtverhaltens läuft vor mir ab: Katharina knallt die Einkaufstüten auf den Tisch und reißt die Kühlschranktür auf. Sie greift nach der halbvollen Flasche Wein, schüttet hastig etwas in das ungespülte Glas, gießt Mineralwasser drauf und trinkt alles in einem Atemzug leer. Flüssigkeit, betont sie, ist das A und O beim Fressen. Dann wühlt sie in den Einkaufstüten. Fördert Chips, Fleischsalat, Schokoladentafeln, Kekse, Erdnüsse, Joghurts, eine Packung Eis, zwei süße Waffeln zutage. Wirft alles auf den Tisch, schenkt sich das zweite Glas ein. Nur das Trinken nicht vergessen, sonst kommt hinterher nichts mehr raus. Dann reißt sie Tüten, Verpackungen, Schachteln auf und hat in weniger als zehn Minuten alles verschlungen. Nicht gekaut, nicht geschmeckt, nicht genossen. Nur im Eiltempo von der Packung in den Magen gefüllt, hereingestopft und nachgeschichtet. Ihr ist speiübel. Wenn jetzt nur nicht der Briefträger klingelt oder das Telefon schellt. Sie hält sich den Bauch, prall gefüllt, als sei sie schwanger, fühlt sich hundsmiserabel und schleppt sich mit letzter Kraft zur Toilette. Tür hinter sich zu, Radio auf volle Lautstärke, und dann folgt das Unvermeidliche. Sie schaltet ihr Hirn ab, steckt den Finger in den Hals, und in einem Bruchteil der Zeit, in der sie alles verschlungen hatte, landet die Füllung aus dem Magen in der Kloschüssel. Katharina ist erleichtert. Es hat geklappt, sie fühlt sich leer. Leer und mies, aber beruhigt. Sie blickt in den Spiegel. Hat blutunterlaufene tränende Augen, einen widerlichen Geschmack im Mund, fühlt ihren rasenden Puls. Entkräftet reinigt sie die Toilette – es war das letzte Mal, es wird nie wieder vorkommen. Zwei Stunden später steigt sie in ihr Auto, hektisch, schnell die 500 Meter zum nächsten Lebensmittelgeschäft fahrend. Parkt im Halteverbot, schichtet Unmengen von Lebensmitteln ins Körbchen, drängelt an der Kasse – die Kinder sind doch zu Hause allein, Entschuldigung! Und dann geht alles wieder von vorne los. Wenn ihr Mann am Abend heimkommt, hat sie oft drei bis fünf Freßorgien hinter sich. Zwanzig bis fünfzig Mark sind «auf Umwegen» in der Toilette verschwunden. Den Haushalt hat sie nur mit Mühe geschafft, und ihr Interesse an Unterhaltung, Ausgehen oder Sex ist gleich Null. Sie fühlt sich mies, wie der letzte Dreck, empfindet sich als grenzenlos pervers und ekelhaft. Katharina sagt zu mir, daß sie sich in solchen Momenten schrecklich gerne aussprechen würde. Aber sie kann es nicht. Es gibt kein noch so absonderliches Individuum auf der Welt, das dermaßen verkommen ist wie sie. Denkt Katharina. Natürlich traut sie sich nicht, mit ihrem Mann darüber zu sprechen. Schon gar nicht mit Leuten aus dem Bekanntenkreis. Sie macht sich Vorwürfe, zermartert sich, aber alle guten Vorsätze und jegliche rationale Überlegung nützen nichts. «Ich weiß», bemerkt sie zu mir, «ich habe es wirklich gut: einen lieben, verständnisvollen Mann, zwei gesunde Kinder, ein eigenes Auto, ein schönes, gemütliches Heim, nette Nachbarn – aber mich kotzt das alles an.» Aber auch ich merke es ganz deutlich: Sie kann den ganzen Tag nur ans Essen denken, wird nie satt und hat ständig Angst darum, ihre schlanke Linie zu verlieren. Sie beschreibt mir verzweifelt, wie die täglichen Heißhungerattacken unweigerlich kommen, sobald der Mann aus dem Haus ist und die Kinder – einigermaßen – versorgt sind. Dann steigt wieder diese innere Leere in ihr auf. Der lange Tag liegt wie ein unbeschriebenes Blatt vor ihr, das zu beschreiben in ihr abgrundtiefe Ängste schürt.

Die vielen Stunden bis zum Abend tauchen wie unbezwingbare Riesen vor ihr auf, bedrohlich und fordernd. Die Angst treibt sie zum Kühlschrank, zum Küchenschrank, zum Kaufladen. Heißhungeranfälle kann sie nicht ignorieren. Wenn der Hunger von ihrem Gehirn Besitz ergreift, dann ist alles egal, dann muß sie essen.

Seit zehn Jahren schon ißt Katharina zwanghaft und erbricht anschließend. Zu Beginn entwickelte sie den unbezähmbaren Hunger nur, wenn sie gestresst, traurig oder überfordert war. Dann auch, wenn sie sich langweilte, wenn sie telefonierte, wenn sie sich freute oder gespannt auf etwas wartete. Schließlich merkte sie, daß Gründe für ihre Freßattacken leicht konstruierbar waren – als Rechtfertigung vor sich selbst. Daß Katharina unter anfallartigen Freßattacken leidet, in denen sie innerhalb von wenigen Minuten bis zu 10 000 Kalorien auf einmal zu sich nimmt, kann ich ihr anfangs «unbesehen» kaum glauben. Sie hat Kleidergröße 38. Bei einer Körpergröße von 1,70 Meter wiegt sie 54 Kilogramm. Ihre Idealmaße: 87–60–87 Zentimeter. Fast eine richtige Mannequinfigur. Ich spüre Katharinas panische Angst, diese Figur zu verlieren. Zu hoch war der Preis, den sie zur Erreichung dieser Maße bezahlt hat. Aber was sie ursprünglich nur zur Wahrung ihrer «schlanken Linie» als Ideallösung praktizierte und verdrängte, entwickelte sich zu einem Teufelskreis. Den Kreislauf aus Essen und Erbrechen, dem Katharina tagtäglich erliegt, kennen meinen Recherchen nach etwa 200 000 andere Frauen in der Bundesrepublik. Der Kampf um die Figur verselbständigt sich dabei auf kaum begreifliche Weise, es entsteht eine regelrechte Eß-Verhaltensstörung, der «Stierhunger». Wie auch Katharina verheimlichen fast alle Betroffenen jahrelang und krampfhaft ihre Eßsucht. Heute wundert es mich nicht mehr, daß diese Suchterkrankung noch so unbekannt ist. Ich verstehe Katharina und all die anderen. Die meisten von ihnen waren wie Katharina «ganz gesunde Kinder», zu Beginn der Pubertät dann «etwas rundlich» und machten so im Alter zwischen 15 und 17 Jahren erste einschlägige Erfahrungen mit Abmagerungskuren – von der Nulldiät über FdH, Brigitte-Diät, Schrotkur und Atkins-Diät. Viele finden, wie Katharina meine Vermutungen bestätigt, über das Hungern den Weg in die Freßorgie. Aus körperlicher Not wird nach Abführmittelmißbrauch endlich der Weg ins Erbrechen entdeckt, in eine Sackgasse ohne Ende.

Katharinas Lebensgeschichte liest sich wie viele tausend andere. Es gab Schwierigkeiten in der Jugend, Probleme im Elternhaus, Komplikationen in der Schule. Sie verbrachte ihre Kindheit in einem kleinen Bauerndorf, ähnlich dem, in dem sie nun ein Zuhause gefunden hat. Ihr

Vater war Schulleiter des Ortes, ihre Mutter ebenfalls Lehrerin. In einem Zeitraum von nur fünf Jahren brachte Katharinas Mutter vier Kinder zur Welt. Erst zwei Söhne, dann Katharina und schließlich noch ihr Schwesterchen. Die Mutter war psychisch und physisch am Ende: enttäuscht von der Ehe, abgeschnitten von der Umwelt und überfordert durch das Gewusel von vier kleinen Kindern. Katharina erzählt mir: «Schon von frühester Kindheit an hatte ich das Gefühl, mich einschränken zu müssen, Leben in mir abtöten zu müssen, um die Situation für meine Mutter erträglich zu machen.» Als ältestes Mädchen war es nur natürlich, daß sie die beiden Brüder beaufsichtigen und sich um das Schwesterchen kümmern mußte. Sie fühlte sich dazu verpflichtet und hatte ein schlechtes Gewissen, wenn sie einmal an sich dachte. Sie unterdrückte ihre Wünsche und Bedürfnisse, in der unterbewußten Hoffnung, dann doch ein wenig Zuneigung, Dank und Liebe von der überlasteten Mutter zu erhalten. Sie erinnert sich: «Schon sehr früh übernahm ich Pflichten im Haushalt», doch statt Dank erntete sie Ignoranz. Es war doch selbstverständlich, daß «die Große» anpacken mußte. Der Wind pfiff aus einer anderen Richtung, blies ihr eisig ins Gesicht: «Ich wurde zum Aschenputtel degradiert, wohingegen sich meine Schwester aller Zuwendung und Liebe erfreuen konnte. Das Ausleben von Gefühlen wie Eifersucht, Trauer, Neid oder Angst wurde bestraft und verboten, was ich sehr schlimm in Erinnerung habe.» So wurde Katharinas Innenleben nicht nur in der Entwicklung beschnitten. Auch sämtliche Ventile der «Seelenentlüftung» waren verstopft. Das Kind, das innerlich verhungerte, mußte selbstlos sein und sich in grenzenloser Beherrschung üben, ohne auch nur im mindesten verstandes- oder gefühlsmäßig diese Behandlung zu erfassen. Katharina litt zunehmend unter den starken Gefühlsschwankungen der Mutter, die sie verunsicherten. «Ich fühlte mich von ihr nicht geliebt und akzeptiert», sagt sie heute. Sie glaubte sich nur ausgenützt. «Um ihre Zuwendung zu erzwingen, unterwarf ich mich, wurde überangepaßt, doch der erhoffte Erfolg meiner Anstrengungen blieb aus: ich erntete nur noch mehr Verachtung.» Mit der Einschulung kamen weitere Komplikationen hinzu. Das Mädchen, das durch die Waffe der Hörigkeit und Perfektion um die Liebe der Mutter kämpfte, wurde in der Schule, die der Vater leitete, eingeschult. Der Leistungsdruck wurde noch dramatischer verstärkt. Im Rückblick meint Katharina: «Mein Vater bewertet den Wert eines Menschen nach seiner Intelligenz, und bei mir glaubte er ein geringes geistiges Potential vorzufinden. Je mehr er mich auf meine Intelligenz prüfen wollte, desto mehr reagierte ich mit Leistungsverweigerung.» Aus der blinden Aufopferung und der bedingungslosen Selbstaufgabe entwickelten sich nach all den schwarzen Jahren langsam Trotz, dann Minderwertigkeitsgefühle und Hemmungen. So kann sich Katharina bis heute nicht erklären, wie es dazu kommen konnte, daß ihr manchmal «die Spucke wegblieb» und ihr Gehirn wie leergefegt war. «In bestimmten Situationen konnte ich die einfachsten Antworten nicht geben. Ich hatte einen Blackout.»

Die Angst, nichts wert zu sein und dann auch noch zu versagen, lähmte sie immer mehr und wurde gleichzeitig zum immer heftigeren Ansporn ihres Ehrgeizes. Sie besuchte nach der Volksschule schließlich das Gymnasium und hatte bis zur Pubertät «recht gute Zeugnisse» – die aber in den Augen ihres Vaters eher ungenügend waren. Der Einschnitt, den die beginnende Pubertät für Katharina brachte, war verhängnisvoll. Hatte sie schon in der Kindheit an sich selbst gezweifelt, mußte sie nun eine neue, noch schwerere Rolle üben: die der Frau. Das Vorbild ihrer Mutter vor Augen, der verlorenen Kindheit nachtrauernd und rebellierend gegen die Anpassung ins Rollenklischee, schwand der letzte Rest von Selbstvertrauen, Zuversicht und Hoffnung. Angst und Unbefriedigung wurden zum vorherrschenden Gefühl. Katharina berichtet: «In der Pubertät brachen mir die Kämpfe um den kümmerlichen Rest an Persönlichkeit endgültig das Genick. Freundinnen, die mir zu meiner Selbstfindung hätten Hilfe leisten können, hatte ich nicht, da nach der Schule jeder in die bis zu 25 Kilometer entfernten Dörfer fahren mußte.» Niemand gab Katharina das Gefühl, überhaupt noch etwas wert zu sein. Sie sah in ihrem Leben immer weniger Sinn und sprach sich selbst das Recht auf die geringsten und natürlichsten Bedürfnisse ab. Die «Erziehung» durch die Eltern war überstreng. «Die Aufnahme von Kontakten wurde immer negativ sanktioniert», schildert Katharina. Als sich dennoch eines Tages ein Mensch – ein junger Mann – für sie interessierte, grenzte das für das junge, hübsche Mädchen fast schon an ein Wunder. Sie ergriff «die Gelegenheit beim Schopfe», und «so lieferte ich mich total vereinsamt an einen Freund aus, dem ich fast hörig war. Ich hatte das Gefühl, für meine Eltern – besonders für meinen Vater – ein billiges schlechtes Mädchen zu sein, da ich mich schon mit meinen nur 15 Jahren für das andere Geschlecht interessierte.» Dort suchte sie die Wärme, nach der sie ein Leben lang gehungert hatte – und fand Sex. Was ihr eigentlich Genuß verschafft hatte, durfte sie sich aber nicht eingestehen. Ein Mensch ohne Rechte, als den sich Katharina damals empfand, muß ja ein schlechtes Gewissen entwickeln, sobald er sich Rechte «herausnimmt». Die Befriedigung durfte sie sich also nicht zugestehen. «Mit meinen ersten sexuellen Kontakten hielt ich mich dann selbst für eine Hure und begann zu hungern.» Katharina entzog sich das einzige Objekt, das bisher ihrer Befriedigung gedient hatte – das Essen. Das war zum einen Strategie, um gewissermaßen zurückzuschlagen. Zum anderen drückte sie damit ihre Hilflosigkeit mit dem einzigen ihr verbliebenen Mittel aus: ein körperlich formulierter Hilfeschrei, eine letzte Bitte um Leben und Liebe. Katharina berichtet: «Ich konnte drei bis vier Tage lang nichts essen und freute mich darüber, meine Mutter damit quälen zu können. Ich wollte sie für die mangelnde Zuwendung und ihre Lieblosigkeit bestrafen.» Es blieb nicht beim Hungern. «Bald stellten sich Freßorgien ein, da ich mit diesem Verhalten noch weit mehr Empörung heraufbeschwören konnte, denn meine Mutter war inzwischen wieder als Lehrerin tätig und registrierte oft nicht einmal, wenn ich einen ganzen Tag nichts gegessen hatte.» So konnte Katharina zwei Fliegen mit einer Klappe schlagen: sich an der Mutter rächen und sich körperlich einverleiben, was ihrer Seele vorenthalten worden war. Der Hunger, der meinem Eindruck nach einem psychischen, keinem physischen Gefühl entsprang, war bald nicht mehr zu stillen, und weil Befriedigung nicht einkehrte, fand Katharina mit dem Ausufern ihrer Eßgelage den Weg ins Erbrechen. Sie erzählt: «Nun begann der Kampf um Lebensmittel. Ich stahl meiner Mutter heimlich alles weg, aß fast den ganzen Tag und erbrach mich wieder.» Diesen eigentlichen Beginn ihrer «Bulimia nervosa» interpretiert und analysiert Katharina heute folgendermaßen:

«Die verbale Kommunikation zwischen meinen Eltern und mir hatte sich auf eine nonverbale Ebene verschoben. Ich brachte einerseits zum Ausdruck, daß meine Mutter mich – ihr Kind! – nicht ernähren konnte, daß sie mir also nichts Lebenserhaltendes geben konnte. Ich konnte ihr damit vielmehr beweisen, daß ich mir selbst Nahrung und damit verbundene Lebenskraft wie Liebe, das Gefühl, angenommen worden zu sein etc., stehlen mußte, und zwar im Übermaß. Durch das Herauskotzen all dieser Lebensmittel brachte ich andererseits meine ganzen Aggressionen mit heraus. Im Kampf um meine Wünsche, meine Bedürfnisse und mein Leben war ich sprachlos geworden. Davor hatte ich immer nur einen dicken schmerzenden Kloß im Hals gespürt, wenn ich Auseinandersetzungen im Elternhaus hatte – nun entwickelte ich die erlösende Fähigkeit, alles aus meinem Innersten ‹auszuspucken› – wenn auch nur in bildlicher Form.» Das unverstandene oder besser: nicht akzeptable Verhalten der Tochter führte in der Familie zu immer größeren Konflikten. Katharina glaubt heute, daß ihre Mutter unbewußt wohl die verzweifelte Botschaft der Tochter verstand, «sonst hätte sie mich sicher nicht so stark bekämpft». Weniger um Besorgnis über die schädliche neurotische Störung als aus Verärgerung verfolgte Katharinas Mutter ihre Tochter, um sie am Essen zu hindern. «Sie versteckte sich in der Küche, im Keller, überall, wo sie glaubte, mich auf frischer Tat ertappen zu können. Wenn ich aufs Klo ging, schaute sie durchs Schlüsselloch ... alles, was ich tat, wurde registriert.» Katharina hielt diese Situation nicht mehr aus. Wie viele andere krankhaft Eßsüchtige, mit denen ich schon sprach, suchte sie die «Lösung» in einem Selbstmordversuch – der mißlang. «Um vom Krankenhaus nicht wieder nach Hause zu müssen», erzählt sie, «bat ich um die Einweisung in die Psychiatrie. Nach sechs Wochen kam ich nach Hause, doch für mich war eigentlich alles nur noch schlimmer geworden. Man nahm mir schwer übel, das Bild der intakten Familie in Frage gestellt zu haben.» Katharina «brach aus» und versuchte sich erfolgreich mit der Gründung einer eigenen Familie – die ursprünglich auch auf mich mustergültig wirkte. Sie lernte nach dem Auszug von «zu Hause» ihren jetzigen Mann kennen. «Er war voller Lebenslust, voller Tatendrang, hatte Eigeninitiative und war kreativ.» Zudem war er zwölf Jahre älter – ein idealer Vaterersatz und ein liebender Freund. Katharina war damals biegsam, eine Frau, die keinerlei Selbstwertgefühl entwickelt hatte und zu diesem Mann aufschaute. Ihre Minderwertigkeitsgefühle dämpfte sie heimlich mit den Freß-/Brechorgien ab. Als sich das erste Kind ankündigte, glaubte sie mit der Sucht brechen zu können. Vergeblich. «Ich kotzte weiter, bis ich hochschwanger war. Ein Wunder, daß ich ein gesundes Kind zur Welt brachte. Obwohl ich wahnsinnig Angst um das Kleine hatte, mich fürchterlich vor Selbstvorwürfen über meine Unbeherrschtheit zermarterte, half nichts – auch nicht bei der zweiten Schwangerschaft.»

Am Gemüt von Katharina hat sich durch den positiven Einfluß dieses Ehemannes einiges zum Guten hin geändert, wenn sie mir auch heute noch gehemmt und ängstlich vorkommt. «Ich nahm an seinem Leben teil, und ganz langsam, Schritt für Schritt, lernte ich wieder, Freude zu empfinden.» Ein eigentliches Leben konnte sie meines Erachtens bis jetzt jedoch nicht entwickeln. Ihrem eigenen Empfinden nach brachte ihr eine Traumanalyse mehr Bewußtsein, durch das ihre Persönlichkeit gefestigt wurde. Die Symptome des zwanghaften Essens und Erbrechens aber verschwanden nicht. Heute geht es Katharina dreckiger denn je, meine ich. Sie nimmt bewußt wahr, daß sie suchtabhängig ißt und sich aus eigener Kraft dem Teufelskreis nicht mehr entziehen kann. Sie leidet an Kreislaufstörungen, Magenschmerzen, hat empfindliche Nieren, oft entzündete Augen, kaputte Zähne und zeitweilig Herzrhythmusstörungen. Mich erschütterte besonders, daß sie anscheinend um so tiefer in ihre Sucht hineindriftet, je mehr sie über ihre Krankheit erfährt. Seit sich aus der Freßorgie die Neurose entwickelte, hat sie sich offenbar mehr und mehr selbst kennengelernt – und verzweifelt immer mehr an sich selbst. Sie frißt heute ihre Angst zu leben auf, sie kann ihr Dasein voller Furcht und Defizite nur noch mit der Flucht ins Essen bewältigen. Gefühle wie Hunger oder Sättigung spürt sie nicht mehr körperlich. Seit sie an einer Selbsthilfegruppe für bulimarektische Frauen teilnimmt, wurde Katharina klar, daß sie in ihrer Ehe nur «aus zweiter Hand lebt». Ihrem Mann muß das schon früher gedämmert haben, er versuchte, das Treffen zu verhindern. Seine Reaktion ist nur natürlich: Schafft es Katharina wirklich eines Tages, ihren Verpflichtungskreis zu durchschauen als eine Fessel, wie sie sie in der Kindheit erlebte, dann wird sie alles versuchen, sich aus dem zweiten Gefängnis ihres Lebens zu entfernen. Der Mann, der das Fügsame, das Genügsame und das Biegsame seiner Frau schätzen, lieben und – möglicherweise – auszunutzen lernte, wird dann vor der Alternative stehen, sie leben zu lassen oder in die Scheidung einzuwilligen. Etwas beginnt schon in Katharina zu rebellieren. Dem schlafenden Löwen in ihr steigt der verführerische Duft von Leben in die Nase.

«Ich stimme nicht»

Anna M.

>Von einer, die 24 Jahre alt ist
>schwimmt in einem Meer von Ängsten
>mit einem plastikroten Schwimmflügelchen
>gefüllt mit 2 Küßchen
>einer von Mami und einer von
>>x-be lieb ig
>>ei ei ei
>
>Schwimmt mit einem Sahnebauch
>durch Kleinkarierte
>selber ein Karo
>
>schläft auch ohne Wiege und
>hat unter ihrer Bettdecke
>eine Träne versteckt

Ich bin jetzt 28 Jahre alt und seit 15 Jahren magersüchtig. Damals, mit 12 Jahren, habe ich angefangen, mich zu dick zu fühlen. «Zu dick» – das war – und ist nur ein Sammelbegriff für ganz viele diffuse Gefühle: Ich fühlte mich nicht gemocht, vernachlässigt, benachteiligt, ich war nicht liebenswürdig, ich war nicht richtig. Und ich entwickelte die Überzeugung, daß der Grund dafür meine Pickel, meine fettigen Haare, mein dicker Bauch, mein watscheliger Gang, meine nasale Stimme war. Das alles heißt «Ich bin zu dick». Ich stimme nicht.

Der Beginn meiner Magersucht fällt mit der Zeit zusammen, in der ich angefangen habe zu bluten. Ich blutete gleich im 3. Monat ununterbrochen mehrere Wochen. Ich weiß nicht, warum, und ich weiß nicht mehr, wie ich diesen ununterbrochenen Blutfluß verarbeitet habe.

Zur gleichen Zeit habe ich auch meine erste Brille wegen Kurzsichtigkeit bekommen ...

Ich war überzeugt, unerotisch und häßlich und deshalb ungeliebt zu sein. Das heißt auch, daß ich bis dahin gelernt hatte, daß ich nun schön und erotisch sein müßte und ich dies als ungeheuren Druck empfunden habe. Ich suchte brennend nach Anerkennung, nach Liebesbeweisen, nach der Bestätigung, daß ich richtig bin, und immer las ich aus den Worten, Gesten, Gesichtern anderer nur Ablehnung. Was an mir nicht stimmt, konnte ich nie so richtig fassen, und mir blieb nichts als mein Körper, den ich dafür verantwortlich machen konnte. Ich versuchte, ihn möglichst wenig in Erscheinung treten zu lassen, seine Ausformungen zu verhindern durch Hungern. Bei dieser enormen Anstrengung «wußte» ich aber immer, daß es mir nie gelingen würde, meinen Körper so zu manipulieren, daß er richtig ist.

> Ich werde keine Frau sein,
> wenn ich nicht will!!
>
> Ich kann ein Blutegel sein
> und mein eigenes Blut verbluten
>
> Ich kann ein Kreisel sein
> immer um rum rum
>
> Ich kann ein Püppchen sein
> lecker schleck schleck
> mit verlorenen Perlen
>
> Ich kann mir meinen Verweigerungstod
> unter das Sahneeis mischen

Ich war süchtig nach einem großen, bedingungslosen JA zu mir, und ich orientierte mein ganzes Handeln daran, den vermuteten Erwartungen anderer gerecht zu werden. Diese totale Abhängigkeit von der zustimmenden Bestätigung anderer bestimmte alle meine Beziehungen und bestimmt sie auch heute noch, wenn auch nicht mehr so bruchlos.

Nach einer kurzen Liebesbeziehung, in die ich alle meine Sehnsüchte gelegt hatte; bereit, so zu sein, wie ER mich wünscht, und bereit, keine eigenen Gedanken, Meinungen, Bedürfnisse mehr zu haben; für ein paar Stunden belohnt durch Zärtlichkeit und erotische Anerkennung und sogar durch Momente von glücklicher Erregung und gelöster Körperlichkeit – nachdem also darauf die Enttäuschung folgte: «Ich bin doch nicht wichtig» –, habe ich mit 17 Jahren zum erstenmal gefressen und gekotzt. Ich hatte keine Kraft mehr zu hungern, wußte nicht mehr, wofür; und wußte nicht, wohin mit meiner hellwachen Lust.

Dann habe ich ge-essen, habe alle Regeln, Verbote, Gebote, alle

vermuteten Erwartungen an mich ver-gessen, bis ich irgendwann aufhören mußte zu essen und die Schuld und das Chaos und die Angst vor
der Ablehnung über mir zusammenbrachen und mir das Kotzen als der
einzige Ausweg erschien. Ich konnte es nicht zulassen, dicker zu werden. Wenn ich dicker würde, würde mein Körper für alle sichtbar eine
Schwäche demonstrieren: meine Eßlust, meine Lust zu genießen –
überhaupt LUST! dieses undisziplinierte, unkontrollierbare, bedrohli-
che Gefühl – Fett bedeutet Versagen, Schmutz, Blöße, zuviel ICH.

Bis heute habe ich es nicht geschafft, mir selber dieses JA zu geben,
das ich so sehnsüchtig brauche. Manchmal – in guten Stunden – mag ich
mich; auch meinen Körper. Dann fühle ich mich schön und anziehend.
Aber bestehen bleibt immer der Zweifel, ob diese Wahrnehmung nicht
in den Augen anderer lächerlich und absurd ist. Und diese «anderen
Augen», mit denen ich mich dann sehe, verunsichern mich in meiner
Liebe zu mir und zerstören sie oft.

> Habe eine Tasche voller Bonbons
> zu verschenken
> augenzwinkernd und
> im Vorbei-gehen zugesteckt worden
> augenförmig ohne Wimpern
> schlüpfen nachts
> in meine warmen Nagelbetten
> kleben mir die Hände zu!
> die ich brauch –
> für mich.

Das bedeutet für mich jeden Tag: Ich habe Angst, allein zu sein, und
fühle mich ganz oft allein – mache mich allein. Ich habe Angst vor
Nähe, weil ich vorwegnehme, daß meine Nähe jemand anderem unangenehm ist.

In «Zweierbeziehungen» schaffe ich nur eine extreme Abhängigkeit,
klammere mich an die Liebe, die ich dort bekomme, und will in jeder
Minute das totale Ja, um es in der nächsten wieder zu bezweifeln. Auseinandersetzungen bedrohen mich und kosten mich eine enorme Anstrengung. Gleichzeitig stehe ich unter dem permanenten Druck, mich
auseinandersetzen zu müssen, um jede bestehende Differenz zur totalen Übereinstimmung wegzureden. Ich entwickle ein totales Kontroll-
system für mich selbst: ich stehe dauernd neben mir, beobachte, wie ich
aussehe, was und wie ich esse und ob ich meine Grenzen einhalte, werte

mein Verhalten, meine Gesten, meine Mimik, meine Worte aus im Hinblick darauf, ob ich darin den Erwartungen der anderen gerecht werde. «Die anderen», das ist dabei eine Ansammlung von Vermutungen, Ahnungen, Projektionen; das sind die Hüllen, in die ich meine Regeln, Tabus, Verbote hineinbaue, mit denen ich meine Kontrolle und damit eine tägliche ungeheure Anstrengung organisiere. Und es gibt keinen Punkt, an dem ich ankommen möchte mit dem Gefühl, richtig zu sein.

Es gibt wochenlange Phasen, wo ich jeden Morgen Angst habe vor dem Tag; vor der Anstrengung, diesen Tag gut zu leben. Ich breche aus dieser Anstrengung aus, indem ich fresse und kotze. Ich bin süchtig danach, mich nicht so anstrengen zu müssen beim Leben. Ich bin freß- und kotz-süchtig. Ich bin magersüchtig, und ganz im Innern bin ich sehn-süchtig danach, eine selbstbewußte, freie Frau zu sein. Frei von der Abhängigkeit von permanenter Bestätigung durch «die anderen» und frei von dem Zwang, zu fressen und zu kotzen. Ich sehne mich danach, mich loszulassen und mich zu zeigen, aber gleichzeitig birgt diese Vorstellung für mich eine ungeheure Bedrohung.

Die Sucht erlebe ich konkret so, daß mich eine starke Unruhe erfaßt; meine Hände, meine Augen, mein ganzer Körper und meine Gedanken sind unruhig, ich bin unfähig, meine Gedanken auf irgend etwas zu konzentrieren, und wie in einem Wahn ist mein Körper erfüllt von dem Zwang, essen zu müssen. Ich renne dagegen an, und manchmal schaffe ich das. Manchmal kann ich einen Kraftsprung reißen – so empfinde ich das – und irgendwo landen, wo sich diese Unruhe verflüchtigt in Tränen, in Bewegung, in Berührung. Wenn ich dem Eßzwang nachgebe, werde ich ruhiger. Zunächst esse ich hastig, dann immer langsamer und gelassener. Sobald ich ein erstes Sättigungsgefühl übergessen habe, gibt es keine Grenzen mehr. Es ist nur Ruhe, Flucht, Gedankenlosigkeit. In diesen Situationen kann ich manchmal Gefühle zulassen, die ich sonst so weit tabuisiere, daß sie nur noch als diffuse Unruhe zum Ausdruck kommen. Sexuelle Sehnsüchte, Wut- und Haßgefühle, Distanzierungswünsche ... Empfindungen, mit denen ich *Schuld* verbinde und die deshalb für mich bedrohlich sind.

Aber ich stehe auch oft neben mir, beobachte meine Freßorgie und empfinde Ekel vor der Hilflosigkeit, Trägheit und Leere, die ich dann verkörpere. Mit dem Kotzen beseitige ich die Spuren dieser trägen Gier auf eine Weise, die meinen Selbst-Ekel und Selbst-Haß noch verstärken. Nie fühle ich mich danach erleichtert und frei, auch nicht weniger häßlich und allein, sondern ich empfinde mich zusätzlich schuldig, restlos leer und körperlich kraftlos.

16 Jahre schon lebe ich mit meiner Sucht, und es gab Phasen, in denen ich monatelang nichts anderes tun konnte (wollte?) als fressen und kotzen. Aber ich kämpfe dagegen an – oft mit großer Anstrengung –, und ich weiß auch, daß sich schon viel bewegt hat. Inzwischen schäme ich mich nicht mehr; ich kann über meine Sucht reden und Unterstützung fordern; ich schaffe es oft, meine Unruhe auf andere Weise auszuagieren, kotze längst nicht mehr jeden Tag (manchmal zweimal in der Woche, manchmal einmal im Monat) und kann mich an anderen Tagen auch mit Genuß satt essen; ich erlaube mir inzwischen viele Speisen, die noch vor einigen Jahren absolutes Tabu waren; habe meine Gewichtsgrenzen relativiert; bin insgesamt weniger streng mit mir.

Der Anfang dieser Entwicklung war, aus der Heimlichkeit herauszugehen und die Erfahrung zu machen, auch trotz dieser Sucht Sympathie, erotische Anerkennung und manchmal Liebe zu bekommen.

Eine wichtige Erfahrung war für mich die ca. einjährige Gestalttherapie, die ich in einer ganz akuten Phase meiner Sucht begonnen habe, bei einer Frau, die ich gern mochte und zu deren therapeutischer Arbeit ich Vertrauen hatte. Dabei habe ich gelernt, daß es kein Weg ist, meine Kontrollmechanismen durch andere Kontrollmechanismen zu brechen. Zu Beginn der Therapie hatte ich die Erwartung: «Ab jetzt darf ich nicht mehr kotzen» und «Jetzt muß ich dicker werden». Ich war erstaunt, daß ich gar nichts *mußte*! Es ging nicht um Verbote oder Erlaubnisse – es ging um eine Entscheidung, nämlich: erfahren zu wollen, was mich daran hindert, meinen Freß- und Kotzzwang aufzugeben. Ich habe gelernt, daß die Bestrafungssysteme, die ich mir eingerichtet hatte, ein Mittel waren, mich nicht mit meiner Sucht zu konfrontieren. Je mehr ich die Scham verlor, je mehr ich mir erlauben konnte, gemeine Wünsche und Bedürfnisse einzugestehen, je mehr konnte ich mich aus den Sucht-Strukturen lösen.

Ich bin meine Sucht durch die Therapie nicht losgeworden, aber sie hatte nicht mehr soviel Platz in meinem Leben, ich konnte wieder für andere Dinge und andere Menschen Interesse und Aufmerksamkeiten entwickeln, und meine Erlebnisfähigkeit nahm zu.

Endgültig die Scham verloren habe ich durch den zunächst sporadischen Austausch und später die zweijährige kontinuierliche Selbsthilfe-Arbeit mit anderen magersüchtigen Frauen. Wir waren uns gegenseitig Spiegel und Stütze und haben uns gefordert in der Auseinandersetzung um unsere Konkurrenzgefühle, unser Eßverhalten, unsere Ausweich-Muster in Konflikten, unsere Sexualität, unsere Erniedrigungserfahrungen in Beziehungen zu Männern. Ausgegangen sind wir dabei von der Erkenntnis: Wir sind nicht krank, und wir sind nicht schuldig. Wir hatten/haben gute Gründe, uns zu verweigern. Aber wir sind verantwortlich für unser Leben, und mit der Sucht zerstören wir uns selber.

Nicht Schuld, sondern das Interesse, selbstbewußt mit Lust zu leben, ist unsere Motivation für den Versuch, aus den Suchtstrukturen herauszukommen.

Wir haben die Gruppe jetzt aufgelöst, weil wir an einem Punkt angekommen waren, wo wir uns nicht mehr gegenseitig unterstützen können. Wir suchen nach neuen Wegen und treffen uns noch alle vier Wochen. Ich weiß, daß ich noch harte Arbeit vor mir habe, und ich weiß auch, daß ich es schaffen kann.

Der unstillbare Hunger

Christiane Aliabadi
Margarete Daub

Als wir anfingen, uns auf Psychotherapie mit Eßsüchtigen zu spezialisieren, wollten wir sowohl Frauen als auch Männer ansprechen. Wir hatten nicht damit gerechnet, daß sich ausschließlich Frauen melden würden. Wo bleiben denn die übergewichtigen Männer? Wir vermuten, daß ihr Leidensdruck nicht so groß ist, da dicke Männer doch vielfach immer noch als stattlich gelten. Von einer Frau hingegen wird in unserer Gesellschaft gefordert, schön zu sein, und Schönsein heißt Schlanksein! Ein weiterer Grund könnte sein, daß es für Frauen leichter ist, eine Psychotherapie zu machen, während Männer lieber zum Arzt gehen, da sie sich bei dem nicht mit ihren Gefühlen und Problemen auseinandersetzen müssen. Vielleicht liegt es auch daran, daß die Frauen, die sich zu einer Therapie entschließen, nicht mehr an den Erfolg einer noch so vielversprechenden Diät glauben können, weil es zwar vielen gelingt, durch extreme Hungerkuren erfolgreich abzunehmen, doch nach kurzer Zeit die mühsam und unter vielen Entbehrungen abgehungerten Pfunde wieder drauf sind. Der Plan, eine Diät zu machen, entsteht aufs neue.

Obwohl wir im folgenden hauptsächlich am Beispiel übergewichtiger Frauen die Eßsuchtproblematik aufzeigen, gelten viele der angesprochenen Punkte in ähnlicher Form auch für die anderen Eßstörungen, wie Magersucht, Bulimarexie und latente Fettsucht.

Bei allen Frauen steht die Sucht in Zusammenhang mit ihrer Entwicklung als Frau und ihrer momentanen Lebenssituation. Für viele ist es bereits ein Schritt hin zu mehr Selbständigkeit und weg von der Sucht, sich überhaupt um einen Therapieplatz zu bemühen und regelmäßig an den Gruppenabenden teilzunehmen. Für Ehefrauen und Mütter bedeutet es, sich Zeit für sich selbst zu nehmen, für sich Geld auszugeben, oft auch gegen den Widerstand des Partners die Therapie zu machen und mit möglichen Vorwürfen fertig zu werden. «Was brauchst du eine Therapie, deine Probleme kannst du doch auch mit mir besprechen» oder nach einer Weile der Druck: «Das nützt doch sowieso nichts, ist doch rausgeschmissenes Geld, du hast ja immer noch nicht abgenommen. Du vernachlässigst nur mich und die Kinder.»

Wir möchten nun einige Punkte aufgreifen, die in der Therapie eßsüchtiger Frauen immer wieder im Mittelpunkt stehen.

Viele erwarten allein von der Tatsache, daß sie Therapie machen, schon eine Veränderung, vor allem daß sie abnehmen werden. Immer wieder müssen wir aufzeigen, daß Verhaltensweisen und Reaktionsmuster, die jahrzehntelang eingeschliffen und eingespielt sind, sich nicht von heute auf morgen ändern lassen und daß die Frauen eine Menge dafür tun müssen.

Dies fällt besonders denen schwer, deren Lebenssituation sehr festgefahren ist. Manche haben z. B. früh geheiratet, Kinder bekommen und sind ohne Ausbildung. Mann und Kinder sollen nun ihr Lebensinhalt sein und sie glücklich machen. Die Illusion bricht schnell zusammen. Allein zu Hause fühlen sie sich zunehmend einsamer und stumpfer, greifen immer mehr zum Essen. «Wenn ich mich so richtig vollgeschlagen habe, fühle und denke ich nichts mehr, es ist so, als ob ich Kuchen im Gehirn habe.» Fangen diese Frauen dann doch noch an zu arbeiten, so oft an Arbeitsplätzen, an denen sie ihre Fähigkeiten und Möglichkeiten nicht entfalten können. Während der langen Jahre, in denen sie nur für die Familie da waren, haben sie nicht geübt, ihren Impulsen und Wünschen nachzugehen, oft spüren sie diese nicht einmal mehr. Unzufrieden mit sich, ihrem dicken Körper, dem Arbeitsplatz, dem Mann und ihrem Heim, das zum Gefängnis geworden ist, sehen sie keinen anderen Ausweg, als sich mit Essen zu betäuben.

In der Therapie werden nun erste kleine Schritte erarbeitet: Nimm wahr, in welchen Situationen du essen möchtest und welche Gefühle und Wünsche du dabei hast, wovor du Angst hast; teile deinem Mann mit, was du eigentlich von ihm erwartest; achte darauf, wo du dich zu kurz gekommen fühlst, wo du dich durchsetzen solltest; suche nach konkreten Möglichkeiten, deine Lebenssituation zu verbessern.

Viele Frauen kommen mit dem Wunsch in die Therapie, ganz schnell in eine schlanke, aktive und kontaktfreudige Frau verwandelt zu werden. Manchmal dauert es sehr lange, bis dieser Traum aufgegeben werden kann und die Frauen akzeptieren, daß viele Schritte notwendig sind, um von der Sucht loszukommen. In der Gruppe zu sagen: «Ich möchte etwas für mich tun», «Ich habe mich über dich geärgert», «Ich möchte dich gerne mal anrufen und mit dir etwas unternehmen», fällt vielen ungeheuer schwer. Die Angst, abgelehnt oder nicht ernst genommen zu werden, den andern zu kränken oder im Mittelpunkt zu stehen, kann sie am Aussprechen hindern.

Im Laufe der Therapie wird den Frauen der Zusammenhang zwischen süchtigem Essen und ihren negativen Gefühlen deutlich. Obwohl anzunehmen wäre, daß ein eßsüchtiger Mensch mit Genuß ißt, trifft dies selten zu. Vielmehr wird das Essen hineingeschlungen. Die einzigen Gefühle, die dabei entstehen, sind Schuldgefühle und Selbstvorwürfe. Die Frauen hassen sich dafür, daß sie schon wieder zuviel gegessen haben und vielleicht dicker geworden sind. Sie fühlen sich häßlich, verachten sich und isolieren sich dann oft von den anderen. Wegen des dicken Körpers glauben sie auf alle Aktivitäten verzichten zu müssen. Bleibt in ihren Augen nur noch das Essen: der Teufelskreis schließt sich.

Eßsüchtige essen nicht nur zwanghaft, sondern ihre Gedanken kreisen auch ständig um das Essen und ihren dicken Körper. Wenn sie abnehmen wollen, setzen sie sich durch die Diät wiederum einem Zwang aus. Unterstützen wir die Frauen darin, sich beim Essen nicht mehr unter Druck zu setzen, tritt bei fast allen massive Angst auf. «Wenn ich immer essen würde, worauf ich gerade Appetit habe und was mir schmeckt, wenn ich mir die ‹dickmachenden› Lebensmittel nicht mehr verbiete, werde ich noch fetter werden», wehren sie sich. Oftmals erfolgt dann auch kurzfristig eine Gewichtszunahme; ist das Verlangen nach den verbotenen Nahrungsmitteln oder Naschereien jedoch erst mal befriedigt, läßt die Gier nach.

Jede übergewichtige Frau lebt mit der Vorstellung, das Leben beginne erst, wenn sie ihr Idealgewicht erreicht hat. «Wenn ich schlank wäre, würde ich schwimmen gehen oder anderen Sport treiben. Weil ich so dick bin, muß ich auf alles verzichten.» – «Wenn ich nicht so dick wäre, hätte ich bestimmt einen Partner.» – «Wenn ich weniger wiegen würde, dürfte ich mich auch mal wehren, jetzt habe ich kein Recht dazu.» – «Wenn ich erst schlank bin, kann ich mir meine Freunde aussuchen. So muß ich froh sein, daß sich überhaupt jemand mit mir abgibt.» Ein bedeutsamer Schritt in der Therapie ist für jede Frau die Erkenntnis, daß die Probleme mit Erreichen der Idealfigur nicht gelöst sind. Wenn sie etwas verändern wollen, müssen sie heute, so wie sie sind, damit anfangen. Sie lernen, daß der dicke Körper sie vor der Konfrontation mit den eigenen Schwächen schützt sowie vor Aktivitäten, die ihnen eigentlich angst machen. Hat eine Frau nicht gelernt, «nein» zu sagen, läßt sie ihren dicken Körper für sich sprechen, z. B. wenn sie nicht mit einem Mann schlafen möchte.

Solange Essen noch Trostpflaster ist, unangenehme Gefühle damit zugedeckt werden, wenn Ärger, Wut und Verletztsein «hineingefressen» werden, erfüllen Essen und Übergewicht eine wichtige Funktion.

Es wird den Frauen erst gelingen, abzunehmen bzw. ein normales Verhältnis zum Essen zu bekommen, wenn sie anfangen, ihre Gefühle wahrzunehmen, ihre Wünsche und Bedürfnisse mit Worten statt mit der Fettschicht auszudrücken und sie nicht nur mit Essen zu befriedigen, wenn sie beginnen, Verantwortung für sich und ihren Körper zu übernehmen und sich selbst zu akzeptieren mit ihren positiven und negativen Seiten.

Allerdings erfolgt dies nicht zwangsläufig. Wenn auch bei unserer Arbeit hauptsächlich psychische Faktoren und die konkreten Lebensbedingungen berücksichtigt werden, muß zudem direkt an den Eßgewohnheiten gearbeitet werden. Zwar wissen fast alle Eßsüchtigen den Kaloriengehalt der meisten Lebensmittel auswendig, gleichzeitig fehlen ihnen jedoch Informationen über vollwertige Ernährung, Eßverhalten, «Überhungern» etc.

Im folgenden beschreibt eine ehemalige Klientin die Bewältigung ihrer Eßprobleme. Sie greift dazu den Aspekt Partnerschaft auf.

Tagebucheintragung vom Juni 81
Seit Ende Februar nehme ich an der Gruppentherapie zum Problem der «Eßsucht» bei Christiane und Margarete teil. Ich hatte geglaubt, mein Problem mit Diäten in den Griff zu bekommen und als «schlanke» Jutta ein Leben mit Liebe, weniger Frustrationen zu leben und u. a. mehr Chancen bei Männern zu haben. Alles, was bei meinen Beziehungen zu Männern schief lief, habe ich auf meine überflüssigen Pfunde geschoben, nach dem Motto: «Mich kann er ja nicht mögen, wenn ich so dick bin!»

So konnte ich für vieles, was bei mir nicht lief, mein Dicksein als Entschuldigung gebrauchen. Ich habe schon seit Jahren den Wunsch, dünner zu werden, doch mit dem «Erfolg», daß ich ein völlig anormales Eßverhalten habe: Diät – Eßsucht – Diät – Eßsucht.

Wie äußerte sich meine Eßsucht? (Tagebucheintragung vom Juni 81)
Immer wenn ich Probleme habe und eine Diät nicht einhalte, was während der letzten Jahre immer wieder der Fall war (ich möchte gerne 15 Pfund leichter sein), raste ich beim Essen aus. Ich fahre los und hole mir vom Bäcker ca. 5 – 8 Stücke Kuchen, kaufe mir Schokolade, Süßigkeiten, Brot, Aufschnitt wie Salami etc. und stopfe all diese Nahrungsmittel, die ich mir sonst verbiete, in mich hinein. Selbst nachts, wenn die Geschäfte geschlossen sind, finde ich bei einem Eßsuchtanfall noch einen Weg, mir Süßigkeiten zu beschaffen. Ich setze mich ins Auto, nachdem ich schon im Bett war, und suche mir einen Kiosk oder eine Tank-

stelle, die nachts noch geöffnet haben. Einen Teil der Sachen schlinge ich schon während der Fahrt runter, den Großteil esse ich jedoch im Bett, gekoppelt mit Lesen. Obwohl ich mich vor Völlegefühlen gar nicht mehr richtig rühren kann, treibt mich eine innere Stimme dazu, alles, was ich jetzt gekauft habe, auf einen Schlag aufzuessen, z. B. 3 Tafeln Schokolade, 2 Mars, 1 Bounty, 1 Snickers, 1 Schachtel Toffifee …

Ab morgen gelten dann die neuen Vorsätze. Wenn ich «fresse», habe ich das Gefühl, meine ganzen Gefühle mit dem «Medikament» Essen zu betäuben. Vollgefressen schlafe ich dann ein und wache am nächsten Morgen mit starken Depressionen (Selbstvorwürfen, Schuld- und Minderwertigkeitsgefühlen) auf. Ca. 14 Jahre bin ich nun schoß eßsüchtig.

Wie sah meine Beziehung zu Männern aus?
Gekoppelt mit dem Eßsuchtproblem war ich zu einer Liebesbeziehung mit einem Mann nicht fähig. Nach der anfänglichen Verliebtheit zog ich mich schlagartig von dem neuen Freund zurück. Dieses ist bei mindestens 30 verschiedenen Männern innerhalb von 14 Jahren der Fall gewesen.

Warum bin ich über den Anfang einer Liebesbeziehung nie hinausgekommen?
Immer, wenn ich neu verliebt war, strengte ich mich besonders an, um meiner neuen Errungenschaft zu gefallen.
1. Ich fing eine neue Diät an – wenn ich nicht schon vorher damit begonnen hatte, da ich gerade in schlanken Zeiten «Liebeskontakt» zum anderen Geschlecht zuließ.
2. Ich nahm mir besonders viel Zeit für mein Aussehen und kontrollierte mich noch häufiger im Spiegel.
3. Ich achtete darauf, daß meine Wohnung zu jeder Zeit perfekt war.
4. Ich entwickelte beruflich noch mehr Aktivitäten.
5. Ich setzte meine ganze Energie ein, im Gespräch interessant zu erscheinen und auf «ihn» einzugehen, um «liebenswert» zu sein und auch so von meinen Pfunden abzulenken. Besonders viel Kraft verbrauchte ich beim Rechtfertigen meines Handelns.
6. Ich «wollte» beim sexuellen Zusammensein eine gute Liebhaberin sein. Unterschwellig hatte ich häufig Angst, mein Partner würde mich auf meine überflüssigen Pfunde ansprechen und mich somit verletzen.

7. Ich war die ganze Zeit bemüht, es *ihm* recht zu machen, und stellte somit meine eigenen Bedürfnisse zurück.
8. Ich «mußte» möglichst viel und oft Zeit für «ihn» haben.
9. Fühlte ich mich verletzt, so war ich nicht in der Lage, mich zu wehren, sondern verdrängte die Gefühle mit Essen.
10. Aggressionen unterdrückte ich. Zur Auseinandersetzung mit dem Partner war ich nicht in der Lage. Ich war bestrebt, sie zu vermeiden.
11. Hatte ich das Gefühl, er will mich «einverleiben», so setzte ich mich nicht mit ihm darüber auseinander, sondern zog mich mit fadenscheinigen Argumenten zurück.

Diesem Stress war ich auf die Dauer nicht gewachsen. Ich fing wieder an, mich mit allem Eßbaren vollzustopfen. Schuldgefühle und Depressionen folgten. Ich fühlte mich wieder plump, ja, haßte mich für meine Freßsucht und mein Fett. Ich bildete mir ein, daß sie die Ursachen für das Ende meiner «Beziehung» seien; denn durch meine Mutter und meine Umwelt wurde mir beigebracht, daß «frau» nur Zuwendung bekommt, wenn sie gut aussieht, schlank ist und somit den Schönheitsidealen unserer Gesellschaft entspricht. Ich zog mich nach und nach von meinem Freund zurück, indem ich immer weniger Zeit für ihn hatte und die Arbeit und andere Verpflichtungen vorschob. Nachdem ich die «Beziehung» beendet hatte, atmete ich auf und erholte mich mit Essen (Liebesersatz). Obwohl ich andererseits auch sehr unglücklich war und mich sehr einsam fühlte, konnte ich nicht weinen. Statt dessen verdrängte ich solche Gefühle mit einem Berg von Süßigkeiten.

Hatte ich mich erholt, machte ich für meine Eßsuchtprobleme die nicht vorhandene Beziehung verantwortlich.

Wie hat sich meine Beziehung zu Männern durch die Therapie verändert?

Der Haupterfolg meiner Therapie liegt darin, daß ich heute diesen Kreislauf durchschauen kann und gelernt habe, mit meinen positiven und negativen Gefühlen selbstverständlich umzugehen. Sekundär damit hat sich auch meine Beziehung zu Männern sowie mein Eßverhalten, meine Figur und die Einstellung zu mir verändert. Ich finde mich heute attraktiv.

Im Sommer 1981 – ich machte bereits ein halbes Jahr Therapie – lernte ich einen Mann kennen, der mich interessierte. Zwar habe ich ihn mir noch nach altem Muster ausgewählt: Zahnarzt, Porsche, gut aussehend ... Doch habe ich mich erstmalig auch bewußt gegen Angriffe gewehrt, bei denen ich mich wie ein Objekt fühlte. Beim Kennenlernen kritisierte er meinen Namen, fragte mich, was und wieviel ich täglich esse, und meinte, daß ich ja wohl ein guter Futterverwerter sei. Fragen wie: «Welche Schuhgröße hast du?» – «Wie groß bist du?» haben mich verletzt. Ich habe mir das nicht gefallen lassen!!!

Mit diesem Mann entwickelte sich eine Beziehung, die ca. ein Jahr andauerte. An ihr habe ich meine eigenen Bedürfnisse herausgefunden, sie angemeldet und mich mit meinem Partner auseinandergesetzt. Ich wurde mir bewußt, daß ich in der Lage war, mit diesem gebundenen Mann den Widerspruch in mir zwischen Anspruch auf Geborgenheit und Autonomie (zeitweilig) zu lösen. Im Verlauf dieser Beziehung, die ich das erste Mal auch für mich genießen konnte, wurde mir klar, daß ich an eine Partnerschaft andere Ansprüche hatte, als ich an diesen verheirateten Mann stellen konnte. Das war der Grund, warum ich dann die Trennung wollte. Ich hatte bewußt erstmalig Auseinandersetzung gegen «Ersatz-Essen» gesetzt.

Jetzt fühlte ich mich zu einer engeren und intensiveren Beziehung mit einem ungebundenen Mann fähig. Ich wagte, mich, meine eigene Sexualität zu bejahen, und habe gelernt, mich selbst angstfrei einzubringen, ohne Furcht vor Ablehnung. Mit diesen neuen Erkenntnissen, die ich auch danach gemacht hatte im Zusammenleben, im Zusammenwohnen mit einem Menschen, den ich lieben konnte, ohne mich selbst aufzugeben, war ich das erste Mal über einen langen Zeitraum hinweg richtig glücklich.

Befreiungsversuche –
Ansätze frauenspezifischer
Therapiearbeit

«Typisch die Feministinnen!» – «Männer und Frauen
müssen doch zusammenarbeiten, sich nicht gegeneinander abkapseln!»
Oder:
«Wieso frauenspezifisch? Männern geht es doch auch
schlecht.» – «Eine Therapie ohne Männer ist überhaupt nicht realistisch, später müssen Frauen doch
auch mit Männern zurechtkommen.»
Und doch.

Ein klassischer Fall –
Frauen in der Beratungssituation

Christa Gereth

Ich höre den beschwerlichen Klang, den die Stimme annimmt, wenn ein Mensch getrunken hat und dies zu verbergen sucht. Alkoholprobleme?!

Fr. X.: Sie können mir sicher auch nicht helfen. Ich weiß ja, daß ich alleine fertig werden muß. Mein Mann ist heute abend nicht da ... meine Tochter ist in Urlaub.

(Sie bekommt einen Heulkrampf. Ich möchte, daß sie sich entscheidet, ob sie mir von ihren Sorgen erzählen will.)

Fr. X.: ... wollen Sie denn, daß ich was sage ...? Ach, das wird alles zuviel für Sie ...

(Plötzlich höre ich einen beeindruckenden Satz von dieser unsicheren, jammernden Frau.)

Fr. X.: Ich will meine Selbständigkeit.

(Sie hat vier erfolglose Trennungsversuche vom Ehemann hinter sich, fühlt sich sexuell unverstanden und ausgenutzt.)

Ich frage Fr. X., ob sie berufstätig sei.

Fr. X.: Nein, wissen Sie, ich hatte eine Halbtags-Stelle, ganz prima, ich habe gut verdient. Es gab Krach, wissen Sie, mein Mann ...

Das Gespräch erfordert viel Zeit. Immer wieder muß ich Fr. X. ermutigen und fordern, *ihr* Schicksal in den Mittelpunkt unseres Gesprächs zu stellen. So erfahre ich von ihrer Einsamkeit als Kind, ihrem Wunsch, ein Zuhause zu haben (die Eltern sind Flüchtlinge gewesen). Früh heiratete sie, um sich endlich einzunisten. Die Ehe verlief enttäuschend. Ihr Herz hängt an der heranwachsenden Tochter. In den Gesprächspausen höre ich Schluckgeräusche. Ich frage: Trinken Sie etwas?

Fr. X.: Nein, nein, heute ganz bestimmt nicht!

(Es folgt eine Haß- und Neidtirade auf die Männer, die «einen trinken dürfen», wenn sie Sorgen haben. Ihr, einer Frau, wird sogleich Alkoholismus unterstellt.)

Sie suchte einmal Rat bei einem Nervenarzt, die verschriebenen Antidepressiva ängstigten sie:

Fr. X.: Wissen Sie, ich fühlte mich total stumpf. Und dann hatte ich auch mal gehört, man könnte von dem Zeug abhängig werden. Ich hab das dem Arzt gesagt, er meinte, ich sei eine dumme Ziege.

(Fr. X. mied seine ärztliche Versorgung.)

Fr. X.: Sie sagen ... mit Alkohol geschieht dasselbe? Abhängig bin ich doch nicht ...

(Sie redet auf mich ein, zuerst ihre anderen Probleme lösen zu müssen, da sie dann den Alkohol nicht mehr brauchen wird. Stimmt! Nur die Reihenfolge nicht.)

Ich versuche, Fr. X. zu motivieren, Hilfe für sich in Anspruch zu nehmen.

Fr. X.: Tja, aber wissen Sie, wer hilft denn meinem Mann ... meine Tochter braucht mich doch ...

Fr. X. ist 43 Jahre alt.

Das Gespräch beschäftigt mich. Diese Frau demonstriert so eindringlich die sogenannte Abhängigkeitsstruktur der Süchtigen, die sich als Ersatz für ein gesundes Selbstwertgefühl manifestiert.

Das Streben der Menschen ist sowohl nach Abhängigkeit als auch nach Unabhängigkeit gerichtet, dadurch entsteht eine ständige Spannung. Das Gefühl Ich oder Selbst zu sein, wächst durch Erfahrungen: Abhängigkeit regressiv genießen, ohne Unabhängigkeit zu gefährden.

Abhängige erlebten in den frühesten Kinderjahren keine ausgewogene Selbstbestätigung durch die Eltern, so daß sie Nähe, Geborgenheit und Autonomiebewußtsein als einander ausschließende Werte betrachten. Dies zwingt die Abhängigen, Beziehungen einzugehen, in denen sie sich selbst verleugnen – oder sich zu isolieren. Sie leben Abhängigkeit nach dem Motto: ich werde nur geliebt, wenn ich mein Selbst, meine Bedürfnisse verleugne. Unabhängigkeit bedeutet für sie: Gehe ich meinen eigenen Weg, werde ich nicht mehr geliebt. Die jeweils verdrängte Seite ihres Selbst begegnet den Abhängigen als eine zwangsläufig feindliche, zersetzende Gefühlswelt: Haß, Hilflosigkeit, Trauer, Einsamkeit.

Drogen «heilen» das zerstörte Selbstwertgefühl kurzfristig, indem sie den Riß im Selbst überbrücken. Je nach Lebenssituation und Stimmungslage befriedigen sie sowohl die Bedürfnisse nach Regression (wer kennt nicht das erleichternde Gefühl, sich auszuheulen), wirken spannungslösend (Aggressionen entladen sich ungebremst), befrieden Minderwertigkeitsgefühle (die Leistungsfähigkeit steigt) und trösten in depressiven, sinnentleerten Lebensphasen. Drogen konfrontieren die Abhängigen aber auch mit den Selbst-Unwertgefühlen, die sich als chronische Schuldgefühle, psychisches und physisches Leid einfressen.

Alkoholiker/Medikamenten-/Drogenabhängige entheben jeden einzelnen und die gesamte Gesellschaft kritischen Überlegungen über die täglichen Abhängigkeiten, denen jeder Mensch sich unterwerfen muß, um die sozialen Rollen erfolgreich zu spielen. Kleine und große Episoden addieren sich zu sogenannten Suchtpotenzen, und die Gefährdung, suchtmittelabhängig zu werden, steigt kontinuierlich.

Die Achsen:

Macht	Ohnmacht
Aktivität	Passivität
Unabhängigkeit	Abhängigkeit
Männlich	Weiblich

konstituieren unsere psychische und soziale Wirklichkeit. Frauen und Männer lassen sich – abhängig von den gängigen Rollenstereotypen – verleiten, jeweils einen Extremwert dieser bipolaren Lebenshaltungen zu leben. Diese gesellschaftlichen Bedingungen strapazieren die psychischen und physischen Kräfte der Menschen. Unsere permissive Trinkkultur stabilisiert den krankmachenden Zustand. Die Angespannten, Gestressten, Aktivlinge regenerieren sich beim abendlichen Umtrunk, die Ängstlichen, Gehemmten, Passiven tauen auf. Physiologische Rhythmusstörungen kurieren Ärzte, indem sie die Stimmung der Niedergeschlagenen aufhellen und die Hetze der Überanstrengten dämpfen.

Diejenigen, die endgültig aus der Rolle fallen und mit den erlaubten Aufputschern und Abwieglern nicht mehr kontrolliert umgehen können, fallen tief. Süchtige gehören einer Randgruppe an, die um so heftiger abgelehnt wird, je deutlicher sie uns den Zerrspiegel der eigenen Konsumgewohnheiten vorhalten. Demzufolge verurteilen sich Abhängige als minderwertig und nicht als hilfsbedürftig und suchen meist erst in ausweglosen Situationen Beratungsstellen auf.

Die Dimension: Ohnmacht–Passivität–Abhängigkeit kennzeichnet immer noch die «normale» Rollenzuweisung für Frauen in unserer Gesellschaft.

Abhängigkeit entsteht in allen unbalancierten Machtkonstellationen (Organisationen, Arbeitsplatz, Militär etc.) und erzeugt bei den hierarchisch Untenstehenden u.U. das Gefühl, ohnmächtig und passiv fremdem Einfluß ausgeliefert zu sein. Diese Abhängigkeitsbeziehungen bestehen zeitlich begrenzt, beschränken sich auf eine spezifische Rolle, beschreiben einen eindeutig definierten Status, der mit anderen geteilt wird, und sind an eine bestimmte Leistung gebunden, die entlohnt wird.

Die Abhängigkeitsbeziehung, die zwischen Männern und Frauen entsteht und – legalisiert – Ehe genannt wird, folgt keinen klar definierten Regeln von Pflichten und Rechten. Sie gilt als normal. Die Erziehung zur Frau wirkt seit der frühesten Kindheit subtil auf sie ein, so daß sie die Verengung ihrer Lebensmöglichkeiten (im Vergleich zum Mann) selbst als typisch weibliche «Eigenschaften», «Einstellungen» und «Aufgabenbereiche» zu akzeptieren lernt. Die Abhängigkeit der Frau vom Mann wird zudem durch unser soziales System gefördert. Das Angebot an weiblichen Berufen ist nicht nur relativ schmal, sondern selten mit Aufstiegschancen verbunden. Sofern eine Frau Mutter werden möchte, ist sie gezwungen, ihre berufliche Karriere zu unterbrechen, eine Benachteiligung, die in späteren Jahren nicht korrigiert werden kann. Die «Lebensaufgabe» der Mutterrolle endet für Frauen in einem Alter, in dem der Mann den Gipfel seines beruflichen Erfolgs erreicht. Frauen begnügen sich dann mit untergeordneten Jobs, ehrenamtlichen Tätigkeiten oder dem exzessiven Ausleben der Hausfrauenrolle. Diese Bedingungen quälen die Mehrzahl der Frauen. Der Konflikt ist aber fast unvermeidlich, sofern eine Frau nicht gänzlich auf Ehe und / oder Kinder verzichtet.

Die Rolle der Frau birgt generell einen krankmachenden Aspekt, da sie Abhängigkeit befürwortet und Unabhängigkeit bestraft. Diese Tatsache kränkt vor allem junge Frauen in ihrem Selbstwertgefühl. Ihr geschärftes Problembewußtsein verhilft ihnen selten zu befriedigenden Lebensalternativen (gegenüber der Müttergeneration), solange die bestehenden gesellschaftlichen Strukturen die konservativ-geschlechtsspezifische Rollenwahrnehmung favorisieren.

Es verwundert insofern nicht, daß die Zahl junger Frauen, die alkohol- / medikamenten- und drogenabhängig geworden sind, überproportional steigt. Unbewußt folgen sie einem tiefverinnerlichten Lebensmotto: Abhängigkeit zerstört mein Selbst, dann aber auch gründlich.

Die Beratung / Therapie abhängiger Frauen (Menschen) führt m. E. zwangsläufig zu einer Abhängigkeitsbeziehung zwischen Berater und Klientin, die sukzessiv – emotional und inhaltlich – hinterfragt und aufgelöst werden muß. Die abhängige Klientin reift langsam zu einer unabhängigen Partnerin heran, die gemeinsam mit dem Berater Überlegungen anstellen wird, wie sie ihre Probleme lösen und neue Ziele verwirklichen kann. Die therapeutische / beratende «Partnerschaft» dient der abhängigen Frau auch als Modell einer Beziehung, die ihr Geborgenheit bietet und autonomes Handeln von ihr fordert. Die Integration dieser scheinbar widerstrebenden Sehnsüchte ermöglicht es ihr, ihr Selbstwertgefühl zu entwickeln und dessen Stabilität im Kontakt zum Berater zu erproben.

Ich finde es naiv bis leichtsinnig, in der Therapie/Beratung mit abhängigen Frauen geschlechtsspezifische Einstellungen, sowohl auf seiten der Klientin wie auch auf Beraterseite, zu vernachlässigen. Meine eigenen Erfahrungen als Klientin (ich bin Alkoholikerin) sowohl männlicher als auch weiblicher Therapeuten(innen) und viele Gespräche mit abhängigen Frauen deckten sich in folgenden Beobachtungen, die auf unterschiedliche «Reaktionsmuster» in einer Frau–Mann-Konstellation und einer Frau–Frau-Konstellation zurückzuführen sind:

Eine Gefahr in der Klientin–Berater-Situation besteht darin, daß der Mann sich verführen läßt, auf «erotische» Signale der Klientin einzugehen, und dabei verkennt, daß sie keine andere Möglichkeit kennt, ihre wahrhaft kindlichen Wünsche nach Geborgenheit und Nähe auszudrücken. Andererseits beruht der Selbstwert vieler Frauen gerade auf ihrem äußeren Erscheinungsbild, so daß eine gleichgültige Haltung des Mannes die quälenden Minderwertigkeitsgefühle noch verstärkt, ohne daß diese Tatsache angesprochen wird. Männliche Therapeuten/Berater betonen gern, ihre Klientinnen sprächen offen über Sexualität, und deuten dies als Indiz eines günstigen Beratungsklimas. Ich denke, häufig vergessen sie, daß Frauen gelernt haben, sich Männern sexuell anzupassen, ohne eigene Bedürfnisse wahrzunehmen und auszudrücken. Der potentielle Widerstand gegenüber dem Thema wird einfach unterlaufen, indem sich die normale weibliche Situation in der Therapie fortsetzt.

Leider nehmen nur wenige Männer ihre eigenen Geborgenheits- und Zärtlichkeitsbedürfnisse wahr, ohne sie mit sexuellen Handlungen zu verknüpfen.

Das Maß der Abhängigkeit, das sowohl die Rolle der Hausfrau, die Rolle der Mutter sowie die Rolle in typischen weiblichen Berufen (Sekretärin etc.) den Frauen abverlangt, kann ein Mann kaum nachvollziehen, da er zu seiner Rolle erzogen wurde, die von weiblicher Pflichterfüllung profitieren darf. Die unreflektierte Übernahme solcher geschlechtsspezifischer Rollen birgt in der Beratungskonstellation die Gefahr, daß abhängige Frauen vom Berater/Therapeuten zu wenig ermutigt werden, ihr Ich wahrzunehmen, sich zu emanzipieren und ihre beruflichen Ressourcen zu mobilisieren (Thematisierung der beruflichen Identität – als gleichrangig zur familiären Identität; Diskussion der beruflichen Situation; Möglichkeiten zur Umschulung etc.).

Natürlich gibt es auch in der Klientin–Beraterin / Therapeutin-Konstellation eine «Gefahr», daß die Klientin Widerstände verspürt, überhaupt eine emotionale Beziehung zu einer Frau aufzunehmen. Sehr häufig liegt die Ursache in der tief gestörten Mutter–Tochter-Beziehung. Das negative Selbstwertgefühl, d. h. die Ablehnung des eigenen Geschlechts, wird auf die Beraterin projiziert. Im Falle einer idealisierten Mutterfigur wird die Beraterin als frustrierend, kühl und «unweiblich» eingestuft.

Ich denke, die geglückte Beziehung der abhängigen Frau zu ihrer Beraterin / Therapeutin eröffnet ihr (über eine zeitweilige Identifikation) einen Weg zur Selbstfindung. Sie erfährt, daß ihre Probleme in vielen Bereichen den Alltag aller Frauen bestimmen, und sie lernt, sich mit anderen Frauen zu solidarisieren. Dieser Aspekt ist bedeutsam, da abhängige Frauen unter extrem starken Minderwertigkeitsgefühlen leiden, die ihnen als generalisiertes Vorurteil den Kontakt zu Frauen verleiden. Sie bleiben zwangsläufig abhängig von der Begleitung männlicher Partner, wenn sie versuchen, ihre soziale Isolation zu sprengen. Die Beziehung zwischen der Klientin und der weiblichen Beraterin ist vielleicht weniger gefühlsbetont als eine gegengeschlechtliche Konstellation, läßt aber gerade deswegen mehr Raum für eine konstruktive konflikt- und problemzentrierte Zusammenarbeit.

Das Beispiel von Fr. X. stellte ich an den Anfang meiner Überlegungen, da sie das Schicksal vieler Frauen verdeutlicht, die primär an ihrer Rolle und sekundär an der Sucht erkrankten. Frauen in der Beraterinnen / Therapeutinnen-Rolle können auf Grund ihrer eigenen geschlechtsspezifischen Erfahrungen ein tieferes Einfühlungsvermögen für diese typisch weiblichen Lebensläufe in die Beratungssituation einbringen. Sie kennen ihre eigene Abhängigkeit gegenüber dem Mann und die Schwierigkeiten, sich dagegen zu wehren, solange die dominierenden sozialen Werte und Strukturen weitgehend von männlichen Nützlichkeitserwägungen geprägt sind.

Die Beratungsstelle – ein Ort für Frauen

Marlies Piepers,
Marlene Stelte-Schmökel,
Claudia Terrahe-Hecking

Innerhalb eines süchtigen Lebens ist die Drogenberatung häufig eine Anlaufstelle für Gefährdete und Abhängige und deren Freunde und Angehörige. Das breit gefächerte Angebot reicht grob gesehen von Informationsweitergabe, längerfristigen Beratungsgesprächen, Vermittlung in stationäre Langzeittherapieeinrichtungen bis hin zur anschließenden Nachsorge.

Etwa ein Drittel der Leute, die zu uns kommen, sind Frauen. Was sind das für Frauen? Zunächst einmal sind sie nur die Spitze eines Eisberges der abhängigen Frauen überhaupt. Denn die Mehrheit der Frauen lebt weiterhin mehr oder weniger unauffällig mit Hilfe eines Suchtmittels in den gewohnten Lebenszusammenhängen. Zu uns kommen die Mädchen und jungen Frauen, die ohne Heroin, Alkohol und / oder Medikamente ihren Lebensalltag nicht mehr bewältigen können. Jede Frau ist in ihrem eigenen Abhängigkeitsnetz verstrickt und versucht mit Hilfe der Droge ihr Leben auszuhalten. Dabei fiel uns auf, daß je nach Lebenszusammenhang der Frau unterschiedliche Drogenarten genommen werden:

o die Hausfrau Marion, 30 Jahre, Mutter von zwei kleinen Kindern nimmt Medikamente,
o Jane, 26 Jahre, ist immer noch arbeitslos und spült ihren Beziehungs- und Arbeitslosenfrust mit Alkohol runter,
o Monika, 20 Jahre, der alles stinkt, Schule, Lehre abgebrochen hat, muß sich (manchmal) auch schon verkaufen, um das Geld für Heroin zusammenzubekommen.

Sie alle kommen mit einem immensen Leidensdruck und Verzweiflung. Sie spüren, etwas ändern zu müssen, nur wie? Sie fühlen sich körperlich am Ende, erdrückt von Doppelbelastungen, trotzdem wertlos, unsicher, ihre Schwächen und Stärken zu leben, ihre Wünsche auszudrücken, innerlich und oft äußerlich vereinsamt, depressiv, isoliert, ungeliebt, voller Schuldgefühle, oft mißbraucht, geschlagen und sexuellen Zumutungen ausgesetzt.

Und dann gibt es noch die Angehörigen, die Mütter, Ehefrauen/ Freundinnen oder Omas, die zu uns in die Beratungsstellen kommen. Häufig haben wir mit ihnen den ersten Kontakt, da sie noch vor den Abhängigen selbst kommen. Selten geht es um sie oder ihre Tochter, sondern eher um ihren Sohn oder Ehemann. Sie erwarten von uns Hilfe und Ratschläge, mit welchen Tricks sie diese zur Beratungsstelle schleppen können.

Diese Frauen haben immer versucht, zu helfen, zu ertragen, zu dulden und ihr eigenes Leben oft dabei vergessen. Sie sind in der Familie oder Freundschaft für die Beziehungsarbeit «zuständig» und akzeptieren diese Zuständigkeit. Funktionieren diese Beziehungen nicht mehr, glauben sie als Verantwortliche versagt zu haben und fühlen sich schuldig. Dies entspricht auch der ihnen traditionell zugeschobenen Rolle als Frau und Mutter, auf die hin sie kontrolliert und sanktioniert werden.

Es ist immer wieder auffällig, wie eng ihr eigenes Wohlergehen mit dem momentanen Zustand des Angehörigen zusammenhängt. So legen sie als Frau oft eine Opferhaltung und Leidensfähigkeit an den Tag, die schon an Selbstaufgabe grenzt. Um den «häuslichen Frieden» und die Fassade nach außen zu wahren, vertuschen sie viel. Es fällt ihnen schwer, Grenzen zu setzen, und die Sucht stabilisiert und verlängert sich. Aus Angst vor der Veränderung, sowohl der des Süchtigen als auch der eigenen, halten alle Beteiligten an der Sucht fest, und ein Loslösungsprozeß wird verhindert.

Die Väter kommen seltener, sie halten sich da raus oder haben lediglich eine Statistenrolle bezogen oder auszuführen. Die Elternkreise sind oft Mütterkreise, und manchmal ist der einzige Mann des «Eltern»-kreises dessen Vorsitzender.

Daß die geschlechtsspezifische Sozialisation Frauen Beziehungsarbeit und Helferaufgaben zuweist, zeigt u. a. auch unsere tägliche Praxis in der Präventivarbeit. Es ist schon auffällig, daß in Schulklassen und/ oder Jugendgruppen es immer zuerst die Mädchen sind, die fragen: «Und wie können wir helfen?»

In der täglichen Arbeit in der Beratungsstelle kommen wir mit den verschiedensten Personengruppen von Frauen zusammen. Aber es gibt natürlich auch noch die Männer, die Abhängigen, die Väter, Ehemänner, Freunde und die Berater. Und wir hören schon den Einwand der männlichen Fachwelt: «Aber die Männer sind doch auch abhängig, und schließlich sind es doch die Mütter …» Nur, wir stellen in unserer Arbeit fest, daß Frauen im Unterschied zu Männern, abhängiger sind, da sie finanziell an den Mann gebunden und emotional verfangen sind.

Ihre Sucht ist von daher auch existentieller und oft auswegloser. Sie haben im Vorfeld der Sucht andere Erfahrungen gemacht als Männer, wie sexuelle Gewalterfahrungen mit Männern, und während ihrer Sucht sind sie anderen Problemen und Ängsten und Konflikten ausgeliefert. Die geschlechtsspezifische Sozialisation von Mädchen verläuft in abhängigeren Strukturen und die späteren gesellschaftlichen Stellungen von Frauen sind in der Regel untergeordnete. Frauenalltag in unserer Gesellschaft beinhaltet in sich ständige Abhängigkeitsstrukturen und produziert diese auch wieder.

In der Drogenberatung erleben wir die extremen Auswirkungen der weiblichen alltäglichen Abhängigkeiten: bei den süchtigen Frauen die doppelte Abhängigkeit, vom Stoff und von Männern (bis manchmal hin zur Prostitution), bei den Müttern die Opferbereitschaft und totale Selbstaufgabe (bis manchmal hin zur Selbstzerstörung).

In den Beratungsstellen gibt es auch noch uns Frauen, die Beraterinnen. Und wir, sind wir die Unabhängigen, die in selbstbestimmten Beziehungen und Strukturen leben, die immer wissen, wo es lang geht? ... Schön wär's. Auch wir leben in Abhängigkeiten und veränderungsbedürftigen Strukturen. An uns selbst haben wir Benachteiligungen durch männliche Hierarchie, Machtausübung, Zweitrangigkeit – manchmal auch Ohnmacht – erfahren.

Drogenberatungsstellen sind in der Regel von Männern konzipierte und aufgebaute Einrichtungen, in denen männlich bestimmte Strukturen offen oder versteckt vorherrschen. Die Männer erledigen die Arbeit «draußen» in der Öffentlichkeit, mit dem Verstand, während die Frauen «drinnen» Therapie machen. In der Öffentlichkeit wird Männern qua Geschlecht grundsätzlich mehr Kompetenz zugebilligt, wir müssen die Kompetenz immer erst beweisen. Und nur im günstigen Fall sieht der Stellenplan 50 % weibliche Mitarbeiterinnen vor.

Als bezahlte Beziehungsarbeiterinnen versuchen wir, unsere persönlichen Erfahrungen als Frauen mit unserer beruflichen Qualifikation zu verbinden. Wir glauben, daß wir als Frauen durch einen ähnlichen weiblichen Werdegang und ähnliche Erfahrungen mit z. B. Sexualität eher in der Lage sind, Erlebtes nachzuempfinden und somit mehr Vertrauen zu schaffen. Wir beobachten eine geringere therapeutische Distanz, und somit kommt mehr Nähe und Wärme zwischen uns und den Frauen auf.

Wir erleben häufiger, daß Frauen, nachdem sie Anhängsel von Männern waren und dort scheinbar Stärke gefunden haben, auf der Suche nach Identifikationsmöglichkeiten im Laufe der Beratung in uns ein Vorbild sehen.

Wir lassen uns darauf ein, legen jedoch auch diese Beziehung offen, damit langfristig *unabhängige* Beziehungen aufgebaut werden können.

Frauenspezifische Arbeit in Beratungsstellen kann nicht von Männern geleistet werden! Sexuelle Zumutungen, Anmache, Animierarbeit in Bars und Kneipen bis hin zur Prostitution verstärkt das Mißtrauen den Männern / Beratern gegenüber. Angstfreie Kontakte, besonders in intimen Bereichen wie der Sexualität, sind eher zu Beraterinnen möglich. Auch in Therapien sind Frauen von männlichen Therapeuten häufig mit einem Verständnis von Weiblichkeit konfrontiert, das die Möglichkeit der sexuellen Ausbeutung (durch Therapeuten, Sozialarbeiter und Gruppenmitglieder etc.) offenhält und so der Frau keinen Schutz bietet.

Wir haben die Erfahrung gemacht, daß mit zunehmender Beachtung der frauenspezifischen Lebenshintergründe durch uns auch die Zahl der Frauen (Klientinnen) in der Beratungsstelle zunahm. Daraus folgt für uns, daß den hilfesuchenden Frauen zumindest die Möglichkeit gegeben werden muß, sich mit ihren Problemen an eine Frau wenden zu können. Dies wiederum fordert eine mindestens 50prozentige Besetzung der Stellen mit Beraterinnen.

Günstig ist auch das Angebot von Frauengruppen, in denen Erfahrungen und Erlebnisse ausgetauscht werden und sich weitere persönliche Kontakte ergeben können, die den Frauen Mut machen. Diesen Mut brauchen auch wir bei einer frauenspezifischen Arbeit, denn Widerstände der männlichen Kollegen (mehr Anmache, mehr Schubladendenken) und der männlichen Klienten («die ist auf dem Emanzipationstrip») müssen überwunden werden.

Ziel für uns, aber auch für «unsere Frauen» soll sein, sich selber zu finden und ein selbstbestimmteres Leben zu führen. Frauen müssen einen eigenen Lebensplan entwickeln und leben, unabhängig und frei werden, soweit es möglich ist.

«Was ist denn daran frauenspezifisch?»

Maggie Billen

Ich will etwas schreiben, da ich was zu sagen habe. Und doch fällt es mir schwer.

Ich arbeite mit alkohol- und medikamentenabhängigen Frauen.

MEINE ROLLE
Ich bin die Frau mit Ausbildung und Job, die die hilfesuchende Frau berät
ich bin die Frau, die ihr Leben selbständig regelt
ich bin die unabhängige Frau mit Beruf und ohne Probleme
ich bin die Frau, die durchblickt
ich bin die Frau, die es geschafft hat
ich bin Vorbild

DIE ROLLE DER KLIENTIN
Sie ist die Frau, die Hilfe sucht
sie ist die Frau, die abhängig ist
sie ist die Frau, die nicht durchblickt
sie ist eine schlechte Frau, weil sie trinkt
sie ist eine Versagerin, da sie doch einen netten Mann und nette Kinder hat und dennoch trinkt
sie trinkt, obwohl sie doch ganz zufrieden sein müßte

In mir kriecht ein Unbehagen hoch. An diesem Bild stimmt etwas nicht.

ES IST AUCH SO:
Ich bin die Frau, die es nicht wagt, um Hilfe zu bitten
ich verstecke mich
ich verstecke meine Schwäche
ich bin verwirrt und ratlos
ich bin unglücklich
ich bin unlustig und gelähmt und weiß nicht, was mich lähmt
ich bin einsam

ich finde keinen Zugang zu andern
ich verschließe mich in mir

UND DIE FRAUEN AUS DER GRUPPE
Sie sind stark
sie sind fröhlich und lebendig
sie sind voll Energie
sie kämpfen
sie haben viel Kraft
sie sind einfühlsam und sensibel
sie sind offen und direkt
sie zeigen ihre Schwäche, ihre Verletzbarkeit

Ich lerne von Ihnen
    wir lernen voneinander
    wir ermutigen uns gegenseitig
    unseren Gefühlen zu trauen
    unsere Stärke zu zeigen
    für unsere Unabhängigkeit zu kämpfen

Jemand hat mich gefragt, was daran frauenspezifisch ist

«Die Zwiebel» –
ein Haus für süchtige Frauen

Christina Benesch-Daugs,
Ursula E. M. Falke-Roos

Die therapeutische Wohngemeinschaft für alkohol- und medikamentenabhängige Frauen trägt den Namen ZWIEBEL. Er ist Symbol für Schale ablegen, sich häuten und Schicht um Schicht zu sich selbst kommen. Dieser oftmals tränenreiche Prozeß ermöglicht das Erfahren neuer Wege: aus der Sucht hinaus in ein drogenfreies Leben.

In der ZWIEBEL gibt es keine Patientinnen, sondern Bewohnerinnen. Den Begriff «suchtkrank» haben wir ersetzt durch «abhängig» bzw. «süchtig», da wir der Verkettung von Kranksein und Sich-behandeln-Lassen entgegenwirken wollen.

Statt dessen ist es Ziel der ZWIEBEL, die aktive Auseinandersetzung mit süchtigem Verhalten aufzunehmen und andere Wege zu erarbeiten, um vergleichbare Situationen zu erkennen und bewältigen zu lernen. Das in der ZWIEBEL arbeitende Team war bereits vorher viele Jahre im Bereich der Behandlung Abhängiger tätig. Wie die Praxis zeigt, ist der prozentuale Anteil von Frauen in gemischtgeschlechtlichen Therapieeinrichtungen erheblich niedriger als der der Männer. Deshalb orientieren sich therapeutische Konzeptionen an der größeren Zahl der Patienten, nämlich der der Männer. Dies erklärt, daß bisher wenig spezifische Erfahrungen aus der Therapie mit abhängigen Frauen vorliegen. Vielmehr gab es bis vor gar nicht langer Zeit für Frauen keine vergleichbaren Angebote, sondern sie wurden als *Suchtkranke* in allgemeinpsychiatrischen Einrichtungen (d. h. also unspezifisch) untergebracht.

Unsere Vorstellung war die einer therapeutischen Gemeinschaft für süchtige Frauen.

Wir trugen die Erfahrungen aus unserer bisherigen Arbeit mit süchtigen Frauen und Männern zusammen und entwickelten eine Konzeption, die geprägt ist durch
○ vollständige Selbstversorgung und
○ psychotherapeutische Gruppenarbeit.
Unter Selbstversorgung verstanden wir nicht nur die Tätigkeiten, die Frauen aus ihrer gesellschaftlichen Rolle heraus vertraut waren wie Kochen, Einkauf und Hausputz, sondern auch Gartenarbeit, Renovie-

rung des Hauses und Bewältigung von Bürokratie. Wir wollten Frauen
die Erfahrung ermöglichen, daß sie über ihre Rolle hinaus fähig sind,
neue – eigentlich sonst eher Männern zugedachte – Tätigkeiten zu lernen, zu praktizieren und daran Freude zu finden. Es sollte außerdem
ein Schritt zur Eigenständigkeit sein; sich nicht in Beziehungen zu
Männern zu begeben, um sich fremde Tätigkeiten (tapezieren, anstrei-
chen, Möbel aufarbeiten etc.) erledigen zu lassen; mit Arbeiten, deren
Ausführung sie sich selbst nicht zutrauen, eine Firma zu beauftragen
und diese nachher nicht bezahlen zu können. Sie sollten auf keinen Fall
aufgrund solcher Abhängigkeiten eine Partnerschaft eingehen müssen.
Selbstversorgung sollte weiter ein Mittel sein, um durch Bewältigung
von Schwierigkeiten, durch Erfolge und Lob, Anerkennung in der Gemeinschaft Pflichten und Verantwortung zu tragen, Regelmäßigkeit
und Verläßlichkeit zu üben, miteinander zu planen, Konflikte auszutragen, Vertrauen zu fassen, Hilfe annehmen bzw. um Hilfe zu fragen,
sich selbst und die anderen wahrnehmen und selbstsicherer zu werden.

Die konkreten Erfahrungen, die die Bewohnerinnen im Zusammenleben und -arbeiten miteinander machten, sollten Einstieg für die
psychotherapeutische Gruppenarbeit sein. Wir gingen davon aus, daß
die Gemeinschaft *im* Haus Spiegel der Gemeinschaft *außerhalb* des
Hauses ist und somit die Schwierigkeiten und Konflikte die gleichen
sind.

In diesem Zusammenhang mußte auch das Team der Zwiebel eigenes therapeutisches Verhalten selbstkritisch revidieren und modifizie-
ren. Grundlage dazu sind folgende Erfahrungen aus der Arbeit in der
Zwiebel:

1. Süchtige Frauen ziehen dem Schritt, sich in einer therapeutischen
   Wohngemeinschaft mit sich selbst auseinanderzusetzen, Beziehungen zu Partnern vor, selbst dann, wenn sie in dieser Beziehung physisch und/oder psychisch mißhandelt werden.

   Häufig machten wir die Erfahrung, daß Frauen, die sich bereits
   zum Einzug in die Zwiebel entschlossen hatten, absagten bzw.
   nicht erschienen; durch sie selbst oder Dritte erfuhren wir, daß sie
   sich für eine Partnerschaft entschieden hatten. Es zeigte sich immer
   wieder, daß es sich bei diesen Partnerschaften einerseits um Wieder-
   aufnahme alter Beziehungen handelte, in denen und häufig durch die
   die Sucht entstanden war; andererseits neue Beziehungen, die in therapeutischen Einrichtungen für süchtige Frauen und Männer mit Patienten bzw. Therapeuten aufgenommen worden waren.

2. Süchtige Frauen gelten als rehabilitiert, wenn sie rollenspezifische

Verhaltensweisen wiederaufnehmen, dazu gehören z. B. das Führen eines Haushalts, als Mutter und Sexualpartnerin zur Verfügung stehen und das äußerliche Pflegen.

Nur wenige der Frauen, die diese rollenspezifischen Fähigkeiten besaßen, entschieden sich, in der ZWIEBEL zu wohnen und Therapie zu machen. Sie hatten für sich die Einsicht gewonnen, daß sie noch weiter an sich arbeiten mußten, um ein eigenständiges, selbstbestimmtes Leben zu führen.

Die übrigen Frauen, die wir in Vorgesprächen oder Informationsveranstaltungen in den Kliniken kennenlernten, vermittelten deutlich, daß ihnen diese Fähigkeiten zum Schritt in ein drogenfreies Leben ausreichend erschienen. Wir nehmen auch wahr, daß die Umwelt sie darin unterstützt; dies hat seine Ursache darin, daß süchtig nur solche Menschen sind, die «mit der Plastiktüte auf Parkbänken leben» und so ihre rollenspezifischen Aufgaben und Pflichten nicht wahrnehmen.

3. Süchtige Frauen fühlen sich erst dann wertvoll und vollständig, wenn sie einen Partner haben. Es hat sich häufig gezeigt, daß Frauen eine lange Zeit brauchen, um sich selbst wertvoll zu fühlen. Dies drückt sich u. a. darin aus, daß sie Angst haben, allein nach außen aktiv zu werden und ohne konkreten Grund – wie z. B. Einkaufen – das Haus zu verlassen; wenn sie es dennoch tun, hat es oftmals ausschließlich zum Ziel, einen Partner / eine Partnerin zu finden. Der Wert von Aktivitäten, die eine Frau für *sich* plant und durchführt, ist meist gering, und sie finden daher nur selten statt; sie bedürfen gründlicher Vorbereitung und Kontrolle im Sinne der Unterstützung durch die therapeutische Gemeinschaft.

4. Es besteht allgemein das Vorurteil, daß Frauen Frauen untereinander nicht helfen können. Hilfe wird in erster Linie von Männern oder von Autoritäten, die auch meist Männer sind, erwartet. Die Tatsache, daß in der ZWIEBEL ausschließlich Frauen wohnen und arbeiten, widerspricht dieser Vorstellung und bewirkt zuerst Mißtrauen, Ablehnung und Angst.

Diese Reaktionen drücken sich im gesamten Umfeld der ZWIEBEL u. a. in dem Prädikat «feministisch» oder «männerfeindlich» aus. Entsprechend fällt es jeder einzelnen Frau schwer, sich für den Einzug in die ZWIEBEL zu entscheiden.

5. Weit verbreitet ist die Überzeugung, daß Arbeitsstelle und Wohnung das Problem Sucht beseitigen. Es gehen daher viele süchtige Frauen davon aus, daß sie bei Erfüllung dieser beiden Lebensberei-

che in der Lage sind, ein drogenfreies Leben zu führen; sie nehmen aus diesem Grund die Zwiebel nicht in Anspruch.

Auch Frauen, die von der Zwiebel aus Arbeitsplatz und Wohnung gefunden hatten, sahen für sich die Therapie als abgeschlossen an. Demgegenüber steht die Erfahrung, daß für die meisten süchtigen Frauen Arbeitsplatz und Wohnung kein Schutz waren.

6. Frauen stellen sich mit ihrer Suchtproblematik hintenan, um anderen, schwach erscheinenden Personen zu helfen. Diese Erfahrung machten wir im Hinblick auf (kranke) Partner, Kinder, versorgungsbedürftige Familienangehörige. Selbst die Aufrechterhaltung von Kleinbetrieben, z. B. Kneipen, in denen die Frauen mitarbeiteten, waren wichtiger als die eigene Therapie.

Auch wenn sich eine Frau für den Einzug entschieden hatte, versuchte sie von der Zwiebel aus, ihre Unentbehrlichkeit zu bestätigen. Es war häufig ein Mittel, der Beschäftigung mit sich selbst aus dem Wege zu gehen, jedoch auch ein Zeichen dafür, wie wenig Möglichkeiten sich eine Frau selbst gönnt. Die Konsequenz war oftmals der Auszug aus der Zwiebel.

Diese Punkte sind keine neuen Erkenntnisse. Es zeigte sich jedoch, daß ihre Bedeutung für die grundlegenden Probleme aus der Sozialisation von Frauen in der Therapie – ambulant und stationär –, keine oder zu wenig Berücksichtigung gefunden hatte. Das Resultat war, daß keine Frau, die in der Zwiebel aufgenommen wurde, unabhängig von vorausgegangener Therapieerfahrung, in der Lage war, eigenständig ihr Leben zu organisieren, d. h. u. a. Konflikte auszutragen, Bedürfnisse zu äußern und einen Wert in sich selbst zu sehen. Dies mußte daher unterstützend aufgearbeitet werden.

Unter dieser Prämisse erschien es uns dringend notwendig, unser therapeutisches Angebot nicht wie ursprünglich geplant an die Voraussetzung einer abgeschlossenen Entwöhnungsbehandlung zu binden, und wir nahmen süchtige Frauen auch direkt nach ihrer körperlichen Entgiftung auf. Ausschlaggebende Bedingungen für die Aufnahme in die Zwiebel sind körperliche Entgiftung, die Einsicht in die Sucht und das Bedürfnis, an sich zu arbeiten.

Die Konzeption der Zwiebel als therapeutische Wohngemeinschaft steht auf zwei Pfeilern: Selbsthilfe in der Gemeinschaft und therapeutische Intervention bzw. Begleitung durch das Team.

Beide Pfeiler bilden wechselseitig die Schwerpunkte im Wohnen und in der Arbeit mit den Frauen in der Zwiebel.

Anfangs machten wir es als Team den Bewohnerinnen aufgrund unserer eigenen widersprüchlichen Situation – die ZWIEBEL wurde zunächst als privates Krankenheim geführt – auch leicht, über uns zu verfügen; das hatte folgende Gründe:

○ Wir waren unsicher über rechtliche Konsequenzen der Nichteinhaltung von Totalversorgung in einem Krankenheim;

○ wir befürchteten, daß jede Form von Distanz oder Druck einer Bewohnerin gegenüber deren Auszug bewirken könnte;

○ wir arbeiteten in ständiger Sorge, daß der Träger aufgrund der Unterbelegung das Projekt schließen würde;

○ wir wollten unsere gesamten Energien und Kenntnisse an die Bewohnerinnen weitergeben;

○ wir wollten innerhalb kürzester Zeit eine «perfekte Modelleinrichtung» sein.

Wir mußten bald feststellen, daß unser Über-Angebot von den Bewohnerinnen nicht zum Selbständigwerden genutzt wurde, wie wir uns das vorgestellt hatten.

Diese Entwicklung enttäuschte uns, und wir fanden Wege, uns in diesem Sinne nicht weiter «benutzen» zu lassen. Die Bewohnerinnen reagierten darauf zunächst ärgerlich; die Tatsache, mehr auf sich gestellt zu sein, machte ihnen Angst. Nun wurde uns noch deutlicher, wie wesentlich, aber schwierig der Aspekt der Selbsthilfe in dieser Arbeit ist. Die meisten Bewohnerinnen haben in ihrer Lebensgeschichte sehr häufig die Erfahrung gemacht, daß sie unmündig und entscheidungsunfähig sind, bzw. so dargestellt wurden; die Vorstellung, etwas wert zu sein und Eigenständigkeit lernen zu können, war ihnen fremd. Dennoch in dieser Hinsicht Mut zu machen erforderte von uns Geduld und stetige Unterstützung.

Erst in dieser konkreten Auseinandersetzung erfuhren wir deutlicher, wie hoch der Grad abhängigen Verhaltens der süchtigen Frauen in der ZWIEBEL war. Durch die Klarheit dieser Erfahrung waren wir zunächst eher geneigt, dem Aspekt der Hilfestellung durch das Team den Vorrang zu geben. Damit bestätigten wir in gewissem Sinn die ohnehin vorhandene Abhängigkeit und Passivität der Bewohnerinnen. Der nächste Schritt mußte daher notwendigerweise das Herstellen eines ausgewogenen Verhältnisses zwischen Hilfestellung und Konfrontation sein. Wir mußten vermitteln, daß konfrontierende Auseinandersetzung, Kritik üben und Forderungen stellen nicht gleichzusetzen sind mit Bestrafen, Ablehnung und Verlust, wie die Bewohnerinnen es bislang in ihrem Leben erfahren hatten.

Wir mußten uns diesen Prozeß im Team immer wieder deutlich machen, um zu verhindern, daß die gesellschaftlichen Verhaltensnormen auch in der Zwiebel praktiziert würden – nämlich Frauen in Unselbständigkeit bestärken.

Der Wechsel des Trägers im Juli 1982 hatte zur Folge, daß wir in ein neues Haus umzogen, sich der Status in eine therapeutische Wohngemeinschaft änderte. Unsere bis dahin gesammelten Erfahrungen berücksichtigten wir in einer neuen Konzeption, die im wesentlichen auf *Hilfe zur Selbsthilfe* ausgerichtet ist.

Selbsthilfe heißt hier:

o Kontaktaufnahme mit Frauen, die ähnliche Schicksale haben und
o Beziehung zu eigenen Verhaltensweisen daraus herstellen
o Wahrnehmen und Ausprobieren von eigenen Fähigkeiten und Grenzen
o Fragen um Hilfe, wenn es allein nicht geht
o Konkrete Lebensbereiche wie Haushalt und Organisation des täglichen Ablaufs für die eigene Person und die Gruppe regeln, d. h. sich selbst versorgen
o Auswahl und Integration neuer Bewohnerinnen
o Selbst Erfahrenes an andere vermitteln
o Besuch einer Abstinenzgruppe außerhalb der Zwiebel
o Vertretung der Zwiebel nach außen

Therapie in der Zwiebel heißt:

o Anregung und Hilfe zur Selbsthilfe
o Kontrolle und Begleitung
o Tägliche Gruppensitzungen zur Aufarbeitung zurückliegender Ereignisse und Bewältigung aktueller Situationen
o Vertretung der konzeptionellen Belange nach außen hin
o Individuelle Planung der Rehabilitationsschritte vom Einzug bis zum Auszug

Die äußeren Bedingungen wie

o reduziertes Team auf zwei Frauen
o Bewohnbarmachen eines völlig abgewohnten Klinikgebäudes
o Kampf um die Existenz der Zwiebel nach außen hin

erforderten von vornherein mehr Einsatz und Eigeninitiative der Bewohnerinnen

In den ersten Wochen standen folgende konkrete Tätigkeiten im Vordergrund:

o Haus renovieren
o Alle Arten von Sachspenden anregen und beschaffen
o Einrichtung eines Zuhause

o Haushaltsführung
o Kennenlernen der neuen Umgebung

Die Bewohnerinnen beteiligten sich aktiv an diesen Arbeiten, und es entstand darüber zunächst ein Gemeinschaftsgefühl. Dennoch beschränkten sich diese Aktivitäten auf ein Mindestmaß, um das Wohnen auf bescheidenste Weise im neuen Haus zu ermöglichen. In der Art und Weise wie in dieser Zeit Zimmer und Gemeinschaftsräume eingerichtet wurden, drückten sich Lieblosigkeit und Gleichgültigkeit gegenüber sich selbst sehr deutlich aus. Zudem bedurfte es für jede dieser Tätigkeiten der konkreten Planung, Anregung und Unterstützung anderer – wie Team, Partner, Helfer.

Nachlässigkeit und Gleichgültigkeit, die sich in der Gestaltung des Zuhauses zeigten, spiegelten sich in der Gruppenarbeit wider. Das Gefühl, nichts wert zu sein und unfähig, steht immer wieder im Vordergrund und bremst jeden Einsatz für sich selbst. Notwendig sind daher Unterstützung und Konfrontation der Bewohnerinnen untereinander sowie Anstöße durch das therapeutische Team. Jeder neue Schritt ist bedrohlich und wird grundsätzlich lieber gebremst oder zunichte gemacht. Durch den Satz «Jede sucht sich ihren Frust so gut sie kann» machen sich die Bewohnerinnen untereinander auf dieses Verhalten aufmerksam, und er ist zu einem Schlagwort in der ZWIEBEL geworden.

Selbst schöne Erlebnisse sind eher Anlaß, traurig zu sein als fröhlich, weil im Vordergrund steht, diese nicht zu verdienen, und sofort Rückschläge erwartet werden.

Die Beziehungsformen der Bewohnerinnen untereinander verlaufen nach gleichem, gesellschaftlich üblichem Schema.

Mutter – Kind, Frau – Mann bzw. Frau – «stärkere» Frau. Umgangsformen in diesen Beziehungen sind geprägt durch die Haltung: Ich will dich ganz oder gar nicht.

Dadurch entwickeln sich zum einen sehr enge, abhängige Beziehungen. Weitere Kontakte über diese Beziehungen hinaus werden ängstlich beobachtet und nach Möglichkeit von beiden Partnerinnen vermieden. Die Reaktionen der übrigen Frauen der Gemeinschaft drücken sich zwar in Eifersucht und Mißtrauen aus, dennoch akzeptieren sie diese Beziehung als unantastbar und dulden sie.

Zum anderen gibt es die Beziehungsform absoluter Ablehnung, die sich in verbaler Brutalität, konsequentem Ignorieren oder bestrafendem Verweigern äußert. Diese Art des Miteinanders entwickelt sich durch nicht erfüllte Wünsche und Hoffnungen in eine andere Frau und hat ihre schärfste Form im Auflösen einer vorher beschriebenen Abhängigkeitsbeziehung.

Es fällt uns immer wieder auf, daß solches Extrem-Verhalten sich nicht nur auf Beziehungen im engeren Sinn beschränkt, sondern sich in allen Lebensbereichen wiederholt.

Um eine anstehende Entscheidung zu treffen, sind die Frauen in der ZWIEBEL bereit, alle ihnen zur Verfügung stehenden Kräfte einzusetzen. Entsprechend hoch ist das Maß an Mutlosigkeit und Enttäuschung, wenn die eingesetzte Energie scheinbar umsonst war.

Der andere Weg, mit notwendigen Entscheidungen umzugehen, ist, passiv und kraftlos abzuwarten, was auf die betreffende Frau zukommt.

Wir sehen unsere Aufgabe darin, diese Extreme den Bewohnerinnen transparent zu machen und Wege dazwischen aufzuzeigen und sie zu unterstützen, diese zu gehen. In der Gemeinschaft ermutigen sie sich gegenseitig, sich darin zu helfen und diese auszuprobieren.

Schwierig ist es jedoch, eine gewisse Gleichförmigkeit des Zusammenlebens zu erreichen; es stellt sich vielmehr als ein Auf und Ab von *Miteinander* und *Gegeneinander* dar. Oft entsteht das *Mit*einander erst wieder, nachdem deutlich geworden ist, daß nahezu jede Bewohnerin kurz vor einem Rückfall steht.

Es zeigte sich immer wieder, daß Frauen besonders folgende Punkte schwerfallen:

o Eigene Entscheidungen treffen und dafür Verantwortung tragen
o Aktuelle Konfliktsituation wahrnehmen und ändern wollen
o Hilfe und Unterstützung von anderen Frauen fordern und annehmen
o Aufarbeiten zurückliegender Problembereiche
o Erlernen neuer Problemlösestrategien (neues «Handwerkszeug» statt Suchtmittel)
o Erleben und Äußern von Gefühlen
o Erfahrungen sammeln mit dem Bedürfnis nach Selbständigkeit
o Entwickeln neuer Perspektiven
o Knüpfen neuer Kontakte

Vor diesem Hintergrund ist uns klargeworden, daß es unbedingt notwendig ist, Frauen die Möglichkeit zu geben, ihre spezifischen Erfahrungen und Verhaltensweisen kennenzulernen und zu bearbeiten. Die Chance besteht in gemischtgeschlechtlichen Einrichtungen nicht; diese orientieren sich, wie bereits erwähnt, im wesentlichen an Normen männlichen Verhaltens.

Frauen werden dort nicht unterstützt, «männliches» Verhalten zu erlernen, sondern vielmehr dieses durch «weibliche» Normen zu ergänzen. Sie werden somit eher in ihren alten, süchtig- und abhängigmachenden Verhaltensmustern bestärkt und perfektionieren sie weiter.

Die Tatsache, daß im Verhältnis wenige Frauen in der Suchtbehandlung Berücksichtigung finden, ist sicherlich nicht ausschließlich im mangelnden Angebot begründet, sondern auch darin, daß Frauen das gesellschaftliche Fremdbild zu ihrem Selbstbild gemacht haben.

Dies zeigt sich u. a. darin,

o sich für andere (Kinder, Kranke, Familie etc.) verantwortlicher zu fühlen als für sich

o gewöhnt zu sein, mit und in Abhängigkeiten zu leben (Sozialisation als Frau)

o früh zu erfahren, mißbraucht zu werden; der überwiegende Teil süchtiger Frauen ist in der Kindheit durch vertraute Personen (Vater, Onkel etc.) sexuell mißbraucht worden

o Schmerzen geduldig auszuhalten

Diese Bedingungen benutzten Frauen auch selbst, um den durch eine Therapie bedingten Konsequenzen und Veränderungen auszuweichen. Durch die oben beschriebenen gesellschaftlichen Normen wird ihnen dies leichtgemacht.

Das alles hat zur Folge, daß betroffene Frauen zu wenig Forderungen nach spezifischen Einrichtungen stellen und somit *scheinbar* kein Bedarf besteht.

Der Schwerpunkt der therapeutischen Arbeit in der ZWIEBEL liegt daher im Aufarbeiten dieser in allen Bereichen auftretenden Verhaltensmuster; sie haben sowohl aktuelle Anlässe als auch altbekannte, zurückliegende Gründe.

Obwohl wir seit nunmehr zwei Jahren mit süchtigen Frauen arbeiten, sind wir oftmals traurig und erschreckt, wie einerseits lieblos und verletzend, andererseits erduldend und widerstandslos Frauen mit sich und anderen umgehen. Jedoch haben wir gelernt, dies als Tatsache zunächst zu akzeptieren und ihr mit mehr Geduld als zu Beginn der ZWIEBEL gegenüberzustehen. Langsam und vorsichtig versuchen wir zusammen mit den Bewohnerinnen neue Wege zu gehen; die Erfahrung, daß es möglich ist, Veränderungen zu vollziehen, hilft uns dabei.

«Ich bin eine Frau»

Ulli S.

ich bin eine frau
ich bin
ich
?
ich
ich bin
ich bin ich

Mit zwölf, dreizehn Jahren habe ich angefangen, mich zu verweigern. Es war eine stumme Auflehnung gegen die Tatsache, ein Mädchen zu sein. In dieser Zeit habe ich meine Mutter abgelehnt, ja gehaßt. Sie und meine Vorstellung, so zu werden wie sie: total ausgerichtet auf IHREN Mann, IHRE Kinder, IHR Heim.

Ich fraß, kotzte, schluckte Abführmittel, wurde freß- und magersüchtig.

Später, so zwischen fünfzehn und sechzehn griff ich gezielt zum Alkohol. Ich wollte groß, stark, mutig sein. Wollte all den Anforderungen, die in dieser Zeit besonders von seiten meines Vaters kamen, gerecht werden.

Ich stieß an Grenzen – soff mich zu. All die Verletzungen, Enttäuschungen, die Vorwürfe, die Kritik und die damit verbundenen Schmerzen wollte ich mir vom Leibe halten.

DOPPELLEBEN

Bis zum Alter von zweiundzwanzig Jahren lebte ich ein total auf mich und meine Sucht bezogenes Leben. Unbeobachtet, heimlich, abgeschlossen, eingeschlossen. Immer darauf bedacht, daß ja kein Mensch, der in meiner Nähe war, mitkriegte, wie ich mich wirklich fühlte.

SELBSTBETRUG

meinen Haß, meine Wut   –   meine Schreie
meine Traurigkeit   –   meine Tränen
meine Freude   –   mein Lachen
alles behielt ich für mich. ANGST

Es war die Zeit, in der ich meine ersten eigenen Therapieerfahrungen machte. Das, was davon in meiner Erinnerung geblieben ist – zum Kotzen.

Da war einmal der Zugriff meiner Eltern.

Mein Vater, der wieder und wieder versuchte, seine Tochter zu retten – mit Hilfe von Geld und «guten Beziehungen», die er hatte. Der versuchte, mir – *seiner* Tochter – die «bösen» Menschen, meine Bekannten und Freunde, vom Leibe zu halten.

Meine Mutter, deren Selbstaufopferung, Scham und Mitleid. Ihr «Was werden dazu wohl *die anderen* denken oder gar sagen?» Ihre Versuche, mich auf den «rechten» Weg zu bringen. Sprich: Ehe, Familie, Heim und Kinder.

Ärzte, die mich mit Pillen zur Ruhe bringen wollten, die mir «helfen», mich «heilen» wollten.

Therapeuten? Es gab da einen Typ mit der Berufsbezeichnung «Therapeut». – Ich habe mich in ihn verliebt. Wir haben miteinander geschlafen. Es war der Anfang und das Ende dieser therapeutischen Beziehung.

Die ZWIEBEL für mich

Abhängigkeiten
so viele
so unterschiedliche
mit so vielen, verschiedenen Namen
Schalen
Häute einer Zwiebel

Frau sein, Frauen, Gemeinschaft von Frauen.

Heute bin ich dreißig Jahre alt, und seit einem Jahr lebe ich in der ZWIEBEL.

In den Jahren dazwischen war ich einige Male an den Punkt gekommen, an dem mir meine Zerrissenheit ganz deutlich wurde. Mein Doppelleben, mein Selbstbetrug.

Und da waren wieder – Versuche ...

Langzeittherapie, Rückfälle, Vorstellungen und Erfahrungen, eine Frau zu sein.

Das Bild, die Rolle, die mir andere zuschreiben.

Deren Erwartungen und Forderungen.

Mein Selbstbild,

Erwartungen und Forderungen, die ich habe. Meine Ansprüche.

Das sind die beiden Pole, zwischen denen ich mich hin- und herbewege und wo mir meine Zerrissenheit am deutlichsten wird. Heute spüre ich Boden unter meinen Füßen – hier in der «Zwiebel». Im Zusammenleben mit den Frauen. Mehr und mehr stelle ich fest, was und wie ich bin – sein kann.

Ich entdecke Möglichkeiten und Wege. Kann ausprobieren, mich darauf einlassen. Kann Erfahrungen machen. Hier in der «Zwiebel». Im Zusammenleben mit den Frauen. Mit Menschen, die ich mag. Mit mir allein. Drinnen und draußen.

Ich bin dabei zu entdecken. Bin neugierig. Mutig und ängstlich zugleich.

Erfahrungen in der Nachsorgearbeit

Monika Grettka-Oerters,
Jutta Kirschstein

Wir arbeiten in einer Nachsorgeeinrichtung, die in erster Linie für junge Menschen bestimmt ist, bei denen eine Abhängigkeitsproblematik von harten, illegalen Drogen vorliegt. Alkoholiker und Medikamentenabhängige können vereinzelt auch Aufnahme finden, bilden jedoch eher die Ausnahme.

Das Haus (maximal 12 Plätze) steht jungen Männern und Frauen im Alter zwischen 17 und 24 Jahren offen, die eine Langzeittherapie von mindestens 6 Monaten erfolgreich abgeschlossen haben.

Auf dem Weg der Wiedereingliederung in die gesellschaftliche Realität sind wesentliche Ziele unserer Arbeit:

1. beruflich / schulische Reintegration
2. soziale Wiedereingliederung
3. Einübung von Selbständigkeit, Eigenverantwortung und Selbstbestimmung
4. Begleitung und Fortführung persönlicher Behandlungs- und Reifungsprozesse

Ein ganz besonderes Problem in der Nachsorgearbeit, von uns als Mitarbeiterinnen wahrgenommen sowie von Frauen unserer Einrichtung formuliert, stellt der Bereich Kontakte, Beziehungen und Partnerschaften dar. Demzufolge werden spezifische Ziele für die Rehabilitation in den Hintergrund gestellt. Der Wunsch, Kontakte, Freunde oder einen Partner zu haben, ist oft genauso stark wie die Angst vor der Begegnung.

Es passiert sehr häufig, daß Frauen schon mit einem Beziehungspartner in unsere Einrichtung kommen, den sie während ihrer Therapie kennengelernt haben.

Damit beginnt ein ähnliches Abhängigkeitsverhältnis zu Männern, wie die Frauen es früher zur Droge erlebt haben.

Die Geschichte der einzelnen Frauen weist schon auf eine Familienstruktur hin, die ganz besonders durch eine rollenspezifische Entwicklung geprägt ist. Dieses Bild von Beziehungen, so negativ sie es auch immer erlebt haben, ist ihnen sehr vertraut und wird häufig als ein erstrebenswertes Ziel für Partnerschaften angesehen.

Beziehungen zwischen zwei drogenabhängigen Menschen sind in der

Regel sehr kritisch zu bewerten, da zusätzlich zu der Gesamtproblematik Drogenabhängigkeit und den damit verbundenen Schwierigkeiten nun auch die positiven wie die negativen Seiten einer Liebesbeziehung zu bewältigen sind.

Wir erleben es in unserer Arbeit, daß gerade Frauen ihre eigene Entwicklung zugunsten des Mannes zurückstellen. Das heißt konkret, daß sie bei der Suche nach einem Schul- oder Ausbildungsplatz im Freizeit- und Kontaktbereich ihre Bedürfnisse und Interessen entweder dem Partner anpassen oder sogar gänzlich vernachlässigen.

Die eigene Berufsausbildung und die damit verbundene Unabhängigkeit wird von den Frauen als wenig wichtig eingeschätzt. Vor dem Hintergrund, sich möglichst schnell mit dem Partner ein «trautes Heim» und eine Familie zu schaffen, streben die Frauen eher einen Aushilfsjob mit größeren finanziellen Möglichkeiten an, während der Mann sein Ziel Berufsausbildung selbstverständlich und mit hohem Einsatz angeht.

Bei der Bewältigung des Alltags mit all den hauswirtschaftlichen Aufgaben, wie z. B. Kochen, Waschen, Putzen, beobachten wir des öfteren, daß gerade Frauen ihren Beziehungspartnern diese Aufgaben abnehmen, sich dadurch in ihrer Freizeit stark einschränken, andererseits dem Partner wesentlich größere Freiräume schaffen.

Auf der Suche nach Zärtlichkeit und Geborgenheit stellen Frauen ihre Bedürfnisse nach Wärme und Nähe häufig da auch wieder zugunsten ihres Partners zurück, indem sie ihren Wunsch nur dann erfüllt bekommen, wenn sie mit ihm sexuell verkehren. Häufig ist diese Sexualität noch geprägt durch frühere Prostitutionserfahrungen und häufigen Partnerwechsel während der Drogenzeit.

Ein ständiges Problem ist die Verantwortung für die Empfängnisverhütung. Trotz intensiver Aufklärung beider Partner wiederholt es sich, daß Frauen nicht verhüten und damit das Risiko einer Schwangerschaft und in der Folge dann eines Abbruchs eingehen. Erschwerend kommt hinzu, daß sie bei ihrem Partner häufig wenig Unterstützung in diesen Fragen erfahren. So erleben wir auch in unserer Einrichtung einen Kreislauf, der folgendermaßen zu beschreiben ist:

Beziehung aufnehmen – ausbauen – wenn Beziehung problematisch wird, evtl. Beendigung der Beziehung. –

Frau wird wieder stärker auf sich selbst zurückgeworfen – entwickelt ansatzweise eigene Vorstellungen, z. B. Beruf und Kontakte –, sobald neuer Partner, Zurückstellung eigener Vorstellungen und Interessen, somit wieder Rückfall in die alten Verhaltensweisen.

Trotz intensiver Gespräche in Einzel- und Gruppengesprächen ist dieser Teufelskreis nur sehr schwierig, manchmal sogar gar nicht zu durchbrechen.

In Situationen, in denen es um Beziehungsfragen geht, haben wir die Erfahrung gemacht, daß die Bewohnerinnen unserer Einrichtung uns in unserer Funktion als Mitarbeiterin eher anlaufen als die männlichen Kollegen. Es ist für sie sehr wichtig, in ganz intimen und persönlichen Fragen sich mit Frauen auszutauschen und dies nicht ausschließlich mit Männern tun zu müssen.

Wenn es etwas bei Männern zu erreichen gilt, wird Koketterie eingesetzt, denn dieses Verhalten haben Frauen von frühester Kindheit an gelernt.

In dem Verhalten der Bewohnerinnen spiegelt sich das Bild wider, das die Gesellschaft von Frauen zu vermitteln versucht: Bei Frauen kann man sich «ausheulen», aber Männer treffen die Entscheidungen.

«Violetta Clean» –
wie ein Frauenprojekt entsteht

Anne Kurth,
Ulrike Kreyssig

Im *Oktober 1980* begannen wir uns im Rahmen einer Forschungsarbeit genauer mit der Lebenssituation drogenabhängiger Mädchen und Frauen zu beschäftigen. Wir wollten wissen, warum sie zu Drogen, harten Drogen wie Heroin greifen, welche Erfahrungen sie mit dem «Drücken» verbinden, wie ihr Alltag, ihre Probleme, ihre Hoffnungen und Sehnsüchte aussehen.

Wir wollten nicht nur akademisch forschen, sondern Handlungsperspektiven für drogenabhängige Frauen aufzeigen. Wir beabsichtigen, konkrete Alternativen zu ihrer Lebenssituation zu entwickeln, nur die Richtung war noch offen.

Ideen hatten wir viele, ambulante Drogenprojekte für Frauen, Teestuben in der Nähe der «Scene» ausschließlich für Frauen, Frauentherapieeinrichtungen u. u. u. Allerdings sollten diese eher unausgegorenen, papierenen Programme und Ziele von den Frauen mitgestaltet werden. Wir planten deshalb, eine Frauengesprächsgruppe im Gefängnis aufzubauen, auf der Station für jugendliche, drogenabhängige Frauen in der Berliner Frauenvollzugsanstalt. Mehrmals in der Woche wollten wir inhaftierte Frauen treffen, mit ihnen zusammen reden, Kaffee trinken, spielen, planen, weiterüberlegen. Eine von uns konnte schon ziemlich bald mit diesem Praxisteil unserer Arbeit anfangen. Die für den Knastbesuch obligatorische Sicherheitsüberprüfung zog sich in die Länge. Nach monatelangem Warten, nach etlichen Telefonaten und Beschwerden zeigte sich dann, daß die Akte irgendwo in der Bürokratie hängengeblieben war.

Die andere war zum Literaturstudium an den Schreibtisch verbannt. Das war jedoch schnell beendet, es gab nämlich einfach nichts über drogenabhängige Frauen. Frei nach dem Motto, die Sucht macht alle gleich, wurden die Unterschiede, die oft gegensätzlichen Erfahrungen von drogenabhängigen Frauen und Männern, fast völlig ignoriert.

Im *Oktober 1980* fand der Jahreskongreß der Deutschen Hauptstelle gegen die Suchtgefahren mit dem Thema «Frau und Sucht» in Saarbrükken statt. Nach zehn Jahren «neutraler» Sucht- oder Drogenarbeit waren endlich Frauen das Thema. Mit einigen Erwartungen fuhren wir hin.

Es zeigte sich allerdings sehr bald, daß die Vorträge der Professoren und Praktiker an Konservatismus und männlich borbierter Sichtweise nichts zu wünschen übrigließen. Statistik reihte sich an Statistik, patriarchalisches Gedankengut preßte die Erfahrungen von süchtigen Frauen in psychologische Wesenskategorien, «Frauen sind wehleidig, haben eine geringe Frustrationstoleranz und sind zur Sucht prädestiniert. Ihre Emanzipation fördert ihren Suchtmittelmißbrauch, deshalb täten sie gut daran, sich mit ihren Rollen zu arrangieren», und ähnliches mehr.

Als Ausdruck unserer Wut ob so viel Männersicht und männlicher Interpretation verfaßten wir einen «ketzerischen» Text, den wir auf dem Abschlußplenum vorlegten und der für einigen Aufruhr sorgte.[1]

Für uns und für andere Frauen war nach diesem Kongreß klar, daß eine frauenspezifische Drogenarbeit entwickelt werden muß, die sich frei macht von männlicher Wahrnehmung und Interpretation. Wir gründeten mit anderen Frauen den bundesweiten Arbeitskreis «Frau und Sucht» und einen regionalen Arbeitskreis in Berlin.

November 1980 bis November 1981. Ein Jahr vergeht mit Frauengruppenarbeit im Knast, Interviews mit einzelnen Frauen, Rekonstruktionen von Lebensgeschichten. Meistens warten Frauen schon auf uns, wenn wir auf die Station «hochgeschlossen» werden, spekulieren auf etwas Süßes, Kaffee und Zigaretten, hoffen auf Informationen von draußen und wünschen sich wohl auch Zuwendung, Gespräche, Interesse.

Dank unseres Status als freiwillige Mitarbeiterinnen und als Universitätsangehörige mit Forschungsvorhaben genießen wir einige Privilegien im Knast. Wir können an jedem Wochentag in den Knast kommen, die Frauen auf ihren Zellen besuchen und sie ohne Überwachung durch Beamtinnen sprechen. Das ist sonst nicht möglich, Besuche finden im allgemeinen nur mit speziell ausgestellten Sprechscheinen, zu bestimmten Sprechzeiten und unter Beobachtung statt. Eine immer wieder demütigende Erfahrung. Von den Beamtinnen, «Schließerinnen» genannt, Sozialarbeiter/innen und der Gefängnisverwaltung halten wir uns nach Möglichkeit fern. Wir wollen nicht mitdisziplinieren oder vereinnahmt werden, unsere Betroffenheit und Parteilichkeit gilt den drogenabhängigen Frauen.

Zu den Frauen stellt sich nach und nach ein Vertrauensverhältnis her,

1 Vgl. Deutsche Hauptstelle gegen die Suchtgefahren, Frau und Sucht, Bd. 23, Hamm 1981, S. 165

Erfahrenes und Erlebtes, Ängste und Hoffnungen werden mitteilbar. Wir spüren viel von erlittenen Kränkungen und Verletzungen, von Männergewalt, von sexuellen Annäherungen und Vergewaltigungen, erleben ihre Einsamkeit, Zerrissenheit, hören auch viel Widersprüchliches, Aussagen, die uns nicht gefallen, Frauenverachtendes. Vielschichtiges Frauenleben breitet sich vor uns aus, familiale Gewaltstrukturen werden sichtbar, Heimkarrieren und Trebeleben. Oft kehren sich die Rollen auch um, werden wir befragt, müssen uns selbst hinterfragen. Was haben wir den Frauen anzubieten? Wie können wir ihnen ihre Ängste vor Therapien, vor der sozialen und beruflichen Perspektivlosigkeit von Frauen nehmen?

In Arbeitskreisen zu Drogenproblemen finden wir meist keine Unterstützung, hört man uns kaum zu. Frauenbelange sind nicht gefragt. Es ist gerade die Zeit des politischen Kampfes gegen das neue Betäubungsmittelgesetz. Der allgemeine Kampf gegen die Verschlechterung in der Drogenarbeit ist zu führen, der frauenpolitische Kampf hat sich da ein- und unterzuordnen.

Wir lassen uns jedoch nicht abhalten – auch nicht von Männersympathisantinnen im feministischen Kleide, die uns sagen wollen, daß es jetzt anderes, Wichtigeres gäbe als Frauenprojekte.

Unsere Arbeit mit den drogenabhängigen Frauen im Knast und die betroffenen Frauen bestärken uns darin, daß in der Drogenarbeit für Frauen neue Angebote entwickelt werden müssen: Besondere Anlaufstellen für Frauen, in denen sie sich treffen können, geschlechtsspezifische Beratungsformen und last not least Frauengruppen in gemischtgeschlechtlichen Einrichtungen und Frauentherapien.

Herbst 1981. Wir entwickeln ein vorläufiges Konzept für eine Frauentherapie und finden uns damit auf einem der monatlich stattfindenden Treffen Berliner Therapieeinrichtungen ein. Wir hatten uns zwar schon innerlich auf eine kontroverse Diskussion eingestellt, erlebten dann aber ein wütendes Protestgeschrei von «Experten» beiderlei Geschlechts: «Die Frauen kommen ohnehin nicht zu euch», «Die Frauen hauen sowieso bei euch ab», «Ihr habt ja keine Ahnung, noch nie Drogenarbeit gemacht», «Ihr müßtet ohnehin erst mal mit den Frauen zusammenziehen», «Ihr habt keine Therapieausbildung», «Die ziehen euch über die Rolle», «Ihr braucht eine handwerkliche Ausbildung», «Die Frauen wollen keine separierten Frauentherapien», «Warum überhaupt nur Frauen?», «Die Frauen suchen sowieso nur einen Typen», «Und wo bleiben die Männer?», «Frauen sind genauso schlimm», «Ihr seid viel zu theoriebelastet» usw. usf.

Zwei Stunden lang «Beschuß» aus allen Richtungen, nur ein Altmeister der Therapiearbeit will uns väterlich-arrogant probieren lassen ...

Einen Beweis antreten wollten wir nun allerdings nicht, Frauenprojekte haben Männern nichts zu beweisen, allein daß Frauen in diese Fraueneinrichtungen gehen wollen, ist Legitimation genug.

Nach diesen Erfahrungen zogen wir es vor, nicht mehr in gemischtgeschlechtlichen Arbeitsgruppen unsere Pläne vorzustellen. Den letzten Rest gab uns ein Oberguru eines Therapieverbandes, der uns rechtliche und finanzielle Tips verweigerte, weil ihn Frauentherapien an eine «Politik der Apartheid» erinnern würde. Wir würden die Frauen «gettoisieren», und er sei «schließlich kein Neger».

Autonom geht es weiter. Wir gründen mit anderen Frauen einen Verein als zukünftigen Träger unserer Einrichtung «Violetta Clean» (Verein zur Hilfe suchtmittelabhängiger Frauen e. V.). Die gerichtliche Anerkennung als gemeinnützig zieht sich allerdings wiederum ein Jahr hin.

Im März 1982 legen wir dem verantwortlichen Senator für Schulwesen, Jugend und Sport, dem Drogenreferat, unseren Antrag auf Finanzierung einer therapeutischen Wohngemeinschaft für drogenabhängige Frauen vor. Man betrachtet unser Projekt mit Wohlwollen, konkrete Zusagen können natürlich nicht gemacht werden. «Bemüht euch um andere Finanzierungsmöglichkeiten», heißt es.

Von März 1982 bis Januar 1983. Wir schreiben insgesamt sechs, davon zwei kurze, zwei mittellange und zwei umfangreiche Modellversuchsanträge nach Berlin, Bonn und Köln. Die Bundeszentrale für gesundheitliche Aufklärung und das Familienministerium interessieren sich, doch ändern sich die gemeinsamen Grundlagen mit den jeweiligen politischen und personellen Wechseln in Berlin, Bonn und Köln. Die einen wollen plötzlich eine Untersuchung über drogenabhängige Frauen in gemischtgeschlechtlichen Einrichtungen, die anderen ein schulisches und berufliches Integrationskonzept für haftentlassene drogenabhängige Frauen, die dritten erwarten Aussagen über suchtmittelgefährdete Frauen im Spannungsfeld Familie und Beruf. Für eine finanzielle Unterstützung oder wissenschaftliche Begleitforschung einer Frauentherapie in Berlin will sich letztlich kein Geldgeber stark machen. Selbst ein Besuch in Bonn bei der verantwortlichen Dame vom Drogenreferat im Familienministerium nützt da nichts. Die Sozialdemokratin läßt durchblicken, daß eine Frauentherapie, überhaupt Geschlechtertrennung die lang erkämpften Formen der Gleichbehandlung, der Koedukation etc. zunichte machen würde (als wenn jemals in gemischtgeschlechtlichen Einrichtungen «gleich» behandelt würde). Am Schluß erhalten wir Dankesschreiben mit dem Nachsatz, daß unsere Forschungs- und Arbeitsinteressen sich doch nur auf ein sehr begrenztes, berlinspezifisches Problem reduzieren. Den drogenabhängigen Frauen in München, Frankfurt und Hamburg scheint es also besserzugehen ...

Im *Herbst 1982* werden im Berliner Abgeordnetenhaus die wichtigen Entscheidungen für die Mittelvergabe für das Haushaltsjahr 83 getroffen. Wir beginnen – in letzter Minute – die «Ochsentour» durchs Abgeordnetenhaus, sprechen Abgeordnete aller Fraktionen an, sagen unser Sprüchlein auf ... Drogenabhängige Frauen sind, brauchen ... O ja, sie scheinen alle sehr interessiert, «Ich werde sehen, was ich tun kann». Schließlich erklärt sich ein Abgeordneter bereit, mit einer kleinen Anfrage auf die Situation drogenabhängiger Frauen in Berlin hinzuweisen und darum zu bitten, daß das «Hohe Haus» doch «Violetta Clean» unterstützen möge. Wir witzeln auf der Zuschauertribüne, fliegen fast raus. Denn dort ist lautes Reden, Lachen und Fähnchenschwingen streng untersagt. Die Senatorin antwortet auf die Anfrage, daß ihr die schwierige Situation drogenabhängiger Frauen sehr wohl bekannt sei und sie vorhabe, die Frauen von «Violetta Clean» ab Mitte des Jahres 1983 finanziell zu unterstützen. Wir klatschen wie wild auf der Zuschauertribüne, außer uns sitzt da auch niemand. Zwei Frauen gegen den Rest der Welt, aber jetzt scheint es bergauf zu gehen.

Im März 1983 hören wir dann endlich das erste konkrete Finanzierungsangebot, 77000 DM für das noch laufende Jahr, Beginn am 1. Juli 1983. Das Geld schließt zwei Personalstellen (eine Sozialarbeiterinnen- und eine Erzieherinnenstelle) sowie Miete, Nebenkosten und Sachmittel ein. Ein sehr mageres Angebot, nach unseren Kalkulationen wären mindestens 100000 DM für das erste Halbjahr notwendig, um mit wenigstens drei Betreuerinnenstellen anzufangen. Für ein neues Therapieprojekt ist eine mangelnde Betreuung, rechnerisch von Montag bis Freitag, 9 bis 17 Uhr, von uns nicht verantwortlich vertretbar, zu sehr sind uns die Anfangsschwierigkeiten und Unsicherheiten der Frauen und unsere eigenen bewußt. Kommentar des Drogenbeauftragten: «Ihr kennt doch so viele Frauen aus der Frauenbewegung, die könnten sich doch personell und finanziell zur Verfügung stellen». Aha, Frauen helfen Frauen, die schon klassisch gewordene Metapher kehrt sich plötzlich gegen uns. Ehrenamtliche Mitarbeit von Frauen, individuelles Engagement, Selbsthilfe. Die Bereitstellung sehr begrenzter finanzieller Ressourcen wird legitimatorisch durch «neue Werte» und pädagogische Argumente abgesichert. Was sich dahinter verbirgt, ist nichts anderes als unbezahlte weibliche Mehrarbeit, und die leisten wir schon seit Monaten.

Ein zähes Ringen ums Geld und um pädagogisch-konzeptionelle Fragen beginnt, wir bleiben Dauerbesucherinnen im Drogenreferat. Wir rechnen uns die Köpfe heiß, versuchen auszuloten, welchen Grad an Selbstausbeutung wir bereit sind zu tragen. Manchmal packt uns eine unbeschreibliche Wut, zumal wir immer noch freiwillig und mittlerweile unbezahlt Frauenarbeit im Knast machen und die Frauen dort uns ständig nach «Violetta Clean» fragen. Eine Entscheidung steht an. Fast alle anderen Drogenprojekte, Therapie- und Beratungsarbeiter/ innen raten uns ab, wobei die Motive mitunter etwas undurchsichtig sind. Das Drogenreferat erklärt unmißverständlich, daß «mehr Geld nicht drin ist», hofft aber insgeheim auf zwei weitere finanzierte Personalstellen durch das Bonner Familienministerium. Die paradoxe Argumentation wird deutlich: Mit der Propagierung von Selbsthilfe und der Warnung vor Überbetreuung werden die knappen finanziellen Mittel verteidigt, aber insgeheim einiges versucht, für das Projekt eine tragfähige finanzielle Basis zu schaffen. Diese Manöver sind unschwer zu durchschauen, aber die Zeit drängt.

Seit zwei Monaten stehen wir, vorausplanend, mit einem Hausbesitzer in Verhandlungen. Wir müssen den Tag der Mietvertragsunterzeichnung geschickt hinauszögern, bis unsere Entscheidung für oder gegen das Projekt getroffen ist. Mehrere Frauen haben sich auf eine Anzeige hin als Mitarbeiterinnen bei uns gemeldet, interessieren sich für das Frauenprojekt, suchen aber einen festen Arbeitsplatz. Nur zwei Frauen können sich an den Gedanken gewöhnen, eine Zeitlang unterbezahlt zu arbeiten. Die eine Frau bringt dreijährige Erfahrungen aus der Drogenarbeit mit, die andere kommt aus der Mädchenarbeit. Wir sind heilfroh darüber. Und wir haben inzwischen bereits M., eine junge Frau, privat nach der Haftentlassung bei uns aufgenommen. Sie ist Lesbe und hat nach einem fehlgeschlagenen Versuch in einer gemischtgeschlechtlichen Einrichtung, alle Hoffnungen auf einen Platz in einer Frauentherapie gesetzt.

Schließlich, in der Hoffnung, daß aus Bonn doch noch Geld kommt und zwei beim Arbeitsamt beantragte ABM-Stellen positiv entschieden werden, entschließen wir uns doch auf dieser wackeligen Basis anzufangen. Mit Bauchschmerzen zwar, aber gleichzeitig sind wir auch zuversichtlich.

April 1983. Wir haben etwas Glück. Das Haus, daß wir beziehen kön-

nen, steht zwar erst zum Juli zur Verfügung, aber befreundete Frauen
bieten uns für die zu überbrückende Zeit eine leerstehende 6-Zimmer-
Wohnung an. Der Einzug findet am 18. April statt, drei aus dem Knast
entlassene Frauen ziehen ein, zwei weitere folgen kurze Zeit später.
Wir teilen uns das Geld für die zwei Personalstellen mit unseren beiden
neuen Kolleginnen und Mitstreiterinnen und arbeiten zu viert. Das
Einzugsessen stimmt uns alle euphorisch, wenn auch die Wohnung
noch halb leer steht, das Geschirr geliehen ist, Ämtergänge erst beginnen und die Schaffung von Beschäftigungs- und Arbeitsmöglichkeiten
für die Frauen bloße Zukunftsmelodie ist. In dieser Aufbruchsstim-
mung kann uns eigentlich nichts passieren ... wenn nicht ...

Mitte Juni 1983 reißt uns eine Hiobsbotschaft aus unserem optimisti-
schen, improvisierten Alltags- und Therapieleben. Das Haus, in das
wir einziehen wollten, steht nicht mehr zur Verfügung, ist heimlich
verkauft worden. Wir sind fassungslos, zwei Wochen vor dem Um-
zugstermin, und aus der Übergangswohnung müssen wir raus. Wohin
mit uns, mit den Frauen, die schon auf der Warteliste stehen? Wie sollen wir in so kurzer Zeit ein Haus, eine große Wohnung finden? Und
gerade bei dem katastrophalen Wohnungsmarkt in Berlin? Telefonate
mit Maklern, Annoncen in den Zeitungen erweisen sich als zwecklos.
Das Drogenreferat weiß auch keinen Weg. In Gedanken gehen wir alle
Möglichkeiten durch; die Frauen zu Hause aufnehmen, aufs Land gehen in ein Ferienhaus, selbst eine Kirchenbesetzung ziehen wir in Er-
wägung. Doch die zuständige Pastorin winkt ab, «das kriegen doch nur
ein paar Omis mit». Die Stimmung sinkt auf den Nullpunkt, wir sehen
«unsere Frauen» und sie sich selbst schon wieder auf der «Scene». Aber,
nach so viel vorbereitender Arbeit das Projekt sang- und klanglos fal-
lenlassen, die Frauen der Straße überantworten?

Wir reißen uns zusammen und starten eine Pressekampagne.

Verschiedene Telefonate mit Berliner Zeitungen, dem Rundfunk,
selbst dem Fernsehen. Einige winken borniert ab, andere berichten
ausführlich.

Ein paar Wohnungsangebote trudeln ein. Ein cleverer Architekt will
uns übergangsweise in ein schon leer geräumtes, zu sanierendes Haus
einquartieren, für gutes Geld natürlich, «den Baulärm müssen Sie aushalten». Andere wollen «dicke absahnen», bieten uns ihre eigene Wohnung zur Untermiete an, mit 15 000 DM Abstandszahlung, nicht rück-
zahlbar, versteht sich.

Alle realistischen Angebote zerschlagen sich, wir sind dem Nerven-
zusammenbruch nahe, von Unterstützung anderer Drogenprojekte

keine Spur. Uns geht es ja auch erst mal nicht «politisch» an den Kragen, eine gute Entschuldigung für andere, sich der Mitverantwortung zu entziehen.

Die drogenabhängigen Frauen, die noch standhaft bei uns bleiben, spüren diese Ignoranz sehr wohl, diese unguten Erfahrungen schweißen uns für eine Zeitlang enger zusammen, der Alltag geht auch in der Krise weiter.

Ein Anruf von einem A. scheint unerwartet die Wende zu bringen, «ob wir immer noch suchen würden, er hätte da ein Angebot, das Haus von Hildegard stünde frei». «Pardon, wer ist Hildegard?» Er scheint fast böse zu sein, daß wir mit Hildegard nicht gleich Hildegard Knef assoziieren. Sie sei in die USA gegangen, aber vertraglich noch an ein Haus im Grunewald gebunden. Es stünde also leer und könnte, wenn sich das Grundstücksamt mit den Stadträten des Bezirks einigen könnte, für 4000 DM vermietet werden. Schluck, 4000 DM. Wir haben noch eine Woche Zeit. Hektische Telefonate mit den Stadträten des Bezirks. «Ja, die Angaben würden stimmen, nein, für Ihr Projekt kommt das Haus nicht in Frage.» Ein Stadtrat beruft sich auf den anderen in seiner ablehnenden Haltung. Wir bekommen keinen Gesprächstermin, selbst nicht, als wir die Sekretärinnen zu unseren Verbündeten machen.

Wir versuchen es auf höherer Ebene, aber auch der Bezirksbürgermeister ist nicht zu sprechen, und die Senatorin schon in Urlaub.

Das Drogenproblem in dieser Stadt geht uns alle an. Alles Erdenkliche sollte getan werden, um den jungen Menschen aus diesem Suchtkreislauf herauszuhelfen (O-Ton der Senatorin).

Wir schicken unsere Projektunterlagen an die Stadträte und versuchen trotz des Urlaubs der Senatorin, brieflich einen Kontakt zu ihr herzustellen. Wir streiten uns über dieses «unpolitische» Vorgehen, der Brief an die Privatadresse wird zum Zankapfel, aber «in Gefahr und größter Not, bringt der Mittelweg den Tod».

Ein paar Tage später sind alle Türen geöffnet. Das Bezirksamt macht uns ein konkretes Übergangsangebot, wir können eine leerstehende Etage in einem Heim für Jugendliche beziehen und «über das Haus im Grunewald ließe sich reden». Politik wird eben doch woanders gemacht.

29. Juni 1983. Einen Tag vor dem endgültigen Fini wechseln wir von der einen Übergangswohnung in die nächste. Eine heruntergewirtschaftete Etage ohne Licht und Gas wird unser neues Domizil. Es hat schon etwas Makaberes an sich, daß wir am ersten Abend wieder im Dunkeln sitzen, bei Kerzenlicht, wie ein paar Monate vorher schon einmal. Ein Angstgefühl befällt uns, können wir den Frauen, die oft in unwürdigen Wohnverhältnissen gelebt haben, diese Wohnsituation zumuten? Schaffen wir nicht Rückfallgefährdungen?

Die Angst bewahrheitet sich nicht. Am nächsten Morgen werden mit geliehenem Geld (das Senatsgeld läßt wie immer auf sich warten) Farben, Pinsel, Lampen, Glühbirnen, Blumen und Regale gekauft. Drei Wochen später, nach anstrengender Renovierungsarbeit, erstrahlt die Etage in hellem New-Wave-Licht, und die Stimmung unter den Frauen ist blendend.

Die Bemühungen um die Grunewaldvilla laufen «nebenher» auf vollen Touren, denn wir können nicht ewig in der Übergangswohnung bleiben, allein die Heimatmosphäre mit der spezifischen Geruchsmischung aus Bratkartoffeln und Bohnerwachs auf dem Flur, die klappernden Geräusche aus der Küche und die auf- und abschließenden Erzieher/innen treiben uns heraus.

Auf einer Jugendausschußsitzung des Bezirksamts tragen wir unser Violetta-Sprüchlein vor: Drogenabhängige Frauen brauchen einen Raum für sich, ohne Männer, weil ... Mittlerweile sind wir souverän geworden, ob da nun zehn oder hundert Leute sitzen und ihren geringen Sachverstand zeigen, es macht uns nichts. Nur um «unsere Frauen» tut es uns leid, wenn sie zu den Sitzungen, Gremien und Arbeitsgruppen mitkommen und zuhören müssen, wie über sie als Fälle, Aktenzeichen u. ä. gesprochen wird.

Die Presse kriegt Wind davon, daß es Verhandlungen um die Villa gibt. «Rauschgiftklinik in Knefvilla» heißt es am nächsten Tag in dem auflagenstärksten Blatt Berlins. Die Verhandlungen laufen weiter hinter verschlossenen Türen zwischen dem Grundstücksamt, anderen Abteilungen des Bezirksamtes und dem Drogenreferat. Zahlen werden jongliert, Versprechen und Gegenversprechen gegeben. Ein Jugendstadtrat, ein Christdemokrat, macht sich stark für uns, wir wundern uns.

Konservatismus und Feminismus, wie paßt das zusammen? Wir verstehen uns nicht als moderne Florence Nightingales; das selbstlose Helfen, das unpolitische, ehrenamtliche Engagement für Frauen allein verträgt sich nicht mit unserem feministischen Bewußtsein. Natürlich, «unsere Frauen» sind Opfer, aber keine armen gestrauchelten, von Gott verlassenen Wesen, die an der Mutterbrust nachsozialisiert werden müssen. Sie sind Frauen, die viel negative Erfahrungen (vor allem, aber nicht nur mit Männern) gemacht haben und denen Wege der Selbstverwirklichung versperrt blieben. Ihre Erfahrungen feministisch zu interpretieren und diese in die alltägliche pädagogische Praxis produktiv einzubinden ist ein Versuch, sie aus dem selbstzerstörerischen Zusammenhang von Angst und Versagen herauszulösen.

August 1983. Die Verhandlungen sind abgeschlossen, die Entscheidung gefallen, wir kriegen die Villa. In die Freude mischt sich Trauer über vorangegangene Schwierigkeiten und Probleme in der Gruppe. Von unserer festen Bezugsgruppe haben uns zwei Frauen verlassen, die eine will allein clean werden (was nur einen Monat anhält), die andere schließt sich einem Guru an.

Zweifel, Ängste entstehen bei uns, sind wir pädagogisch-therapeutisch kompetent genug? … Haben wir … Hätten wir nicht … Mit jeder einzelnen Frau verbindet sich auch ein Stück Violetta-Geschichte. Noch haben wir keine dicke Haut, können Frauen nicht einfach gehen lassen.

Zurück zu der Villa. Sie liegt wunderschön, nahe dem Grunewald in einer ruhigen Seitenstraße, vierzehn Zimmer, ein ausbaufähiges Dach, ein mittelgroßer Keller und ein etwas verwilderter Garten, eine Oase für Frauen, die jahrelang auf der Straße leben mußten, in dreckigen Pensionen, auf Hinterhöfen und in Hausfluren. Ein Raum für Frauen, in dem sie sich von ihren Dealern, Freiern und ebenfalls abhängigen Freunden erholen können, ihre Vergangenheit bewältigen, ihre Gegenwart leben und ihre Zukunft entwerfen können.

Kaum ist es offiziell geworden, daß wir in die Villa einziehen, wird die noble Grunewalder Bevölkerung aktiv, eine Bürgerinitiative formiert sich, sammelt Unterschriften und bringt unverhohlen ihre Ressentiments und Vorurteile zum Ausdruck: Drogenabhängige Frauen gehören aufs Land, nur dort sind sie zu resozialisieren; sie sind eine Gefahr für die Allgemeinheit, sie werden in den umliegenden Häusern einbrechen, Wertgegenstände an sich nehmen, sie werden Kinder zu Drogenmißbrauch verführen und Dealer und Kriminelle heranziehen.

Ganz Grunewald eine Rauschgifthöhle?

Besonders peinlich verhält sich der auf dem angrenzenden Grundstück wohnende *Frauen*arzt nebst Familie. Er geht gerichtlich vor, über einen Anwalt will er uns den Einzug verbieten lassen, «da diese Frauen auf Kosten des Steuerzahlers im Grunewald ein luxuriöses Leben führen wollen».

Die sozialen (Klassen-)Gegensätze werden hier plötzlich ungeschminkt sichtbar, und das Schlimme daran ist, daß diese «geschlossene Gesellschaft» sich völlig im Recht fühlt, moralische und ethische Kategorien existieren nur, solange sie nicht mit den eigenen Interessen kollidieren. In ihrem Bezirk herrschen sie mit der Arroganz der Macht.

Aber es formiert sich auch eine Gegenbürgerinitiative, von einer kirchlich engagierten Frau geleitet, auch sie sammelt Unterschriften.

Uns tangiert dieser Klassenkampf erst ernsthaft, als von Senatsstellen ein Bürgerforum für den 14. Oktober einberufen wird, um die aufgeheizte Stimmung zu dämpfen, schließlich könnten ja auch christdemokratische, finanzkräftige Wähler/innen verlorengehen.

Dieses Bürgerforum, das hochkarätig besetzt ist mit dem Drogenbeauftragten der Stadt, den Finanz- und Jugendstadträten des Bezirks und dem zuständigen Senatsdirektor (und uns), gleicht einer Wahlkampfarena. Hitzige und hetzige Reden und Gegenreden lassen uns kaum zu Wort kommen. Es geht schon längst nicht mehr um drogenabhängige Frauen, denn die vorhandenen Ängste können schnell beruhigt werden. Wir sind Staffage für einen Schlagabtausch zwischen Männern der gehobenen Gesellschaft und Männern der Politik, es geht um Geld, Macht und Einfluß. Da regt sich der Bankier über die Sozialhilfeunterstützung der Frauen auf (320 DM im Monat) – «Wann zahlen die das zurück?» –, und der Bauunternehmer will die Frauen nach Kreuzberg, in einen anderen Bezirk vertreiben. Nur einmal geraten die Herren ins Stocken, als die Rede auf die Edel-Puffs im Grunewald kommt, die konnten sich da mühelos etablieren, galten nicht als unschicklich, warum auch ... wenn die Herren sie nutzen.

Wir bringen den Abend damit zu, «unsere Frauen» nach diesem Bürgerforum emotional wiederaufzurichten, aber immerhin in unserer Villa. Die haben wir nämlich schon vorher bezogen, ohne das bürgerliche Schauspiel abzuwarten.

Seitdem ist es etwas ruhiger geworden, wir konnten aufatmen und uns endlich auf wesentlichere Aspekte unserer Arbeit bei Violetta Clean konzentrieren.

Allerdings, drei Jahre hat es gedauert, von Oktober 1980 bis Oktober 1983, bis aus der Idee einer Frauentherapieeinrichtung mehr als nur ein Übergangsstadium wurde.

Wir über uns

Wir sind die erste und einzige Einrichtung in West-Berlin und der Bundesrepublik, die ausschließlich drogenabhängige Frauen aufnimmt. Die Wohngemeinschaft existiert seit Mai 1983, seit Oktober 1983 leben wir mit acht Frauen in einem schönen Haus im Grunewald.

Die Idee dieses Projekts ist, für drogenabhängige Frauen eine Alternative zu herkömmlichen Therapieeinrichtungen zu schaffen, in denen sie allzuoft mit den gleichen – männlich bestimmten – Strukturen zu kämpfen haben wie auf der Scene. Drogenabhängige Frauen sollen bei «Violetta Clean» die Möglichkeit haben, *selbstbestimmt* ihren Alltag zu gestalten und in Ruhe, d. h. ohne ständige Auseinandersetzung mit Männern, ihre weiteren Lebensschritte planen. Es werden viele Bereiche angeboten, in denen neue, spannende Erfahrungen gesammelt werden können, in denen frau sich ausprobieren kann – mit sich, mit anderen Frauen: handwerkliche Arbeiten im Haus, Garten, in Karatekursen, Musik, Büro, Schule, Yoga, Körper-Workshops. Bei «Violetta Clean» herrscht ein relativ großer Freiraum, es gibt keine Regeln (außer absoluter Drogenfreiheit natürlich) – sondern Vereinbarungen, die immer wieder gemeinsam neu bestimmt und überprüft werden, z. B., wann und wie lange eine «neue» Frau nicht alleine rausgehen sollte.

Zweimal pro Woche findet ein Gruppengespräch statt, ansonsten selbstverständlich, wenn aktuelle Probleme anstehen. Gemeinsam wird ein Wochenplan ausgearbeitet, mit Terminen, anstehenden Arbeiten und Verantwortungsbereichen, die jede Frau übernimmt. Bereitschaft zur Übernahme von Verantwortung wird bei uns groß geschrieben, Verantwortung für sich selbst zu tragen, aber auch für die anderen. Das ist oft schwieriger, als sich an einen strengen Regelkatalog zu halten, es erfordert viel Eigeninitiative und Engagement von jeder einzelnen Frau und muß häufig mühsam erlernt werden.

Drogenabhängige Frauen, die sich für die Wohngemeinschaft interessieren, können sich direkt schriftlich an uns wenden oder über eine Drogenberatungsstelle. Voraussetzung für die Aufnahme ist der körperliche Entzug, d. h. Krankenhausaufenthalt oder Clean-Nachweis durch eine Urinkontrolle, ein Informationsgespräch bei «Violetta Clean», nach dem die Frauen, die hier leben, sich entscheiden, ob sie die betreffende Frau aufnehmen, und diese auch nochmals in Ruhe ihre Entscheidung überdenken kann.

Leider ist die «Nachfrage» im Moment so groß, daß wir eine Warteliste haben. Unsere Überzeugung, daß viele drogenabhängige Frauen (zunächst) ohne Männer leben wollen, bestätigt sich immer wieder, so daß es dringend notwendig scheint, viele «Violetta»-Wohngemeinschaften aufzubauen, und nicht nur in Berlin!!!

die Violetta-Clean-Frauen

Utopie oder Chance?

Ein Nachwort von Ute Schönherr

Ich habe lange überlegt, was es am Ende dieses Buches noch zu sagen gibt. Es hat – ohne Anspruch auf Vollständigkeit oder Endgültigkeit – ganz verschiedene Facetten von Frausein in Abhängigkeit und Unabhängigwerden beleuchtet.

Und doch habe ich den Eindruck, wir seien den Leserinnen – und Lesern – noch etwas schuldig geblieben.

Sicherlich den «wissenschaftlichen» Nachweis für unsere Thesen und Erfahrungen. Es wäre schön, wenn wissenschaftlich tätige Frauen Lust bekommen hätten, unseren Gedankengängen etwas gründlicher nachzuforschen.

Doch vielleicht auch noch etwas mehr darüber, wie wir überhaupt dazu gekommen sind, uns mit dem Thema «Frau und Sucht» zu beschäftigen, und was wir damit erreichen wollen.

Ich will versuchen, dazu aus meiner persönlichen Sicht etwas zu sagen.

Meine Auseinandersetzung mit unserem Thema fand lange Zeit auf zwei voneinander deutlich getrennten Ebenen statt. Auf der einen Seite stand die berufliche Beschäftigung mit der Abhängigkeitsproblematik, die Planung, Durchsetzung und «Verwaltung» von Betreuungs- und Behandlungsangeboten für Suchtkranke. Auf der anderen Seite gab es meinen ganz persönlichen Kampf um Anerkennung als Frau, um Unabhängig- und Erwachsenwerden, um meine Emanzipation.

Zusammengeführt wurden diese beiden Stränge durch den DHS-Kongreß «Frau und Sucht» im Jahre 1980, bei dem ich in einer Arbeitsgruppe über Emanzipation und Sucht mitgearbeitet habe, und den daraus resultierenden überregionalen Arbeitskreis.

Durch diese – vorerst äußerliche – Verknüpfung der beiden Themen wurde mir klar, wieviel sie miteinander zu tun haben, ja sich gegenseitig bedingen. Ich habe gelernt, wie weit der Abhängigkeitsbegriff zu fassen ist, wie wenig sich stoffgebundene Süchte in ihrer Psychodynamik von anderen Formen der Abhängigkeit unterscheiden und wie abhängig Frauen – gefühlsmäßig und ökonomisch – in unserer Gesellschaft immer noch sind.

Ich habe auch – allmählich – erkannt, in wie vielfältiger Weise ich selbst abhängig bin – von Menschen und Dingen; es erscheint mir sehr zufällig und nicht als Ergebnis bewußter Entscheidung, daß dazu bei mir nicht die als krank definierte, gesellschaftlich sanktionierte Abhängigkeit von Alkohol, Drogen oder Tabletten gehört.

Ohne Zweifel: ich bin eine von den privilegierten Frauen. Ich hatte gute Startchancen: eine Kindheit und Jugend ohne Brüche, intakte Familienbeziehungen, eine abgeschlossene Schul- und Hochschulbildung. Ich habe einen Beruf, der mich wirtschaftlich unabhängig macht. Dennoch belasten mich die zum Teil widersprüchlichen Erwartungen, die an mich gerichtet werden, weil ich eine Frau bin. Und ich kann mich mit Frauen identifizieren, die sich tiefen Kränkungen und schreiendem Unrecht nicht widersetzen können, weil auch ich mich ohnmächtig fühle angesichts von Gewalt und Aggression und mich oft nur auf der rein intellektuellen Ebene wehren kann.

Ich habe wohl nur andere Bewältigungsstrategien und Fluchtmechanismen entwickeln können. Freundschaft und Solidarität unter Frauen haben mir dabei viel Kraft gegeben. Ich bin gern mit Männern zusammen; mit Frauen fühle ich mich in einer ganz anderen Weise wohl. Ich kann ehrlicher, ungeschützter, mehr ich selbst sein. Auch wenn die Erfahrungen, die wir gemacht haben, oft ganz unterschiedlich sind, gibt es immer doch sehr ähnliche Entwicklungen, manchmal fast deckungsgleiche Prozesse, gleiche «Wegmarken» und Entscheidungsalternativen in unserem Leben – unabhängig vom Alter. Dies ermöglicht mir eine Intensität des Gedankenaustausches, eine gegenseitige Freiheit des So-Seins und Werdens, wie sie mit Männern – sicher auch wegen der anderen Erwartungen aneinander – nicht ohne weiteres möglich scheint.

Vor diesem Hintergrund eigenen Erlebens erschien es mir nur logisch und konsequent, über Formen frauenspezifischer Therapie im Suchtbereich nachzudenken. Formen, die von Frauen, mit Frauen, für Frauen zu entwickeln wären, um diese Möglichkeit, sich selbst zu erfahren, auch den Frauen zu eröffnen, die in zahllosen Abhängigkeiten gefangen und nicht mehr (oder noch nicht) sie selbst sind.

Wir haben darüber mit vielen Frauen gesprochen – denn anfangs haben sich ja fast nur Frauen für unser Thema interessiert. Sie haben ihre Erlebnisse geschildert: aus gemischtgeschlechtlichen Therapieeinrichtungen, aus Frauenkliniken, aus Selbsthilfegruppen, aus der Arbeit in Institutionen. Eine Gemeinsamkeit gab es dabei: sie hätten sich mehr Raum, mehr Offenheit gewünscht zum Überdenken und Besprechen ihres bisherigen Lebens und seiner kritischen Punkte. Mehr Offenheit auch zur Entwicklung anderer, neuer Lebensperspektiven. Sie fühlten sich zu kurz gekommen, in der Therapie oft denselben starren Verhaltenserwartungen ausgesetzt wie «draußen». Wichtig wurde die Erhaltung der Abstinenz und die soziale Wiedereinpassung genommen. Über die Funktion, die der Suchtmittelgebrauch für sie hatte – etwa Auflehnung oder Verweigerung gegen eine als unerträglich empfundene Lebenswirklichkeit –, wurde gar nicht gesprochen. Deshalb wurde auch ihr – diffuser – Wunsch, außer dem Verzicht auf das Suchtmittel noch mehr, anderes für sich zu erreichen, nicht ernst genommen.

Aus diesem Gefühl der Unzufriedenheit der betroffenen Frauen mit den therapeutischen Angeboten und aus dem Wissen, daß Frauen davon auch zahlenmäßig nur unzureichend erreicht werden, sind dann die verschiedenen Ideen entwickelt worden, wie dem Bedürfnis der Frauen, die Einsicht in ihre Abhängigkeit als Chance zur Entdeckung und Weiterentwicklung ihrer Persönlichkeit zu nutzen, besser Rechnung getragen werden könnte. Diese Vorschläge reichen von Frauengesprächsgruppen in stationären Einrichtungen über Frauentherapie- und -selbsthilfegruppen im ambulanten und Nachsorge-Bereich bis hin zu therapeutischen Wohngemeinschaften für Frauen als Therapie und Nachsorge.

Die von Frauen selbst geäußerten Erwartungen an solche frauenspezifischen Angebote lassen sich vielleicht am ehesten auf folgenden Nenner bringen: in einer nicht von Männern bestimmten Sphäre etwas für sich selbst zu tun, die Zeit und Freiheit zu haben, eine bewußte Entscheidung für oder gegen die bisherige Lebensform zu treffen, nicht nur aus Alternativlosigkeit in die alte Bindung zurück- oder eine neue Partnerschaft einzugehen.

Es war erstaunlich, mit welchen Argumenten – die manchmal nicht einmal einer Diskussion zugänglich waren – unserer Forderung nach frauenspezifischer Therapie begegnet wurde.

Die Tatsache geschlechtsspezifischer Sozialisation und unterschiedlicher Entwicklungs- und Lebensbedingungen von Mann und Frau wurde geleugnet. Daraus folgend der Ideologievorwurf: wir wollten nur «unser eigenes Süppchen kochen», indem wir Frauen realitätsfremd indoktrinieren und für feministische Zielsetzungen benutzen wollten. Dann sind da die psychoanalytisch Orientierten, die die Geschlechtszugehörigkeit ihrer Patienten auf Grund des Übertragungsphänomens in der Therapie für belanglos halten.

Für viele Therapeuten in Krankenhäusern und Kurkliniken, deren ausschließliches Therapieziel die Abstinenz ist, sind Geschlecht, Geschlechtsrolle und Lebenssituation nur dann von Belang, wenn sie ausdrücklich als mögliche Ursache des Suchtmittelmißbrauchs ins therapeutische Gespräch eingebracht werden.

Die oft so heftigen Widerstände und Abwehrreaktionen von Suchttherapeuten auf die Fragestellung, ob geschlechtsspezifische Zusammenhänge nicht stärker reflektiert werden sollten, kann ich mir nur mit ihren eigenen Ängsten (die leider nur sehr selten verbalisiert werden) erklären. Männliche wie weibliche Therapeuten haben Angst, daß ihnen die Kompetenz, mit gegengeschlechtlichen Patienten umzugehen, abgesprochen werden könnte. Sie haben aber auch Angst davor, daß ihre Omnipotenzgefühle, ihr therapeutischer Machtanspruch offenbar werden könnten, wenn ihre Patientinnen Forderungen stellen, «ihr» Therapieziel anders definieren wollen. Angst auch davor, daß sie ihre eigene Geschlechtsrolle in Frage gestellt sehen oder eine Mitbetroffenheit durch die gleiche Geschlechtszugehörigkeit empfinden könnten. «Frausein» kann nicht als potentielles Merkmal gemeinsamer Betroffenheit wahrgenommen werden, obwohl doch die Einbeziehung von Selbsthilfegruppen in die Therapie gängige Praxis ist, da nur in Betroffenengruppen die Abhängigkeit auf Dauer erfolgreich bearbeitet werden kann.

Nun denke auch ich nicht, daß sich jede Frau mit jeder anderen identifizieren kann oder sie aufgrund ihres Frauseins ungefragt annehmen und mögen wird. Aber das gilt in gleichem Maße für *den* Alkoholiker, *den* Krebskranken, *den* alten Menschen, bei deren Zusammenschluß in Gruppen niemand mehr ernsthaft bezweifelt, daß sie sich aufgrund einer von ihnen als gemeinsam empfundenen Betroffenheit gegenseitig etwas geben können, was ihnen Professionelle, Experten oder andere Nichtbetroffene nicht als Hilfe haben bieten können. Sonderbarerweise wird Frauen, die sich, ohne «krank» zu sein, in dieser Form zusammenschließen, oft abgesprochen, daß sie selbst «Experten» ihrer eigenen Befindlichkeit sind und einander helfen können.

Ob dies wohl daran liegt, daß Männer sich bisher sowenig betroffen fühlen durch die ihnen in unserer Welt, in unserer Gesellschaft zugeschriebene Rolle? Und doch habe ich manchmal das Gefühl, daß sie es uns Frauen übelnehmen, daß wir schon Formen gefunden haben, uns zumindest partiell aus den Zwängen zu lösen, in die wir alle so unabänderlich eingebunden scheinen. Ich wünschte, daß sie diesen kleinen nagenden Neid umsetzen könnten – konstruktiv – in eine männliche Emanzipationsbewegung.

Ich stelle mir vor, wie viele neue Ansätze das Thema «Mann und Sucht» – geschlechtsspezifisch betrachtet – erbringen könnte. Was wird

z. B. aus der Geschlechtsidentität eines jugendlichen Fixers, der sich, ohne homosexuell zu sein, prostituieren muß? Wie wird ein süchtiger Mann mit dem Gefühl fertig, ein Versager zu sein, weil er seiner Rolle als «Familienernährer» nicht nachgekommen ist? Welche Auswirkungen hat es für einen Alkoholiker, jahrelang ohne befriedigende sexuelle Beziehungen gelebt zu haben? Wie kann ein Mann Selbstbehauptung und Durchsetzung seiner Interessen lernen, ohne immer den «Starken» markieren zu müssen und dadurch gegen andere (und sich selbst) destruktiv zu werden?

Dieser Fragenkatalog ließe sich aus männlicher Perspektive sicher endlos fortsetzen. Ich will damit nur andeuten, daß aus meiner Sicht bei Frauen wie bei Männern die geschlechtsspezifische Dimension für die Suchtstruktur und ihre Bewältigung eine bedeutend größere Rolle spielt, als sich bisher im therapeutischen Umgang mit ihnen widerspiegelt. Für mich bestimmt sich diese Dimension auf der einen Seite durch die Ich-Identität, die psychosexuelle Entwicklung und die gelebte Sexualität, auf der anderen Seite durch die geschlechtsspezifische Sozialisation, die festgefügten rollengebundenen Erwartungen von Umwelt und Gesellschaft und das Ausmaß der dadurch erzwungenen sozialen Anpassung.

Ich denke, es darf uns niemand übelnehmen, daß wir als Frauen uns mit den frauenspezifischen Aspekten befassen und versuchen zu bewirken, daß abhängige Frauen in Beratung, Behandlung und Nachsorge auch als Frauen mit ihrer ganz eigenen Geschichte und ihren besonderen Abhängigkeitsbedingungen – die wir selbst erfahren haben – wahrgenommen werden.

Die Haltung dazu verändert sich ganz allmählich; stand anfangs im Vordergrund jeder Diskussion allein die erstaunte Frage, wieso denn bloß die süchtige Frau anders sei als der süchtige Mann, gibt es jetzt doch mehr und mehr differenzierte Ansätze, die Bedürfnisse von Frauen stärker zu berücksichtigen.

Auch wir haben kein therapeutisches «Patentrezept». Wir erheben auch keinen Alleinvertretungsanspruch auf die Therapie von Frauen.

Nahezu einvernehmlich geht die Literatur zur Suchttherapie davon aus, daß

o die Suchtentwicklung bestimmt wird durch ein multifaktorielles Bedingungsgefüge im Spannungsfeld von Mensch – Mittel – Milieu und

o jegliche Therapie dem betroffenen Menschen Unabhängigkeit und Entscheidungsfreiheit, Arbeits- und Liebesfähigkeit ermöglichen soll.

Es ist nichts anderes, was wir für uns Frauen fordern. Wir erwarten, daß gesehen und akzeptiert wird, daß süchtige Menschen Männer *und* Frauen sind, daß ihre Ausgangsbedingungen am Beginn der Sucht wie am Anfang der Therapie und ihre Lebensmöglichkeiten und Bedürfnisse danach unterschiedlich sind.

Wir fordern auch, daß sich die Lebensbedingungen in unserer Gesellschaft so weit ändern, daß sie dem Gleichstellungsgebot des Grundgesetzes gerecht werden.

Und natürlich wollen wir eine Gesellschaft, in der Mädchen *und* Jungen, Frauen *und* Männer so viel Selbstwertgefühl und Autonomie entwickeln können, daß sie auf den schalen «Trost» von Suchtmitteln nicht angewiesen sind.

Unser Beitrag dazu wird (schließlich sind wir Deutsche) die Gründung eines Vereins sein.

Die Ziele des Vereins «Frauen und Sucht» sind noch nicht endgültig festgeschrieben. Aus der Arbeit der vergangenen Jahre hat sich eins jedoch deutlich herauskristallisiert:

Wir wollen dafür sorgen, daß unsere Grundposition öffentlich wird und Eingang findet in Überlegungen auf Veränderung und Verbesserung unserer Lebensqualität: *die Grundposition, daß die Bekämpfung von Abhängigkeit sich nicht allein auf die Abhängigkeit von Suchtmitteln beschränken darf, sondern alle ihre Formen auf allen Ebenen unseres Lebens umfassen muß.*

Um dieses Ziel zu erreichen, wollen wir den Erfahrungsaustausch zwischen Frauen aus der Suchtarbeit fortsetzen und Informations- und Fortbildungsveranstaltungen für Frauen und Männer initiieren, die mit Süchtigen und / oder mit Frauen arbeiten.

Wir wollen nicht «im eigenen Saft schmoren».

Wir wollen die Zusammenhänge von Frausein und Abhängigkeit, wie wir sie erkannt haben, auch anderen vermitteln – natürlich auch Männern, wenn sie bereit sind, sich damit auseinanderzusetzen. Aber auch all denen, die mit Familien, mit Kindern und Jugendlichen, mit Menschen überhaupt arbeiten, damit Abhängigkeiten nicht immer weiter tradiert werden.

Vor allem aber wenden wir uns an die Frauen, die – verstrickt in ihre alltäglichen Abhängigkeiten – nicht wahrnehmen, daß sie keine Luft zum Atmen und kein Licht zum Wachsen haben. Erkennen und Erleben, daß wir Frauen davon alle betroffen sind, ist die Chance zur Veränderung. Wir haben sie ergriffen.

Soziale Un-Gleichstellung und Sucht – ein gesellschaftspolitischer Exkurs [1]

von Elfriede Bode

«Sucht» ist zunächst ein vielschillerndes Phänomen und wird von Kultur zu Kultur verschieden bewertet. Es hat etwas mit Genuß und den Folgen dieses Genusses zu tun, die für die Bewältigung von bedrückenden Lebenssituationen von besonderer Bedeutung sein können.

Gehen wir davon aus, daß dann von Sucht gesprochen wird, wenn zwanghaft wiederholt Stoffe konsumiert werden und aufgrund dieser Wiederholungen Gewöhnungen eintreten, die auf Dauer zu gesundheitlichen Schäden und pathologischen Verhaltensweisen führen, so wird – gemäß dieser Definition – Sucht erst am Ende einer Entwicklung diagnostiziert werden können. Folglich ist von der *Gefahr*, süchtig zu werden, die Rede, also von möglichem Eintreten von Folgen mit allen Unwägbarkeiten.

Wer einer Sucht verfallen ist, kann für die Gesellschaft zur Belastung werden; auf diese «Sozialschädlichkeit» reagiert die Gesellschaft mit Regelungen. Somit entstehen Gebote und Verbote für den Umgang mit süchtigmachenden Stoffen und denen, die süchtig geworden sind.

Wieviel davon ist schädlich? Denken wir nur kurz an die Diskussion um die krebserregenden Stoffe, an die die Taubheit fördernden Medienerzeugnisse, an den Geschwindigkeitsrausch auf unseren Autobahnen, an die Sucht nach transzendentalen Verheißungen (z. B. im Bereich sogenannter Jugendsekten). Suchtverhalten existiert in weiten Teilen der Bevölkerung.

In allen Gesellschaften werden legale von illegalen Stoffen unterschieden, und es gibt dementsprechende Normen der Duldung und der kriminalisierenden Bestrafung. Gehen wir davon aus, daß es in jeder Gesellschaft Möglichkeiten und «Ventile» für Ekstase gibt, dann kommt es darauf an, «in welchem Umfang Anlässe gegeben und Substanzen verfügbar sind, die ein … (Rausch)erlebnis möglich machen. Dieser

1 Überarbeitete Fassung eines Referates anläßlich der wissenschaftlich-praktischen Fachkonferenz der Deutschen Hauptstelle gegen die Suchtgefahren, Sucht und Gesellschaft, vom 24. bis 27. Oktober 1983 in Bochum.

Gesichtspunkt reflektiert auf die soziale oder individuelle *Chancen-struktur* ... und er reflektiert zum anderen auf die *Sanktionsstruktur* einer Gesellschaft: auf die Wahrscheinlichkeit, für bestimmte Verhaltensweisen bestraft zu werden.»[2]

Unsere gesellschaftliche Realität mit ihren spezifischen Bedingungen der Erwerbsarbeit, der heute zunehmenden Arbeitslosigkeit und anderer sozialer Mißstände bildet einen schwer auszuhaltenden Bedingungsrahmen für die alltägliche Existenz. Sie kann Ursache für ein breites Spektrum von Bewältigungs- oder Fluchtstrategien sein, die ihrerseits gesellschaftlich bewertet werden: solange die Menschen im Sinne der geltenden Herrschaftsordnung funktionieren, wird die Einnahme von Drogen nicht nur gestattet, sondern sogar verschrieben. Die Gesellschaft scheint jene Drogen zu legalisieren, die die Strukturen der Ungleichheit erhalten.

Damit sind wir beim Kern des Dilemmas: unsere Politik gegen die Sucht ist doppelbödig. Nehmen wir die Position der Weltgesundheitsorganisation als Beispiel, wo unter «Drogensüchtigkeit (ein) periodisch oder chronische(r) Rauschzustand» verstanden wird, «der dem einzelnen und der Gesellschaft Schaden zufügt und der von der wiederholten Einnahme einer (natürlichen oder synthetischen) Droge verursacht wird.

Zu den charakteristischen Erscheinungen gehören:
1. ein übermächtiger Wunsch oder Drang (Zwang), die Droge fortgesetzt zu nehmen und sie sich mit allen Mitteln zu beschaffen;
2. eine Tendenz, die Dosis zu erhöhen;
3. eine psychische (psychologische) und manchmal physische Abhängigkeit von den Wirkungen der Droge.»

Hier handelt es sich zweifellos um eine *ethische Definition*, denn sie spricht vom Schaden für den einzelnen und die Gesellschaft – was wiederum nur bestimmte Fachleute feststellen können –, und dabei ist das «Beschaffen mit allen Mitteln» so ausschlaggebend, daß nur die schwer auftreibbare Droge (sprich: die illegale) darunterfällt.

Bereits 1970 hat Thomas Szasz dazu folgendes richtig festgestellt: Diese Bewertungen «sind moralische Urteile» und haben «nichts, aber auch gar nichts mit Medizin, Pharmakologie oder Psychiatrie zu tun».[3]

2 Th. Kutsch/G. Wiswede: Drogenkonsum als Form abweichenden Verhaltens, in: Kutsch/Wiswede (ed.): Drogenkonsum, Einstieg, Abhängigkeit, Sucht, Königstein 1980, S. 8

3 Th. S. Szasz: Psychiatrie, die verschleierte Macht, Zürich 1975, S. 128 (aus dem Amerikan. übers.)

Interessant ist, in diesem Zusammenhang einmal die ständig wech-
selnden Bewertungen der verschiedenen Stoffe, die ihnen im Laufe der
Geschichte zuteil wurden, zu studieren. Die Ambivalenzen sollten jedenfalls zu denken geben und bestätigen unsere Anmerkungen.[4]

Vielleicht gelingt es den Biochemikern, die Stoffe – ganz gleich ob
legal oder illegal – im Hinblick auf ihren den Körper und die Psyche
schädigenden Charakter auf ein Kontinuum zu bringen. Aber auch das
sind nur Durchschnittswerte, d. h. statistische Werte, denn jeder Organismus reagiert auch anders; nicht nur, daß er gegen verschiedene chemische Agenzien und psychische Reize zunehmend unempfindlicher
wird, die Phase der Schädigung setzt beim einen früher, beim anderen
später, bei manchem nie ein.

Deshalb hält man sich an das Herkömmliche und versucht «nachzu-
weisen», daß Tabakrauchen lange nicht so schädlich ist wie Alko-
holtrinken und dieses wiederum nicht so schädlich sein wird wie Ma-
rihuana-Rauchen. Über Kaffee und Tee wird sowieso nicht mehr
gesprochen; beide Genußmittel werden von der Gesellschaft schon
nicht mehr als Droge registriert.

In einer Gesellschaft, in der Drogenmittel zum Riesengeschäft werden, kann das gar nicht verwundern. Ob Pharma-, Zigaretten- oder
Alkoholindustrie – sie alle verdienen viel Geld an den «Suchtpotenzen», und die Breitenwirkung ist hier viel gravierender – vom gesund-
heitspolitischen Standort her besehen – als die Wirkung der sogenannten harten Drogen!

Es ist deshalb kaum verwunderlich, daß Definitionen zum Begriff
«Sucht» und «süchtig» in den meisten Publikationen einfach ausgelassen werden; man setzt voraus, daß jedermann weiß, was gemeint ist.
Vielleicht ist es hilfreich, sich auf eine Definition eines Pioniers auf
diesem Gebiet zurückzubesinnen. Sándor Radó stellt die Wirkungen in
den Mittelpunkt und beschreibt:

> Die Stoffe «bieten dem Menschen in seiner Bedrängnis Hilfe und
> Lust. Die ‹Hilfe› kann von zweierlei Art sein; sie wird geleistet a)
> durch die analgetische (sedative, hypnotische) und b) durch die sti-
> mulierende Wirkung der Pharmaka.»[5]

4 H. Berger/A. Legnaro: Die historischen Wandlungen von Drogenstereo-
typen: 250 Jahre Bewertung von Haschisch und Opium, in: Kutsch/Wiswede
(ed.), a. a. O., S. 143–160

5 S. Radó: Versuch einer psychoanalytischen Theorie der Süchte, in: Inter-
nationale Zeitschrift für Psychoanalyse, XII, 1926, S. 540–556, abgedruckt

Wollen wir von diesen Überlegungen ausgehend das Phänomen der Sucht beschreiben, dann wird klar, daß «süchtiges Verhalten ... in unserer industriellen Gesellschaft zu einem an sich zwar untauglichen, aber gängigen Mittel zur Lebensbewältigung geworden (ist)» und «jede Diskussion, die sich mit den besonderen Lebensumständen und Familienverhältnissen Drogenabhängiger befaßt, viel zu kurz (greift). Wir alle leben in einer extrem konsumorientierten Gesellschaft mit einer aggressiven Werbung und einer Freizeitideologie, die ein passives Konsumverhalten fördert, die vermittelt, daß alles zu kaufen sei, ja, sogar das Glück. Ärzte verschreiben in Mengen Psychopharmaka, die auf Dauer keine Probleme beheben, anstatt sich Zeit für ein Gespräch zu nehmen.»[6]

In einer Gesellschaft, die durch den Prozeß der Industrialisierung Mobilität anregt und Bewegungsspielräume für die individuelle Gestaltung des Lebens, z. B. durch Berufswahl, Partnerwahl, Ehe- und Familiengestaltung, Freizeit- und Konsummöglichkeiten verspricht, werden nicht erfüllte Erwartungen als persönliches Versagen ausgelegt, werden auch die Frustrationen spürbar, werden Enttäuschungen programmiert.

«Wenn solche Belastungen und Frustrationen unerfüllter Erwartungen im individuellen Fall unerträglich werden, dann bietet unsere industrielle Massenproduktion Suchtmittel mit raffinierten Formen der Werbung und des Vertriebs sowohl für die Männer wie Frauen, erwachsene wie jugendliche Bevölkerung an.»[7]

Denken wir unter diesen Umständen einmal darüber nach, wie es einem Jugendlichen geht, der keine Arbeit bekommen kann; wie es einem Kind in einer überfüllten Gymnasialklasse geht, das zurückversetzt wird; wie es der Familie geht, die ihren Kindern nicht den jährlichen Urlaub bieten kann; wie es der Frau über fünfzig geht, die von ihrem Partner wegen einer Jüngeren verlassen wird?

Stereotype unserer Gesellschaft treten uns da entgegen wie: «Jugendliche, die keine Arbeit bekommen, haben sich nicht genügend be-

in Psyche, Zeitschrift für Psychoanalyse, A. Mitscherlich (ed.), Nr. 4/1975, S. 360ff.

6 G. Vormann: Aktuelle Probleme heutiger Sucht und Drogenarbeit, in: Blätter der Wohlfahrtspflege, Oktober 1983, S. 244/245

7 G. Wurzbacher: Suchtentwicklung und Rolle der Frau aus sozialwissenschaftlicher Sicht, in: Frau und Sucht, Hamm 1981, S. 31, ed. Dt. Hauptstelle gegen die Suchtgefahren

müht»; «Kinder, die sitzenbleiben, taugen halt nicht fürs Gymnasium»; «Frauen über fünfzig sind verbraucht, weil Frauen schneller altern».

Und es stellt sich sehr scharf die Frage: Sind es wirklich die Stoffe, die süchtig machen? Warum nehmen trotz aller Prävention, die mit viel Geldmitteln betrieben wird, die Süchtigen zu?

Angesichts der Tatsache, daß die Therapeuten hart, sehr hart arbeiten, ihre Erfolgsquote aber verhältnismäßig gering ist, daß die Süchtigenzahl zunimmt, wobei vor allem die Dunkelziffern beachtenswert wären, müssen Fragen gestellt werden wie: Ist der subjektive Mechanismus, der zur Sucht führt, nicht überall ähnlich, und warum sind dann aber einige Stoffe gesellschaftlich geächtet, andere nicht? Wer schreibt den Stoffen diese Bewertungen zu? Sind es nicht harte wirtschaftliche Interessen, die hier die Normen setzen?[8]

Die «soziale Gleichstellung» – eine Forderung, die als Grundrecht bei uns festgeschrieben ist – steht im Bereich der Krankheiten nur auf dem Papier. Wer nach medizinischer Diagnose «suchtkrank» ist, hat unverhältnismäßig viel weniger Möglichkeiten, behandelt zu werden, als der chronisch Herzkranke oder Lungenkranke. Als Paradigma sei auf den Umgang mit der Alkoholkrankheit verwiesen; insbesondere seitens der Gerichte.[9] Überall begegnen uns Wertungen, die eine «soziale Gleichstellung» verhindern, statt zu helfen, sie herzustellen.

Kranke sind weniger wert als Gesunde; alte Menschen sind weniger wert als junge Menschen; Frauen sind weniger wert als Männer! Niemand wird das so direkt aussprechen wollen, mancher wird sich entrüsten, wenn das so banal ausgedrückt wird; aber die *strukturellen* Bedingungen, denen unsere Gesellschaft unterworfen ist, lassen «soziale Gleichstellung» nicht zu, nicht einmal zwischen Männern und Frauen.

So eignet sich das Beispiel der Frauen besonders eindringlich für die Darstellung des Problems der sozialen Ungleichheit.

Die UNESCO hatte der Soziologin Eileen Byrne den Auftrag erteilt, vergleichende Untersuchungen in den Mitgliedstaaten vorzunehmen, deren Ergebnisse im Juni 1980 anläßlich eines Kongresses in Bonn vorgetragen wurden.

8 Dunkelzifferschätzungen zum Alkoholmißbrauch fallen sehr auseinander. Lt. Dt. Hauptstelle gegen die Suchtgefahren 1,8 Mio. Alkoholabhängige, lt. Spiegel-Artikel: Anonyme Alkoholiker, v. 26.9.83, 2,5 Mio. Alkoholiker

9 W. Becker: Alkoholmißbrauch und seine rechtlichen Folgen, in: Weggefährten, Kreuzbund e. V., Hamm, Nr. 2/1983, S. 9–12

Folgende Feststellungen wurden getroffen:

o Wo die geltenden Gesetze die Gleichbehandlung der Geschlechter bestimmen, bedeutet dies nicht, daß diese Gleichberechtigung in der Praxis existiert: formale Gleichberechtigung schafft noch lange keine Fakten.

o Die Definitionen für das, was man «Gleichberechtigung», «soziale Gleichheit» oder «Chancengleichheit» nennt, sind von Land zu Land, von Kultur zu Kultur verschieden.

o Die Vorherrschaft des Mannes ist irgendwie überall gegeben.[10]

Es gibt *zwei grundlegende Erklärungsmuster* für die weltweite Diskriminierung von Frauen:

1. Die Ungleichheiten werden von der biologischen Aufgabe der Geschlechter abgeleitet und durch sie erklärt. Die Tatsache, daß die Frau die Kinder bekommt und ihr Körper bestimmten Rhythmen dadurch unterworfen ist, denen die Männer nicht unterworfen sind, was denen wiederum ermöglicht, sich kontinuierlich einer bestimmten Sache – was immer das sei – zu widmen, steht im Mittelpunkt. Die daraus wieder entwickelten Fähigkeitspotentiale oder besser Stereotype vom Sosein der Frau und vom Sosein des Mannes werden als die beiden Hälften einer Einheit gesehen, die gleichberechtigt nebeneinander stehen.

Diese Stereotype werden in den verschiedensten Facetten beschrieben; so z. B. bei W. Keup nachzulesen:

«Nach der körperlichen Ausstattung in Entsprechung zum Mann ist die Frau vorwiegend für stetige Leistungen und Ausdauer eingerichtet ... Während der Mann zur Dominanz des logisch Faßbaren über das Erfühlbare neigt, liegt die Dominanz bei der Frau umgekehrt.»[11]

Die Frage, ob die Gesellschaft hier nicht der Natur einen Streich spielt und *warum* Männer so und Frauen so reagieren, braucht nicht mehr gestellt zu werden, denn «Haus- und Familienarbeit» hier und «Produktion und Verwaltung» dort werden als gleichberechtigte, sich ergänzende Bereiche menschlicher Arbeit einfach nebeneinan-

10 Eileen M. Byrne: Technical und vocational education for women. The way ahead. Manuskript Mai 1980

11 W. Keup: Weibliches und männliches Fehlverhalten bei Medikamentenmißbrauch und Polytoxikomanie, in: Frau und Sucht, Bd. 23 der Schriftenreihe zum Problem der Suchtgefahren. Hg.? Dt. Hauptstelle gegen die Suchtgefahren. Hamm 1981, S. 101

dergestellt. Die Probleme, die dennoch existieren, werden folgerichtig zu Problemen einzelner, und sie werden auch so behandelt: Jedenfalls gilt für die Männergesellschaft das Problem der «sozialen Gleichstellung» auf diese Weise als gelöst.

2. *Das zweite Erklärungsmuster* – zu dem ich mich bekenne – basiert auf neuerer Forschung, setzt tiefgreifender an und bewirkt vor allem Ernüchterung. Hier steht die Wirtschaftsweise in hochtechnisierter Gesellschaft im Mittelpunkt der Erklärung.

Ausgehend von der These, daß diese Wirtschaftsweise zum Zwecke der Gewinnmaximierung von der Ausbeutung der Ressourcen bestimmt ist, hat sich zunehmend eine spezifische Arbeitsteilung etabliert: Hier steht der berechenbaren Sphäre «Produktion und Verwaltung» die unberechenbare Sphäre «Haus- und Familienarbeit» gegenüber.

Die diese Wirtschaftsweise kennzeichnende spezifische Arbeitsteilung findet ihren Ausdruck in

o einer flexiblen und damit abrufbaren Verfügbarkeit über weibliche Arbeitskraft in Krisen und Stoßzeiten;

o einer totalen und damit langfristig einkalkulierbaren Verfügbarkeit über männliche Arbeitskraft für alle Zeiten.

Die biologisch bedingten Ungleichheiten bieten sich hier unterstützend an, und die stereotypen Vorurteile aus dem ersten Erklärungsansatz haben eine wichtige Funktion. Sie wurden in das Ausbeutungsschema unserer hochindustrialisierten Wirtschaftsweise in einer Art eingepaßt, die jedwede Gleichberechtigung der Geschlechter im Grunde *verhindert*.

«Diese strukturelle, institutionelle Verankerung zementiert die herrschaftskonforme Hierarchisierung von Lebensbereichen und individuellen Entfaltungschancen, der Frauen in Familie und Beruf nach wie vor härter unterworfen sind als im Regelfall Männer.»[12]

In diesem zweiten Erklärungsmuster wird deutlich, daß der Weg zur Gleichberechtigung für Frauen, d. h., «von jedem erst mal die Hälfte zu bekommen», ein langer sein wird, der sich so lange ins Unendliche verlängern wird, solange nicht die Sozialpolitik bzw. die Gesellschaftspolitik im Zenit aller politischen Bemühungen steht, sondern Wirtschaftsinteressen als Maß bestimmend sind, von denen – sozusagen als «Abfallprodukt» – die Sozialpolitik dann abhängig gemacht wird.

In hochtechnisierten Industriegesellschaften, in denen die Wirt-

12 Regina Becker-Schmidt im Nachwort zu: Eli Zaretzky: Die Zukunft der Familie, 1978, S. 145

schaftsinteressen bestimmender Faktor sind, werden der Beruf und die Möglichkeit, Geld zu verdienen, hierdurch Anerkennung zu finden und den sozialen Gesichtskreis zu erweitern, zu einem herausragenden, die Identität und damit das psychische Wohlbefinden des einzelnen konstituierenden Element.

Keinen Beruf zu haben oder gar keine Arbeit zu haben bedeutet dagegen, an kollektiven Zwecken kaum oder gar nicht teilnehmen zu können, sich überflüssig zu fühlen, auf die Dauer langsam isoliert zu werden.

Die Erlebnisbereiche der Beschäftigten sind allerdings sehr verschieden: Dort, wo ungelernte Arbeit übernommen werden muß und die Arbeitnehmer ohne Komplikationen ausgewechselt werden können, finden sich u. a. auch jene wieder, die dem Arbeitsmarkt nicht kontinuierlich zur Verfügung stehen können, z. B. die Frauen. Umgekehrt entspricht die Besetzung der Spitzenpositionen mit Männern der langfristig garantierten Zurverfügungstellung ihrer Arbeitskraft: z. B. als Facharbeiter nachts und feiertags abrufbar sein müssen, Überstunden bereitwillig akzeptieren können, was wiederum nur möglich ist, wenn sie im Reproduktionsbereich, also von Arbeiten im Haus- und Familienbereich, entlastet sind.

Je höher die Qualifikationen der Männer sind, desto eher muß sich die Frau damit arrangieren, für den Reproduktionsbereich «Haushalt und Familie» zuständig zu sein.

Die These, daß beispielsweise eine akademische Karriere oft als «ein 1½-Personen-Beruf» einzustufen sei, der nur bei traditioneller Arbeitsteilung erfolgreich ausgeübt werden kann, wird wohl zu Recht von Wissenschaftlerinnen vertreten.[13]

Das gleiche gilt für führende Positionen aller Art.

Vor diesem Hintergrund kommen wir der Suchtproblematik gezielter bei. «Frausein» bedeutet in unserer Gesellschaft ein zunächst immer wieder erlebbarer Konflikt zwischen Dürfen und Nicht-Dürfen; Können und Nicht-Können.

Damit sind die Mißverhältnisse von Bedürfnissen und Erwartungen, von Möglichkeiten und Verwirklichung Begleitumstand weiblichen Lebens. Trotz aller Bemühungen um «gleiche Rechte» werden Frauen

13 S. Gries/H. Laps: Bildungsverlauf, Situation und Lebensplanung von Doktorandinnen – Bericht über laufende Forschungsarbeiten hierzu unter dem Titel: Den wichtigsten Sprung schaffen wenige, in: Frankfurter Rundschau vom 23.7.1981

z. B. beruflich nicht voll akzeptiert. In Spitzenpositionen kommen sie über einen bestimmten Prozentsatz – unter 10 – nicht hinaus; im politischen Leben sind sie mit Mandaten, dort wo Kleinarbeit zu leisten ist, reichlicher gesegnet: als Schatzmeister, Kassiererinnen, Schriftführer, als Mitglieder von Gemeindeparlamenten.

Zwei Beispiele:

○ Ein Mädchen, welches vor drei Jahren den Bundespreis im Bereich Chemie im Wettbewerb «Jugend forscht» gewonnen hatte, bekam bei der anschließenden Preisverleihung von einem Direktor der BASF zu hören: Bitte, studieren Sie nicht Chemie! Wir würden Sie z. B. nicht einstellen; denn im 1. Jahr nach dem Studium kosten Sie uns Geld; im 2. Jahr hebt sich das dann auf, und erst ab 3. Jahr wirft Ihre Mitarbeit für uns Gewinn ab. Dann aber heiraten Sie, bekommen ein Kind, und wir haben umsonst investiert!

○ Eine Bautechnikerin resümiert: «Uns Frauen in Planungsbüros als Techniker bleiben nur die von den Männern ungeliebten Nischen: Abrechnung und Detaillierung, Kalkulation und Erstellen von Leistungsverzeichnissen … Tätigkeiten … die Männer ungern bis gar nicht erledigen, weil es nicht ums große Ganze geht und bei denen Frauen ihre Sachkenntnis unter Beweis stellen dürfen.»[14]

Die «soziale Ungleichheit» besteht bei diesen Beispielen allein in der Tatsache, daß Frauen so viele Nachteile hinnehmen müssen, weil sie Kinder bekommen.

Das zeigt sich auch bereits in dem Dilemma weiblicher Schul- und Berufsausbildung. Mädchen werden noch vor dem Schulabschluß vom Arbeitsmarkt darauf hingewiesen, daß sie bei Entscheidungen für eine Berufslaufbahn mögliche Unterbrechungen einkalkulieren müssen. Es geht also entweder um eine geschickte Verbindung von Berufsarbeit und Familienarbeit oder um den Verzicht auf eigene Kinder.

Empirische Untersuchungen weisen nach, daß sich die Mädchen hier durchaus «marktgerecht» verhalten. Sie wählen vermehrt solche Berufe und Studienverläufe, die die Verbindungen zwischen Berufs- und Familienaufgaben zulassen und die Annahme der Doppelrolle «erleichtern».[15]

Die Statistik zeigt, daß Mädchen z. B. bevorzugt Sprach- und Kulturwissenschaften studieren (66% dieser Studierenden sind in der Bun-

14 Antje Skupin: Nur gut für einfachere Arbeiten? in: Grundstein, Zeitschrift der Gewerkschaft Bau, Steine, Erden, Nr. 9/83, S. 12/13
15 Jugend 81, Bd. 3, Tab. 15.24, SHELL-Studie

desrepublik Frauen) und Naturwissenschaften hintenanstellen[16], daß solche Berufsausbildungen bevorzugt werden, die zu Assistenzfunktionen für einen – meist männlichen – Chef befähigen, die die Sorge um Ernährung, Körperpflege, Gesundheit, Kindererziehung u. ä. inhaltlich abdecken und damit zur Haus- und Familienarbeit einen engen Bezug herstellen lassen.

Doch andere Forschungsergebnisse zeigen eindeutig auf, daß dieses Verhalten eine Anpassung an die Arbeitsmarktchancen ist und nicht einer ursprünglich vorgegebenen weiblichen Begabung entspricht.[17]

Denn in einer Längsschnittstudie, in der die Berufsfindung von Mädchen über vier Jahre hin untersucht wurde, kam ein diese letzte Annahme bestätigendes Ergebnis zutage. Demnach dominiert im Bewußtsein der Mädchen die Bedeutung eigener Berufstätigkeit und damit materieller Unabhängigkeit vom möglichen späteren Ehepartner; sie lehnen die Heirat als Versorgungsinstitution ab und wollen sich auf die Zweitrangigkeit ihres Berufs keinesfalls einlassen.[18]

Hauptschülerinnen waren sich sehr klar darüber, daß sie ihren qualifizierten Hauptschulabschluß schaffen müssen, um eine Lehre, ein Ausbildungsverhältnis beginnen zu können. Die Berufswünsche wiesen ein breites Spektrum auf, welches sich gegen Ende der Hauptschulzeit bereits verengte und mehr und mehr auf den Rahmen der Frauenberufe einpendelte. «Art und Tradition des Arbeitsmarktes strukturieren also die Berufswünsche» und «begrenzen das Spektrum, das Mädchen sich überhaupt wünschen dürfen, sie definieren, was als Berufsrolle für Frauen möglich ist.»[19]

16 Information Bildung Wissenschaft, 5 / 82, ed. Bundesministerium für Bildung und Wissenschaft, Bonn

17 Beck-Gernsheim / Ostner: Frauen verändern Berufe nicht, in: Soziale Welt 3 / 1978 – die erstmals systematisch auf den Zusammenhang von Einsatzgebieten auf dem Arbeitsmarkt und dem Geschlecht des Arbeitskraftträgers hingewiesen haben, der in ganz bestimmten unternehmerischen Einsatzstrategien Ausdruck findet. S. a. I. Ostner: Beruf und Hausarbeit, Frankfurt / New York 1978

18 W. R. Heinz / H. Krüger / D. Bittscheidt-Peters u. a.: Berufsfindung und Arbeitsmarkt. Entwicklung von Berufsvorstellungen und Berufsentscheidungen im Prozeß der Eingliederung von Jugendlichen in den Arbeitsmarkt. Zwischenberichte 1, 2, 3 und 4 an das BMBW und die Universität Bremen 1979, 1980, 1981 und 1982

19 H. Krüger: Mitglied des Forschungsteams – in: Berufsfindung und weibliche Normalbiographie – Manuskript 1982, S. 5

Die Chance, als qualifizierte Hauptschülerin eine Ausbildungsstelle zu bekommen, verringert sich zusehends, da sie mit Realschülern und auch Gymnasiasten in Konkurrenz treten müssen; der Mangel an Ausbildungsplätzen bringt diese Mädchen hoffnungslos ins «berufliche Aus»!

Die drohende Arbeitslosigkeit, der Mädchen in überproportionalem Maße ausgesetzt sind (1979 waren 66,4 % der Arbeitslosen unter 20 Jahren Mädchen; 1980 61,3 %, 1981 54,5 %), läßt sie nach Auswegen suchen, die ihnen in der Bundesrepublik angeblich durch ein sehr differenziertes Berufsschul- und Berufsfachschulsystem angeboten werden: Diese Mädchen resignieren nicht etwa beim ersten Mißerfolg, sondern versuchen durch eine Verbesserung ihres schulischen Status ihre Berufschancen zu erhöhen, um nicht als Arbeitslose zu gelten.

So münden – nach Bremer Statistiken – 45 % der Hauptschülerinnen in das hauswirtschaftliche Berufs- und Berufsfachschulsystem ein, in welches diese Mädchen durch das Zusammenspiel von Schule und Berufsberatung geschleust werden. In ein- und zweijährigen Berufsfachschulgängen erwerben sie dabei aber *keinen qualifizierenden* Abschluß.

Eine berufliche Laufbahn scheint nach solcher Schulkarriere dann «nicht mehr lohnend». «Die ‹Zuverdienerin› als disponibles Reservepotential des Arbeitsmarktes ist geboren.»[20]

Der Wunsch, sich vom Elternhaus zu lösen, mit Gleichaltrigen zusammen zu leben, eine selbständige Lebensführung zu erreichen, bildet also bei den Mädchen eine Antriebskraft aus, die eine positive Einstellung zum statusverschaffenden Beruf mit sich bringt.[21] Ungenügende Ausbildungschancen und Arbeitslosigkeit machen dagegen diese Pläne zunichte, der Geldmangel belastet und kann gleichzeitig die Abhängigkeit vom Elternhaus vertiefen, aber auch die Abhängigkeiten von einem Freund.

Die Diskriminierungen, denen gerade arbeitslose Mädchen in der Familie ausgesetzt sind, werden durch die Aussage verdeutlicht, daß Arbeitslosigkeit für Mädchen doch nicht so tragisch sei: Sie können

20 Resümee von U. Rettke – Mitgl. in ob. Forschungsteam: Die Strukturierung der Berufsfindung von Mädchen durch das hauswirtschaftliche Berufsfachschulsystem – unveröff., Mai 1982

21 SHELL-Studie: Jugend 81. Ein größerer Teil der Mädchen verläßt mit Volljährigkeit das Elternhaus, das betrifft 33 %.

sich ja zu Hause nützlich machen. Verdammt zu unbezahlter Hausarbeit, zur Bedienung aller Familienmitglieder, kann diese Form des Alltags geradezu verhindern, den Stellenmarkt genauer nach Chancen abzuklopfen, weil dazu keine Zeit mehr bleibt. Unbezahlte Hausarbeit kann Arbeitslosigkeit sogar verlängern; längere Arbeitslosigkeit verringert wiederum die Marktchancen; Hausarbeit gewinnt hier eine Disziplinierungsfunktion.[22]

Fazit: Frauen und Mädchen sind im Hinblick auf ihren Beruf, ihre Ausbildung, ihr Studium unbescheidener geworden; erleiden sie dort jedoch Schiffbruch, wird die Alternative, wonach die Frau «ihren eigentlichen Platz im Haus hat», zur einzigen Identifikationsmöglichkeit. Dieses Fazit wird auch in der neuesten Repräsentativstudie «Mädchen '82» voll bestätigt.[23]

Die Organisation des heutigen Arbeitsmarktes, die in diesem Wirtschaftssystem zu vermehrter Arbeitslosigkeit geführt hat, vergrößert zusehends die Gefahr, daß Frauen wieder bescheidener gemacht werden, bevor sie überhaupt Ansprüche angemeldet haben. Aus der neuesten Abiturientenstatistik geht z. B. hervor, daß nur noch knapp 54 % der Mädchen studieren wollen, während es 1978 noch 65 % waren.[24]

Damit erweist sich unser zweites Erklärungsmuster für die Diskriminierung von Frauen als voll zutreffend.

Der Widerspruch von «weiblich sein» und «erfolgreich sein» ist ein konfliktbestimmendes Element im weiblichen Lebenszusammenhang. Die hier referierten gesellschaftlichen Bedingungen machen in aller Schärfe deutlich, daß es eben keine soziale Gleichstellung gibt, und lassen ahnen, wieviel Enttäuschung und Frustration zurückbleibt.

Wenn aber – wie in unserer Kultur – weiblich sein und erfolgreich sein in einem Widerspruch zueinander stehen, dann bedeutet die nur der Frau zugemutete Entscheidung für Beruf/Karriere und/oder Familie «den Konflikt auszuhalten ... Gerade junge, erfolgreiche, intelligente Frauen (leiden) ganz besonders unter Depressionen und psychosomatischen Störungen ... Die Adoleszenz bringt ... Mädchen notwendigerweise zur Reflexion darüber, was Frauwerden und Frau-

22 A. Diezinger/R. Marquardt/H. Bilden: Jugendarbeitslosigkeit und weibliche Normalbiographie, unveröff. Manuskript 1981

23 G. Seidenspinner/A. Burger: Untersuchung der Zeitschrift Brigitte, Mädchen '82, 1982

24 Information Bildung Wissenschaft des BMBW, Nr. 9/83, S. 156

sein in unserer Gesellschaft heißt. Dies kann, muß vielleicht als zentrale Verlusterfahrung betrachtet werden.»[25]

Wenn immer wieder behauptet wird, daß die Chancen der Frauen gestiegen seien, dann wird die Unerreichbarkeit persönlicher Lebensziele zum Stachel und der Abbruch einer bereits begonnenen Karriere als Folge von Ehe und Geburt von Kindern zu einem einschneidenden Ereignis.

Mit dieser Zwickmühle müssen Frauen fertig werden und für den daraus entstehenden Stress bieten sich Verarbeitungsmechanismen an, zu denen eben auch Medikamente, Alkohol, Tabak, Drogen und Krankheiten gehören.

Mehrere Untersuchungen weisen auf die überproportionale Häufigkeit von Depressionen, Suizidhandlungen und Medikamentenverbrauch bei Frauen hin.

Zwei Drittel der Medikamentenabhängigen sind Frauen, wobei der Verbrauch von Schlafmitteln, Beruhigungsmitteln und Kopfschmerzmitteln überwiegt.[26]

Nicht zuletzt soll hier auch die Anorexia nervosa genannt werden als psychosomatische Frauenkrankheit schlechthin, denn das Geschlechterverhältnis liegt bei 10:1 bis 30:1, 15 % der Krankheitsfälle enden tödlich. Nach Beyer nimmt diese Krankheit zu, eine Krankheit, die das weibliche Ideal der Anpassung und des Gehorsams ausdrückt.

Bei Durchsicht der Statistiken und Suchtbefunde fällt auf, daß Frauen im Bereich illegaler Drogenabhängigkeit unterrepräsentiert sind. Ob die Zahlen über Alkoholabhängigkeit z. B. stimmen, muß stark bezweifelt werden. Wenn – wie festgestellt wird – Frauen eher heimlich trinken, weil ihre Trinkgewohnheiten anders beurteilt werden als die der Männer, dann dürfte wohl auch die Dunkelziffer entsprechend hoch sein. Es drängt sich die These auf, daß Frauen dort eher süchtig werden, wo die süchtigmachenden Mittel verschrieben bzw. im Handel jedermann zugänglich sind. Nach Poser haben Ärzte 1981 43,6 Millionen Rezepte für Beruhigungs- und Schlafmittel an *Frauen* ausge-

25 Joh. I. Beyer: Mädchen in der Psychiatrie, unveröff. Manuskript, München 1982, S. 54
26 Statt anderer: 13. Bericht der interministeriellen Arbeitsgruppe zur Bekämpfung des Drogen- und Rauschmittelmißbrauchs im Staatsministerium des Innern in Bayern, Oktober 1983

stellt, während an Männer «nur» 20,4 Millionen Rezepte abgegeben wurden.[27]

Der Weg in die Kriminalität fällt Frauen schwerer, weil hierzu Aggressivität gehört und bewußte Auflehnung gegen Normen[28] und weil – wenn Frauen fehlgehen – eher eine Stigmatisierung erfolgt.[29]

Die Stigmatisierung geht dann u. U. auch in die Behandlungsstrategie der Ärzte und Therapeuten, vor allem aber der Polizei und Gerichte ein, wodurch das Dilemma nicht behoben, sondern vertieft wird.[30]

Daraus kann gefolgert werden:

○ Drogen werden konsumiert, um Belastungen aushalten zu können, um geforderte Leistungen bringen zu können, denn wer versagt, wird zum Außenseiter in einer leistungsorientierten Gesellschaft.

Arbeiter und Angestellte gönnen sich die Zigarettenpause, um dann wieder «frisch» zu sein; die Schreibkraft am Bildschirm nimmt Aspirin gegen die Kopfschmerzen; der Dirigent oder der Rennfahrer nimmt Beta-Blocker, um im Stress konzentriert und cool zu bleiben; die Hausfrau schluckt ein Adumbran oder trinkt Alkohol, wenn ihr die Belastung zuviel wird, die ihr Mann und Kinder zumuten.

○ Drogen werden konsumiert, wenn widersprüchliche Verhaltenszumutungen an den einzelnen herangetragen werden und der daraus entstehende Stress nicht mehr auszuhalten ist.

○ Drogen werden konsumiert, um sich selbst Mut zu machen; aber auch, um sich selbst zu belohnen, wenn die Gesellschaft die Anerkennung versagt.

○ Drogen werden konsumiert, weil das Leben für den Suchtkranken keinen Sinn mehr hat; weil die Stigmatisierung endgültig ins Aus weist.

Unsere Gesellschaft gründet sich auf sozialer Ungleichheit; sie ist existentieller Faktor für unsere Wirtschaftsweise und das Patriarchat. So-

---

27 Referiert in: Sucht auf Rezept, in: Stern, Nr. 28 v. 7.7.83; hier Bezugnahme auf Bewertender Arzneimittel-Index, Hypnotika, Sedative und Psychopharmaka, Wiesbaden

28 Insgesamt ist der Frauenanteil an den Inhaftierten knapp 5 %; ihr Anteil an der Gesamtkriminalität liegt bei 20 %, wobei etwa 80 % der Delikte zu den leichteren Deliktformen gehören.

29 M. Mantek: Frauen-Alkoholismus, München 1979, S. 20ff., die hier die verschiedenen empirischen Untersuchungen dazu referiert

30 Zur Stereotypisierung und Stigmatisierung s. statt anderer: K. Gerdes / Chr. von Wolffersdorff-Ehlert: Drogenscene: Sucht nach Gegenwart, Stuttgart 1974

ziale Ungleichheit kann Suchtverhalten als eine Strategie hervorrufen, damit diese Ungleichheit nicht so stark erlebt werden muß.

Erfahrungen der eigenen Diskriminierung, der Ohnmacht können zweierlei bewirken: entweder werden Bedürfnisse und Interessen artikuliert und politisch durchgesetzt, oder es kommt zu nichtemanzipativen, resignativen, tendenziell autoaggressiven Bewältigungsversuchen, die die Gesellschaft so belassen, wie sie ist. Sucht gehört damit zu den Gegenfaktoren für soziale Veränderung in Richtung auf soziale Gleichstellung.

Sucht führt zu verstärkter sozialer Ungleichheit in Form der Ausgrenzung der Abhängigen, wobei die Stigmatisierung abhängig ist von der sozialen Stellung in der Rangfolge der Ungleichen.

Unter diesen Aspekten werden Therapiekonzepte, die nur den einzelnen Betroffenen wieder fit machen wollen, fragwürdig – ja, sie müssen leider auf Dauer scheitern! Wenn wir aber bei diesen Konzepten bleiben, wie ernst ist es uns dann tatsächlich mit der Bekämpfung des wachsenden Drogenkonsums?

Es muß darum gehen, Aggression und Verweigerung gegenüber miserablen Verhältnissen als Kraft zur möglichen politischen Veränderung zu stärken und gesellschaftliche Strukturen zu schaffen, die Emanzipations- und dazugehörende Handlungsstrategien zulassen, so daß die Flucht aus der Realität nicht mehr nötig ist.

Die Autorinnen / Autoren

CHRISTIANE ALIABADI, geb. 1945, Dipl.-Psychologin, Sozialpädagogin (grad.), ist in Berlin in eigener psychotherapeutischer Praxis und in einer «Beratungsstelle für Erwachsene» tätig. Schwerpunktmäßig arbeitet sie mit übergewichtigen und eßsüchtigen Frauen. Sie ist Mitautorin des Buches «Wenn Essen zur Sucht wird», München 1982.

CHRISTINA BENESCH-DAUGS, geb. 1948, Dipl.-Psychologin, 4 Jahre auf einer Therapiestation für Alkoholkranke (2 Jahre ausschließlich Männer, 2 Jahre gemischtgeschlechtlich) in einer Berliner Nervenklinik tätig. Im Anschluß daran seit 1981 Arbeit in der «Zwiebel» und deren Aufbau.

MAGGIE BILLEN, geb. 1953, Sozialarbeiterin, Alkoholberatung Neukölln, Berlin.

ELFRIEDE BODE, 1927 geboren, Professorin an der Fachhochschule München, Soziologin, Mitglied im Bayerischen Senat, eine der Vorsitzenden des kulturpolitischen Ausschusses. Seit Jahren in der gewerkschaftlichen Frauenarbeit tätig. Sie war Mitglied der Kommission zur Erstellung des 6. Jugendberichtes der Bundesregierung «Verbesserung der Chancengleichheit von Mädchen in der Bundesrepublik Deutschland», herausgegeben 1984.

CAROLYN, 1969 geboren: «Ich bin 14 Jahre alt und gehe noch zur Schule. Ich möchte mal Schauspielerin werden. Es ist wichtig für mich, in meinem wirklichen Leben immer ich sein zu können und mich nicht zu verstellen.»

CHRISTINE K., 1961 geboren – 23 Jahre alt.

MARGARETE DAUB, geb. 1943, Dipl.-Psychologin, ist in Berlin in eigener psychotherapeutischer Praxis tätig. Schwerpunktmäßig arbeitet sie mit übergewichtigen und eßsüchtigen Frauen.

ULLA FALKE-ROOS, geb. 1947, Sozialpädagogin, seit 1977 verschiedene Tätigkeiten im Suchtbereich: 2 Jahre therapeutische Gemeinschaft für Frauen und Männer in Amsterdam, 2 Jahre Fortbildungsarbeit und Therapieausbildung in Berlin, seit 1981 Arbeit in der «Zwiebel» und deren Aufbau.

CHRISTA GERETH, geb. 1943, Dipl.-Psychologin, früher berufliche Tätigkeiten als Fotografin und Chefsekretärin, jetzt Beratungsarbeit mit abhängigen Frauen auf gestalttherapeutischer Grundlage.

MONIKA GRETTKA-OERTERS, geb. 1948, Erzieherin und dreijährige Ausbildung in Gestalttherapie. Arbeitet seit 1977 im Rehabilitationswohnheim des Arbeitskreises für Jugendhilfe e. V., Hamm.

JUTTA KIRSCHSTEIN, geb. 1957, Erzieherin, arbeitet seit 1979 im Rehabilitationswohnheim des Arbeitskreises für Jugendhilfe e. V., Hamm.

ULRIKE KREYSSIG, geb. 1954, Studium der Erwachsenenbildung in Gießen und Berlin, seit Jahren in der Frauenbewegung aktiv. Seit 1980 Schwerpunktsetzung «Frau und Sucht», Forschungen zur Situation drogenabhängiger Frauen, Mitbegründerin der ersten therapeutischen WG für drogenabhängige Frauen, Violetta Clean, in Berlin.

ANNE KURTH, geb. 1953, Studium der Sozialwissenschaften in Göttingen und Berlin, seit 1973 in der Frauenbewegung aktiv, verschiedene Arbeiten mit Frauen, VHS, Strafvollzug, seit 1980 Forschungen zur Situation drogenabhängiger Frauen, Mitbegründerin der ersten therapeutischen WG für drogenabhängige Frauen, Violetta Clean, in Berlin.

MARJALEENA LEMKE-HEISKANEN, geb. 1945 in Kokkola, Finnland, sie hat Kunst- und Theaterwissenschaften studiert und lebt seit 1966 in Deutschland.

CHRISTINA NISS, 1957 in Berlin geboren – 26 Jahre alt: «Zur Zeit bin ich dabei, Altenfürsorgerin zu werden; später habe ich vor, meinen Heilpraktikerinnenabschluß zu machen. Aufgrund meiner ganzen Lebenserfahrungen habe ich gemerkt, daß es immer einen Sinn gibt, trotz großer Probleme weiterzuleben und immer neu und wieder anders anzufangen: Nicht aufgeben. Das möchte ich auch an andere weitervermitteln.»

MARLIES PIEPERS, geb. 1955, Sozialarbeiterin, seit 1980 in der Drogenberatung tätig.

EDITH SCHIEFERSTEIN, Dr. med., geb. 1928, Fachärztin für Dermatologie, seit 8 Jahren Postbetriebsärztin, als solche konfrontiert mit Suchtkrankheiten und psychosomatischen Erkrankungen.

GERHARD SCHNEIDER, geb. 1947, 1967–69 Hilfspfleger in der Psychiatrie, 1969–72 Studium der Sozialarbeit, seitdem Sozialarbeiter in Berlin, u. a. im Strafvollzug mit drogenabhängigen Frauen, zur Zeit in der Jugendgerichtshilfe Kreuzberg tätig.

UTE SCHÖNHERR, geb. 1949, Dipl.-Pädagogin, seit 1977 Referentin für Suchtfragen in der Senatsverwaltung für Gesundheit, Soziales und Familie in Berlin.

ROSWITHA SOLTAU, geb. 1945, Dipl.-Psychologin, seit 1976 im Drogenbereich tätig. Im Zentrum ihrer Arbeit steht die Problematik der suchtmittelabhängigen Frauen. Lange Zeit betreute sie drogenabhängige inhaftierte Frauen in Berlin. Sie arbeitet jetzt in der Drogenberatungsstelle Con-drobs in München.

MARLENE STEIN-HILBERS, geb. 1947, Psychologie- und Soziologiestudium, Dipl.-Psychologin, Promotion 1976, Tätigkeit an kriminologischen Instituten Münster und Gießen bis 1979. Bis 1983 Mitarbeiterin in einer Jugendwohngemeinschaft. Seit

1983 Geschäftsführerin der Interdisziplinären Forschungsgruppe Frauenforschung an der Universität Bielefeld.

MARLENE STELTE-SCHMÖKEL, geb. 1952, Sozialpädagogin, arbeitet seit 1976 in der Drogenberatung.

CLAUDIA TERRAHE-HECKING, geb. 1956, Sozialarbeiterin, von 1976 bis 1980 verschiedene Tätigkeiten im Suchtbereich, ab 1981 Mitarbeiterin der Jugend- und Drogenberatungsstelle im Arbeitskreis für Jugendhilfe e. V. in Hamm. Mitglied des Arbeitskreises «Frau und Sucht» NRW.

GITTA TRAUERNICHT, geb. 1951, Soziologin, tätig als wissenschaftliche Mitarbeiterin im Institut für Soziale Arbeit e. V. in Münster. Arbeitet u. a. zum Schwerpunkt Frauen und soziale Arbeit, insbesondere zum Thema Mädchen in der Jugendhilfe.

CARMEN WALCKER-MAYER, 31 Jahre, Sozialarbeiterin, Alkoholberatung Neukölln, Berlin.

Adressen

Wichtige Kontaktadressen für weitere Informationen, Beratung und Therapie. Mit unterschiedlichen Schwerpunkten bieten die Beratungsstellen neben Informationen über weitere Kontaktmöglichkeiten auch persönliche und vertrauliche Beratung und Behandlung sowie Therapievermittlung an.

Jugend- und Drogenberatungsstelle der Drogenhilfe Schwaben e.V., Karolinenstraße 16, **8900 Augsburg,**
Tel.: 08 21 / 3 09 55

Beratungsstelle für Alkoholkranke, Uthmannstr. 23, 1000 **Berlin 44,**
Tel.: 0 30/ 68 09 27 85

Sozialpädagogisches Zentrum für Alkohol- und Drogenfragen, Tivolistraße 4, **5160 Düren,**
Tel.: 0 24 21 / 44 18–9

Verein Krisenhilfe e.V., Konflikt- und Suchtberatungsstelle, I. Weber 23, **4300 Essen 1,**
Tel.: 0201/ 23 50 58 u. 23 50 59

Frauentherapiezentrum Hamburg e.V., Warnholtzstraße 2, 2000 **Hamburg 50**
Tel.: 040/ 38 38 48

Jugend- und Drogenberatungsstelle des Arbeitskreises für Jugendhilfe e.V., Am Stadtbad 14, **4700 Hamm 1,**
Tel.: 0 23 81 / 1 30 50

Jugend- und Drogenberatung, Hämelinger Str. 10, **4900 Herford,**
Tel.: 0 52 21/ 1 50 01

BIFF (Beratung und Information für Frauen) im Frauenbuchladen, Viktoriastr. 9, **7500 Karlsruhe 1,**
Tel.: 07 21 / 2 54 46

Beratungszentrum für Jugendliche und Drogengefährdete, Wilhelmshöher Allee 23, **3500 Kassel,**
Tel.: 05 61/ 10 36 41

Frauen lernen leben, Beratung, Bildung und Therapie für Frauen e.V., Hansemannstr. 43, **5000 Köln 30 (Ehrenfeld),**
Tel.: 02 21 / 5 21 5 79

Frauen «Erna Chaota», Kölner Str. 122, **5090 Leverkusen 3 (Opladen)**,
Tel.: 02171/49511

Psychosoziale Beratungs- und Behandlungsstelle, Mömpelgardstr. 4, **7140 Ludwigsburg**
Tel.: 07141/24062

Frauentherapiezentrum München e. V., Auenstr. 31, **8000 München 5**,
Tel.: 089/7252550

Con-Drobs e. V., Jugend- und Drogenberatungsstelle, Konradstr. 2, **8000 München 40**
Tel.: 089/391066

Frauenberatung Friedensstraße e. V., Friedensstr. 33, **4400 Münster**,
Tel.: 0251/375799

Frauenberatung und Selbsthilfe e. V., Hünefeldstr. 83, **5600 Wuppertal 2**,
Tel.: 0202/88155

Weitere Anschriften der *Berliner Beratungsstellen* enthält die Informationsbroschüre «Ein Wegweiser für Frauen in Berlin», herausgegeben vom Senator für Gesundheit, Soziales und Familie, An der Urania 12, **1000 Berlin 30**, Kontakt: Ute Schönherr,
Tel.: 030/21222937

Anschriften der *Bremer Beratungs- und Kontaktstellen* sind dem «Informationshandbuch für Frauen in Bremen» zu entnehmen. Herausgegeben von der Bremischen Zentralstelle für Verwirklichung der Gleichberechtigung der Frau, Präsident-Kennedy-Platz 1, **2800 Bremen 1**,
Tel.: 0421/3616443

Weitere Anschriften der *Hamburger Beratungs- und Kontaktstellen* sind zu erfahren über die Hamburgische Landesstelle gegen die Suchtgefahren e. V., Brennerstr. 81, **2000 Hamburg 1**, Tel.: 040/28038 11. Eine Informationsbroschüre «Rat und Hilfe für Frauen», eine Auswahl Hamburger Beratungsangebote wird von der Leitstelle Gleichberechtigung der Frau, Poststr. 11, **2000 Hamburg 36**, Tel.: 040/3681–2101, herausgegeben.

Therapeutische Wohngemeinschaften:

Die Zwiebel, Therapeutische Wohngemeinschaft für alkohol- und medikamentenabhängige Frauen, Am Großen Wannsee 80, **1000 Berlin 39**, Haus K.,
Tel.: 030/8002649

Violetta Clean, Therapeutische Wohngemeinschaft für drogenabhängige Frauen in
Berlin, (Verein zur Hilfe suchtmittelabhängiger Frauen e. V.), Bettinastr. 12, 1000
Berlin 33,
Tel.: 030/8257101

Sozialtherapeutische Einrichtung für Mädchen (Verein Jugendberatung und -hilfe
e. V.), Emil-Claar-Str. 12, 6000 **Frankfurt 1,**
Tel.: 0611/726028

Bücher

Für alle, die den Fragen weiblicher Lebensbedingungen und Abhängigkeiten noch intensiver nachgehen wollen, haben wir einige «Lesetips» zusammengestellt.

Autobiographien, Erfahrungsberichte, Erzählungen, Romane

BAUER, CLAUDIA: Liebe Eltern, 1000 Dank, Doch Eure Welt, die macht mich krank. Frankfurt 1982. Fischer Taschenbuch Verlag

BEHRENS, KATJA
Die dreizehnte Fee
Düsseldorf, 1983, Claassen-Verlag

BIERMANN, PIEKE
Wir sind Frauen wie andere auch!
Prostituierte und ihre Kämpfe
Reinbek, 1982, Rowohlt Taschenbuch Verlag

BRUCH, HILDE
Der goldene Käfig
Das Rätsel der Magersucht
Frankfurt, 1982, Fischer Taschenbuch Verlag

DITLEVSEN, TORE
Sucht
Erinnerungen
Frankfurt, 1980, edition suhrkamp

FRANCK, BARBARA
Ich schau in den Spiegel und sehe meine Mutter
Gesprächsprotokolle mit Töchtern
Hamburg, 1979, Hoffmann und Campe Verlag

FRENCH, MARILYN
Frauen
Reinbek, 1982, Rowohlt Taschenbuch Verlag

FRIDAY, NANCY
Wie meine Mutter
Frankfurt, 1982, Fischer Taschenbuch Verlag

GORDON, BARBARA
Ich tanze so schnell ich kann
Reinbek, 1983, Rowohlt Taschenbuch Verlag

HAVEKAMP, KATHRIN
... und Liebe eimerweise
München, 1977, Verlag Frauenoffensive

JOACHIM, DORIS J.
Entzug – oder die Angst vor der Angst
Feministischer Buchverlag,
c/o Maria Hagemann, Gundula Pause
Zur Klaus 3, DDR-3501 Naumburg/Elbenberg
Auslieferung: Frauenliteraturvertrieb GBR,
Schloßstr. 94, 6000 Frankfurt 90,
Auslieferung Westberlin: Frauenbuchvertrieb GmbH,
Mehringdamm 32–34, 1000 Berlin 61

MAC LEOD, SHEILA
Hungern meine einzige Waffe
München, 1983, Kösel Verlag

MARTEL, INGE (Hg.)
Morgen-Grauen
Frauen schildern ihre Erfahrungen/Probleme mit Alkohol
Berlin, 1982, FBV, Frauenbuchvertrieb, Mehringdamm 32–34,
1000 Berlin 61

MEULENBELT, ANJA
Für uns selbst
Körper und Sexualität aus der Sicht von Frauen
München, 1981, Verlag Frauenoffensive

MEULENBELT, ANJA
Die Scham ist vorbei
München, 1978, Verlag Frauenoffensive

MØLLEHAVE, HERDIS
Le und die Knotenmänner
Reinbek, 1981, Rowohlt Taschenbuch Verlag

MÜLLER-SCHWEFE, RUDOLF/SCHOTT, EVA (Hg.)
Komm schwarzer Panther, lach doch mal
Verständigungstexte über Drogen und Abhängigkeit
Frankfurt, 1981, Suhrkamp Taschenbuch Verlag

NULLMEYER, HEIDE
Ich heiße Erika und bin Alkoholikerin
Frankfurt, 1980, Fischer Taschenbuch Verlag

ROGERS, NATALIE
Ich habe ein Recht auf mich
München, 1983, Knaur Taschenbuch Verlag

SCHILLING, ERIKA
Manchmal hasse ich meine Mutter
Münster, 1981, tende verlag

SCHROEDER, MARGOT
Die Vogelspinne
Monolog einer Trinkerin
München, 1982, Weismann Verlag

SEIBT, RAINER
Ich möchte in eurer Liebe baden
Knast und Heroin-Biographie
Frankfurt, 1981, päd. extra-buchverlag

SKOGLUND, AMIKA
Glaube, Hoffnung und Liebe der Marie L.
Recklinghausen, 1975, Georg Bitter Verlag

TIKKANEN, MÄRTA
Die Liebesgeschichte des Jahrhunderts
Reinbek, 1981, Rowohlt Taschenbuch Verlag

TWEEDIE, JILL
Die sogenannte Liebe
Von den Zwängen der Zweisamkeit
Reinbek, 1982, Rowohlt Taschenbuch Verlag

WANDER, MAXIE
Leben wär' eine prima Alternative
Tagebuchaufzeichnungen und Briefe
Neuwied, 1983, Luchterhand Verlag

WEBER, MONIKA
Die dunkle Seite meines Lebens
Überwindung einer Selbstzerstörung
Frankfurt, 1983, Fischer Taschenbuch Verlag

WOHMANN, GABRIELE
Entziehung
Materialien zu einem Fernsehfilm
Neuwied, 1983, Luchterhand Verlag

Sach- und Fachliteratur

ALIABADI, CHRISTIANE / LEHNIG, WOLFGANG
Wenn Essen zur Sucht wird
München, 1982, Kösel Verlag

ARZ, ASTRID / KLOOS, BARBARA-MARIA
Mund auf Augen zu
Essen zwischen Lust und Sucht
Reinbek, 1983, Rowohlt Taschenbuch Verlag

BEAUVOIR, SIMONE DE
Das andere Geschlecht
Reinbek, 1968, Rowohlt Taschenbuch Verlag

BENARD, CHERYL / SCHLAFFER, EDIT
Die ganz gewöhnliche Gewalt in der Ehe
Reinbek, 1978, Rowohlt Taschenbuch Verlag

BENARD, CHERYL / SCHLAFFER, EDIT
Liebesgeschichten aus dem Patriarchat
Von der übermäßigen Bereitschaft der Frauen,
sich mit dem Vorhandenen zu arrangieren
Reinbek, 1981, Rowohlt Taschenbuch Verlag

BENARD, CHERYL / SCHLAFFER, EDIT
Der Mann auf der Straße
Über das merkwürdige Verhalten von Männern in
ganz alltäglichen Situationen
Reinbek, 1980, Rowohlt Taschenbuch Verlag

BERGER, HERBERT / LEGNARO, ALDO / REUBAND, KARL-HEINZ
(Hg.)
Frauenalkoholismus
Entstehung – Abhängigkeit – Therapie
Stuttgart, 1983, Verlag W. Kohlhammer

BICK, MARTINA (Hg.)
Warum sollen wir Dicken uns dünne machen?
Klage gegen den Schlankheitsterror – Frauen schreiben auf
Reinbek, 1980, Rowohlt Taschenbuch Verlag

BROWNMILLER, SUSAN
Gegen unseren Willen
Vergewaltigung und Männerherrschaft
Frankfurt, 1983, Fischer Taschenbuch Verlag

BURGARD, ROSWITHA
Wie Frauen «verrückt» gemacht werden
Berlin, 1980, sub rosa Frauenverlag

CHESLER, PHYLLIS
Frauen – das verrückte Geschlecht?
Reinbek, 1974, Rowohlt Taschenbuch Verlag

DHS
Frau und Sucht
Hamm, 1982, Hoheneck-Verlag

DOWLING, COLETTE
Der Cinderella-Komplex
Die heimliche Angst der Frauen vor der Unabhängigkeit
Frankfurt, 1982, S. Fischer Verlag

EDDING, CORNELIA
Einbruch in den Herrenclub
Von den Erfahrungen, die Frauen auf Männerposten machen
Reinbek, 1983, Rowohlt Taschenbuch Verlag

EICHENBAUM, LUISE / ORBACH, SUSIE
Feministische Psychotherapie
Auf der Suche nach einem neuen Selbstverständnis der Frau
München, 1984, Kösel Verlag

FRAU UND SUCHT
Beobachtungen – Erfahrungen – Therapieansätze

Band 23 der Schriftenreihe zum Problem der Suchtgefahren
herausgegeben von der Deutschen Hauptstelle gegen die
Suchtgefahren
Hamm, 1981, Hoheneck-Verlag

FRAUEN UND GESUNDHEIT
Internationales Fortbildungs- und Arbeitsseminar für Frauen
Institut für Studien in Salzburg, 4.–9. Juli 1982

GARDINER-SIRTL, ANGELIKA
Als Kind mißbraucht
– Frauen brechen das Schweigen
München, 1983, Mosaik Verlag

GIESEN, ROSE-MARIE/SCHUMANN, GUNDA
An der Front des Patriarchats
Frankfurt, 1980, päd. extra buchverlag

GIPSER, DIETLINDE/STEIN-HILBERS, MARLENE (Hg.)
Wenn Frauen aus der Rolle fallen
Weinheim und Basel, 1980, Beltz-Verlag

HECKMANN, WOLFGANG
Praxis der Drogentherapie
Weinheim und Basel, 1982, Beltz-Verlag

JANSSEN-JURREIT, MARIELOUISE
Sexismus
Über die Abtreibung der Frauenfrage
Frankfurt, 1979, Fischer Taschenbuch Verlag

KENT RUSH, ANNE
Ein Therapie-Handbuch für Frauen
München, 1977, Verlag Frauenoffensive

LANGBEIN, KURT/MARTIN, HANS-PETER/SICHROVSKY, PETER/
WEISS, HANS
Bittere Pillen
Köln, 1983, Verlag Kiepenheuer & Witsch

LUTTIKHOLT, AN
Frauengruppe
München, 1980, Verlag Frauenoffensive

MUHR, CAROLINE
Depressionen

Tagebuch einer Krankheit
Frankfurt, 1978, Fischer Taschenbuch Verlag

ORBACH, SUSIE
Anti-Diät-Buch
München, 1981, Verlag Frauenoffensive

PEYTON, CHRISTINE / HOLEWA, MICHAEL (Hg.)
Psychosoziale Versorgung von Frauen
Berlin, 1983, Hofgarten Verlag

REITZ, ROSETTA
Wechseljahre
Reinbek, 1981, Rowohlt Taschenbuch Verlag

RUSH, FLORENCE
Das bestgehütete Geheimnis:
Sexueller Kindesmißbrauch
Berlin, 1982, sub rosa Frauenverlag

SAVIER, MONIKA / WILDT, CAROLA
Mädchen zwischen Anpassung und Widerstand
München, 1980, Verlag Frauenoffensive

SCHEU, URSULA
Wir werden nicht als Mädchen geboren
wir werden dazu gemacht
Frankfurt, 1977, Fischer Taschenbuch Verlag

SCHNEIDER, ULRIKE (Hg.)
Was macht Frauen krank?
Ansätze zu einer frauenspezifischen Gesundheitsforschung,
Frankfurt, 1981, Campus-Verlag

SCHWARZER, ALICE
Der «kleine» Unterschied und seine großen Folgen
Frauen über sich – Beginn einer Befreiung
Frankfurt, 1983, Fischer Taschenbuch Verlag

SICHROVSKY, PETER
Krankheit auf Rezept
Köln, 1984, Kiepenheuer & Witsch

SICHTERMANN, BARBARA
Weiblichkeit –
Zur Politik des Privaten
Berlin, 1983, Wagenbach Verlag

STOLTEN, INGE (Hg.)
Der Hunger nach Erfahrung
Frauen nach 45
Berlin–Bonn 1981, Verlag J. H. W. Dietz Nachfolger

TEEGEN, FRAUKE
Ganzheitliche Gesundheit
Reinbek, 1983, Rowohlt Verlag

TRUPPE, MATHILDE / STELLER, PHILIPP
Die gewalttätige Familie
Berlin, 1982, Elefanten Press

UNSER KÖRPER – UNSER LEBEN
Reinbek, 1980, Rowohlt Taschenbuch Verlag

frauen aktuell
Herausgegeben von Susanne von Paczensky

Eine Auswahl

Irene Block / Ute Enders /
Susanne Müller
Das unsichtbare Tagwerk
Mütter erforschen ihren
Alltag.
rororo aktuell 4828

Wie die Verknüpfung von
Liebe und Hausarbeit dazu
führt, daß Frauen in Küchen
und Kinderzimmern unbe-
zahlt arbeiten und sich
schließlich sogar damit zufrie-
dengeben.

Theresia Brechmann
Jede dritte Frau
Protokoll einer
Vergewaltigung.
rororo aktuell 4930

Wie eine Frau, die sexuelle
Gewalt erlitt, sich mit dieser
Demütigung auseinandersetzt,
sich gegen Unglauben und
Desinteresse der Umgebung
wehrt und die beschämenden
Folgen der Tat überwindet.

rororo aktuell 5120

Helga Einsele / Gisela Rothe
Frauen im Strafvollzug
«Auf der Suche nach etwas,
das besser ist als Strafe.»
rororo aktuell 4855

Um einen anderen Umgang
mit straffälligen Frauen, um
Verständnis für ihre schwierigen Lebenswege geht es in
diesem Buch.

Ingrid Müller-Münch
Die Frauen von Majdanek
Vom zerstörten Leben der
Opfer und der Mörderinnen
rororo aktuell 4948

rororo aktuell 5129

Martha Mamozai
Herrenmenschen
Frauen im deutschen Kolonia-
lismus.
rororo aktuell 4959

Wie die Männergesellschaft
des deutschen Kaiserreichs
ihre Kolonien zu Reservaten
des Hochmuts und der Men-
schenfeindlichkeit machte und
wie Frauen zu Opfern und
Mitschuldigen wurden.

rororo aktuell 5352

Christa Randzio-Plath (Hg.)
**Was geht uns Frauen
der Krieg an?**
rororo aktuell 5021

Wie acht bedeutende Autorin-
nen die Zusammenhänge von
Weiblichkeit und Friedens-
liebe analysieren und Strategien des Widerstands, der
Verweigerung und Gegenwehr
vorschlagen.

Lisa Scheuer
**Vom Tode,
der nicht stattfand**
rororo aktuell 5239

Christine Swientek
**«Ich habe mein Kind
fortgegeben».**
Die dunkle Seite der
Adoption.
rororo aktuell 5119

Awa Thiam
**Die Stimme der
schwarzen Frau**
Vom Leid der Afrikanerinnen.
rororo aktuell 4840

rororo aktuell 4530

Barbara Yurtdas
**Wo mein Mann
zuhause ist...**
Tagebuch einer Übersiedlung
in die Türkei.
rororo aktuell 5137

2078/2 cle